스탠퍼드 9가지 위대한 법칙

인간을 탐구하는 수업

스탠퍼드 9가지 위대한 법칙

인간을 탐구하는 수업

사토 지에 지음

송은애 옮김

일러두기

1. 원문에 나오는 단체명 및 회사명은 한국에서 널리 사용되는 이름으로 번역했다.

2. 이 책에서는 수업 내용을 해설하기에 앞서 대화, 발표 등의 사례를 삽입했다. 이것들은 특별한 기재가 없는 한 교수의 인터뷰를 바탕으로 저자가 집필한 내용이다. 저자가 설명을 위해 소개한 실험 및 연구 중에는 스탠퍼드의 수업 시간에 가르치지 않는 내용도 일부 포함되어 있다.

3. 본문 속에 등장하는 스탠퍼드는 스탠퍼드 경영대학원(Stanford Graduate School of Business)의 줄임말이다.

4. 고인의 직함은 논문 발표 당시의 직함을 실었고 현역에서 근무하고 있는 사람들은 2017년 4월을 기준으로 삼았다. 저명인사의 경우 경칭을 생략했다.

5. 인터넷상의 인용 문헌, 참고 문헌의 열람일은 2017년 3월 31일이다. 스탠퍼드대학 경영대학원의 교수 및 강사 인터뷰 전문은 니혼게이자이(日本経済)신문 전자판 '스탠퍼드 최강의 수업(2016년 11월~2017년 6월)', 다이아몬드 온라인 '레아 와이스 박사에게 묻다'(2017년 6월)에 실려 있다.

6. 이 책에서 사용하는 교수 및 강사의 논평에는 인터뷰 내용과 더불어 저자의 추가 질문에 대한 메일 답신을 편집한 내용도 포함되어 있다.

7. 환율은 1달러 1,130원으로 계산했고, 매출액 등의 금액은 근사치다.

나를 바꾸기 위해 인간을 배운다

세계에서 가장 경쟁률이 높은 대학

스탠퍼드대학은 개교 이래 지금껏 수많은 창업가와 경영인을 배출했다. 구글의 창업주 래리 페이지와 세르게이 브린, 야후의 창업주 제리 양, 페이팔의 창업주 피터 틸, 넷플릭스의 창업주 리드 헤이스팅스, 나이키의 창업주인 필립 나이트 등 일일이 손에 꼽기 어려울 정도다.

스탠퍼드대학에는 법과대학원, 의과대학원 등 일곱 개의 대학원이 있는데 그중에서도 리더십과 비즈니스를 전문으로 가르치는 곳이 바로 경영대학원이다. 스탠퍼드대학 경영대학원은 미국뿐만 아니라 전 세계 경영대학원 순위에서도 여러 차례 1위[1]를 거머쥔 만큼, 경쟁률로 보나 난이도로 보나 명실상부 세계 최고의 대학이다. 2016년도에는 전 세계에서 약 8,000명이 지원했지만 합격자는 겨우 417명에 불과했다(약 20대 1의 경쟁률[2]). 경쟁률만 보면 하버드대학 경영대학원(약 10대 1[3])보다도 입학하기가 어려운 셈이다.

최근 몇 년간 나는 미국의 경영대학원이 무엇을 가르치는지에 대해 깊이 연구해왔다. 어떤 이유에서 스탠퍼드가 이토록 높은 인기를 구가하는지를 밝혀내고 싶었다. 본격적으로 연구에 들어가기 전에 나는 '인기의 비결은 최첨단 비즈니스를 전 세계 어느 곳보다도 먼저 가르치기 때문'이라는 가설을 세웠다. 스탠퍼드에는 인공지능, 로봇공학, 핀테크, 가상현실 등 최신 비즈니스를 가르치는 수업이 많은데, 이것이 바로 전 세계 인재들이 모이는 이유가 아닐까 추측했다.

그러나 놀랍게도 스탠퍼드의 커리큘럼은 '인간을 안다' '자신을 안다'는 데 초점을 맞추어 지극히 인간적이고도 보편적인 지식을 가르쳤다. 1999년부터 10년간 경영대학원의 학장을 맡았던 로버트 조스Robert L. Joss 명예 학장은 이렇게 말한다.

"우리가 스탠퍼드에서 가르치는 내용은 지속해서 가치를 창출해내기 위한 이론, 사고법, 그리고 프레임워크framework(비즈니스 분야에서는 경영 전략 및 업무 개선, 문제 해결 등에 도움이 되는 분석 도구나 사고의 틀을 의미)입니다. 비즈니스 분야에서는 새로운 비즈니스나 트렌드에 주목하는 경향이 있지만 스탠퍼드는 그러한 내용을 수업 시간에 거의 다루지 않습니다. 앞으로 인생을 살아가는 데 계속해서 도움이 될 수 있는 보편적인 사고법과 지식을 가르치지요. 물론 최신 기업 사례와 이론을 다루고 있지만 그다지 비중이 크지 않습니다."

아무리 기술이 진화하거나 정보가 증가해 예측하기 어려운 미래에 관한 온갖 정보가 쏟아지는 상황에서도 어느 시대에서나 통용되는 보편적인 원칙이자 리더에 걸맞은 인간이 되기 위한 기본 중의 기본을 가르치는 곳이 바로 스탠퍼드대학이다.

스탠퍼드는 사람을 어떻게 바꾸는가

스탠퍼드대학 경영대학원의 사명에 대해 조스 명예 학장은 다음과 같이 설명한다.

"우리의 사명은 크게 2가지입니다. 하나는 해답의 탐색, 다른 하나는 리더 양성입니다. 기본적으로 어느 대학이나 '진리 탐구'는 중요한 사명입니다. 물론 스탠퍼드도 예외는 아니지요. 이 세상에 존재하는 중대한 문제의 해결법을 찾고 해답을 갈구하는 행위야말로 우리의 사명입니다.

교육을 베푸는 일 또한 우리의 사명입니다. 스탠퍼드대학 경영대학원에서 말하는 교육이란 교원의 머릿속 지식을 그대로 학생의 머릿속에 옮겨 심는 일이 아닙니다. 리더를 양성하는 일이지요. 지식을 전수하는 것은 물론 리더로서 살아가는 방식, 사고법, 자신보다 훨씬 소중한 존재를 책임지는 법을 가르치는 일이곧 우리의 사명입니다."

리더를 양성하는 스탠퍼드대학 경영대학원의 슬로건은 '인생을 바꾸고 조직을 바꿔서 세상을 바꾼다'이다. 이러한 슬로건 아래에 스탠퍼드에서 수업을 들으며 다양한 경험을 쌓은 학생들은 어떻게 변화할까?

스탠퍼드대학 경영대학원에 지원하는 사람은 반드시 작문을 제출해야만 하는데, 작문의 주제는 10년이 넘도록 바뀌지 않았다. 바로 '당신에게 가장 중요한 것은 무엇입니까? 그리고 그 이유는 무엇입니까?'라는 주제다.

스탠퍼드대학 경영대학원 2학년에 재학 중인 나카노 에이코는 이렇게 말한다.

"스탠퍼드에서 공부하면 매일 누군가에게 '당신에게 가장 중요한 것은 무엇입니까?'라고 질문받는 듯합니다. '인생의 한정된 시간을 어떻게 최대한 활용할 것인가' '열정을 쏟을 만한 일이나

나만이 할 수 있는 일은 무엇인가'라고 말이죠. 스탠퍼드에는 수업 시간에도 자신의 꿈을 이야기하는 학생이 많고 그들은 무언가를 바꾸려는 의욕이 매우 강한 것 같아요."

또 다른 2학년생인 시마즈 노리코는 말한다.

"스탠퍼드에서는 '자신이 믿었던 가치를 실현하는 수단으로서 비즈니스가 존재한다'고 가르쳐요. 저는 비즈니스와 사회 공헌은 양립하기 어렵다고 생각했는데, 스탠퍼드에서 공부를 하면서 가치관이 바뀌었죠."

시마즈는 특히 '자기 자신 알기' 수업에 관심이 많아, 인생의 의미를 탐구하거나 일을 통해 자아를 실현하는 법을 공부하는 선택 과목을 이수하고 있다.

2015년에 이 학교를 졸업한 가지와라 나미코는 일본에 귀국하지 않고 실리콘밸리에서 창업하기로 했다. 유학 전 대기업 음료회사 신제품 개발팀에 근무하며 수많은 상을 받았지만 그만두고 미국에서 승부를 걸기로 했다. 스탠퍼드에서 공부한 2년이란 시간이 가지와라를 크게 바꾸어놓았기 때문이다.

스탠퍼드에서 수업을 받으면서 '후회 없는 인생을 살고 싶다면 주변 사람의 기대에 맞춰 살아가지 말아야 한다. 설령 실패하더라도 자신이 믿는 길로 뚝심 있게 나아가야만 한다'는 사실을 깨달았다고 한다.

"동창생 대부분은 학교를 졸업한 뒤 자신의 신념을 어떻게 비즈니스로 구체화할지 끊임없이 모색하고 있어요. 대기업에 들어가 성공하기를 꿈꾸는 사람도 있지만, 창업가가 목표인 사람이 많아요. 아마도 학교에서 배우는 동안 계속해서 인생의 의미에 대해 자신의 끝까지 내려가 고민했기 때문 아닐까요?"

2003년에 스탠퍼드대학을 졸업한 이사야마 겐은 재직 중이던 은행을 그만뒀다. 현재는 실리콘밸리의 대기업인 벤처기업 투자사를 거쳐, 2013년 스탠퍼드대학에서 그리 멀지 않은 곳에 벤처투자·육성회사 WiL을 창업했다. 그는 스탠퍼드를 졸업한 지 20년에 가까워가고 있지만 스탠퍼드에서 공부한 내용이 여전히 유용하다고 말한다.

"비즈니스는 인간관계로 성립합니다. 회사가 성공할지 실패할지는 기술과 자본 이상으로 경영인이나 그 회사에서 일하는 직원들의 힘, 즉 인간의 힘에 달려 있죠. 회사를 경영하다 보면 인간관계에 얽힌 수많은 문제에 직면하곤 합니다. 그때마다 인간의 힘을 단련하는 스탠퍼드의 커리큘럼에서 얻은 지식이 매우 큰 도움이 됩니다."

예측하기 힘든 미래 앞에 수많은 정보가 쏟아지는 가운데 스탠퍼드대학 경영대학원뿐만 아니라 스탠퍼드 대학 전체에서 인간의 힘을 양성하는 데 중점을 둔 수업을 하려는 경향이 더욱 강해지고 있다. 인공 지능 연구의 세계적 권위자 레이 커즈와일Ray Kurzweil은 컴퓨터가 인류의 지능을 뛰어넘는 '싱귤래리티

Singularity(기술적 특이점)'가 2045년쯤에 도래하리라 예측했다. 이런 시대를 눈앞에 두고 스탠퍼드대학은 '인간이 해야 할 일은 무엇인가?' '인간만이 가능한 일은 무엇인가?'를 깊이 있게 생각할 기회를 학생에게 제공한다. 특히 학부 과정에 예술, 역사 분야의 폭넓은 교양을 쌓기 위한 교육 커리큘럼이 더 탄탄히 마련되어 있다. 미래 기술과 비즈니스의 요체인 실리콘밸리에서 '싱귤래리티'는 이미 현실이다. 상황이 이러하니만큼 '인간을 알기 위한 수업'을 중점적으로 실시하는 현실에도 고개가 끄덕여진다.

세계에서 가장 까다로운 명문 대학이 가르치는 연민과 과학

스탠퍼드대학은 세계 최고의 대학이자 연민과 자애가 가득한 학교다. 연민 자체를 학문으로 가르치는 수업이 있을 뿐만 아니라 대화법이나 리더십 수업 시간에도 '타인의 마음을 헤아리는 것'이 얼마나 중요한지를 자주 이야기한다. 냉혹한 사회에서 생존해나가기 위한 지식을 가르치는 데 있어서도 궁극적으로는 인간을 이해하고 자신을 이해하는 일이 중요하다는 사실을 반복해서 가르친다.

11

스탠퍼드대학의 수업은 아무리 당연해 보이는 것을 설명한다고 해도 반드시 과학적 데이터나 실험 결과를 제시한다. 실생활에서 자연스럽게 실천하는 행위가 실제로 이치에 맞는 일이라는 것을 깨달음으로써 과학적 데이터를 비즈니스에 전략적으로 도입할 수 있도록 한다.

이 책을 집필하기에 앞서 나는 교수와 강사 12명의 연구 및 수업 내용을 취재했다. 내가 취재한 교수와 강사는 대부분 재학생과 졸업생에게 높은 평가를 받을 뿐만 아니라 '최우수 교수상'까지 거머쥔 저명한 분들이다. 이 위대한 거인들의 수업을 분석하고 연구한 결과 전 세계에서 모인 인재들의 요체인 스탠퍼드에서 인기 있는 수업에는 두 가지 공통점이 있었다.

하나는 인간을 알기 위한 수업이다. '인간이 충동구매를 하는 이유는 무엇인가?' '이 회사 직원이 행복한 이유는 무엇인가?'를 심리학, 행동경제학, 조직행동학 등의 측면에서 밝혀나간다.

다른 하나는 인간의 힘을 기르기 위한 수업이다. 극한 상황에 부닥쳤을 때는 어떻게 말해야 할까?' '다른 사람 앞에서 능숙하게 이야기하려면 어떻게 해야 할까?' 등 실천적 내용을 철저히 공부한다. 세계 최고의 지성을 갖춘 사람들이 '아랫사람에게 이런 질문을 받으면 이렇게 대답한다'는 등 아주 구체적인 대화법이나 말투까지 상세히 훈련받는다.

한 치 앞의 미래도 예측하기 힘들 정도로 다각도로 빠르게 변화해가는 오늘날 세계를 뒤흔드는 최정상의 리더가 인간의 힘을 배우는 이유와 이를 통해 깨닫게 되는 점은 무엇일까? 이 책은 1부에서 인간의 본성을 어떻게 알 수 있는지 스탠퍼드에서 가르치는 커리큘럼과 핵심을 파고들어 소개하고, 2부에서는 인간의 본성을 제대로 알았다면 어떻게 그 지식을 활용하여 인간의 힘을 기를 수 있는지 알아본다. 스탠퍼드대학에서 실제로 진행하고 있는 수업과 연구 내용을 구체적으로 이해할 수 있도록 가장 높은 평가를 받는 교수들을 심층적으로 인터뷰했다. 실험 자료, 사례, 스토리, 우리에게 시사하는 점 등을 '인사이트insight'라는 항목에 추가 기재했다.

앞날을 예측하기가 힘든 세상 속에서 이 책이 단단하게 살아가기 위한 지침이 된다면 기쁠 것 같다.

| 차례 |

1부. 인간을 배우는 수업

가 항공사가 제공하는 최고의 서비스 | 임원이 현장에 나가 미담을 찾다 | 과하다 싶을 만큼 보상금을 지급한다 | 사람을 소중히 여기는 정신이 기업을 살린다 | 기업 문화를 만든 회장이 준수하는 10가지 법칙 | 고객 서비스에 인간성을 되돌리다

2부. 인간의 힘을 단련하는 수업

스탠퍼드 스타 교수가 가르치는 극한 상황 속 커뮤니케이션 | 약속을 잡기 위한 전화는 위험하다 | 직장 내에서 협상을 해서는 안 된다 | 간결한 말에는 권위가 깃든다 | 일방적으로 말하는 사람은 이류다 | 관리직 직원의 상담 의뢰

협상은 귀찮다 | 협상을 피하고 싶어 하는 이유 | 상대를 흔드는 '심리 전술'에 빠지지 마라 | 협상에 성공하는 4단계 | [사례①] 상사와 근무 형태를 협상한다 | [사례②] 백화점 세일 상품의 가격을 더 깎는다 | 휴가 신청이나 임금 협상에서 실패하는 이유 | 타협하지 않고도 합의에 이르는 방법 | 화내도 괜찮은 상대, 화내면 안 되는 상대

1부

인간을
배우는
수업

제1장

스토리의 위력

: 이야기 속에 숨은 이익을
어떻게 얻을 것인가

미국 전역을 울린 한 편의 광고

2017년 2월 5일, 미국 텍사스주 휴스턴에서 프로미식축구리그 NFL의 시즌 승자를 가리는 제51회 슈퍼볼 대회가 열렸다. 무려 1억 1,000만 명[1]이 넘는 사람이 텔레비전을 통해 미국 최대의 스포츠 이벤트를 관전했으며, 시합 중에 흐르는 광고 단가는 30초에 평균 500만 달러, 약 57억 원[2]에 달했다. 슈퍼볼을 일명 '세계 최고의 광고 축제'라 부르는 까닭은 여기에 있다.

2017년에 방영된 광고를 살펴보면, 대부분 그 바탕에 '스토리'가 깔렸다는 사실을 알 수 있다. 마치 단편 영화 같은 광고가 많았고, 멜로디에 맞춰 상품명을 연발하는 고전적인 광고는 맥도널드의 빅맥 정도였다.

세계 10대 맥주 브랜드 중 4개를 소유(버드와이저, 스콜 등)한 세계 1위 맥주 회사 안호이저-부시 인베브는 버드와이저를 선전하는 광고가 아닌 회사의 상표 가치를 높이기 위한 광고를 내보냈다.

창업주 중 한 명인 아돌푸스 부시Adolphus Busch의 이야기를 차용하여, 부시가 독일에서 미국으로 건너가 차별 속에서도 맥주 회사를 창업하려 애쓰는 과정을 역사 영화 같은 필치로 그려냈다. 광고가 나간 후 이 광고는 트럼프 대통령의 이민 정책에 반대하는 안호이저-부시 인베브의 메시지가 아니냐는 목소리가 쏟아져 나왔다.

트럼프 대통령의 이민 정책에 더욱 노골적으로 반대의 뜻을 표명한 기업은 건축 자재 소매 대기업인 84럼버. 84럼버는 미국을 목표로 사막을 건너는 모녀의 이야기를 담은 광고를 내보냈다. 히스패닉계 모녀가 간신히 국경에 도달했을 때 그곳에는 거대한 장벽이 가로놓여 있었지만, 기적적으로 문을 발견한다는 내용으로 대사는 거의 없었다. 슈퍼볼 광고에서는 모녀가 사막을 건너는 부분까지만 방영이 되었을 뿐인데도 방송국에 시청자들의 항의가 빗발치는 바람에 결말 부분을 회사의 웹사이트에 따로 공개했다. 광고의 마지막 장면이 일으킨 효과는 놀라웠다. '감동해 눈물을 흘렸다'는 사람이 속출했고, 이 영상은 페이스북 등 SNS를 통해 전 세계로 퍼져나갔다. 이해에 처음으로 슈퍼볼에 광고를 내보낸 84럼버는 이민자 모녀를 주인공으로 한 광고단 한 편 덕분에 전 세계에 그 이름을 알렸다.

메르세데스 벤츠는 영화 「이지 라이더」를 오마주한 광고를 내보냈다. 미국 독립영화계를 대표하는 코엔 형제(조엘 코엔Joel Coen, 에단 코엔Ethan Coen)가 맡았다. 선술집에 모인 무법자들이 '본 투 비 와일드Born To Be Wild'란 노래를 들으면서 야단법석을 떨고 있을 때, 그중 한 명이 이렇게 외친다. "어떤 녀석이 오토바이 앞을 가로막고 있어!" 모두가 흥분해서 밖으로 나가자, 피터 폰다Peter Fonda가 당당하게 걸어오더니 벤츠를 타고 가 버린다는 내용이다. 피터 폰다는 영화 「이지 라이더」의 주연 배우로, 피터 폰다가 오토바이가 아닌 벤츠의 오픈카를 타고 떠나는 모습이 인상적이다.

슈퍼볼 광고는 어느 작품이든 단 한 번 보았다 하더라도 좀처럼 잊히지 않는 강렬함을 선사한다. 천문학적인 광고비가 드는데도 불구하고 슈퍼볼에서 방영된 광고는 '그해 슈퍼볼에 나왔던 광고'로 전 세계인의 마음속에 오래도록 기억되는 덕분에 장기적 효과를 고려하여 이득을 만들려는 기업들이 줄을 선다.

스토리의 3가지 효과

슈퍼볼 광고가 상징하듯이 마케팅, 인사, 경영 기획 등 다양한 분야에서 전략적으로 스토리를 도입하는 기업이 많아졌다. 비즈니스에서 사용되는 스토리는 실화, 에피소드, 일화, 전설을 모두 포함한 개념이다.

2000년대 초반에만 해도 미국 경영대학원에서 스토리를 주제로 한 수업은 찾아보기 어려웠다. 스토리를 비즈니스의 요소로 전문 교육을 시작한 지는 약 10년쯤 되어 그리 길지 않은 역사다. 미국의 경영대학원에서도 스토리 자체를 주제로 한 수업이 점차 증가하고 있다. 스토리를 활용한 마케팅이나 스토리를 넣은 프레젠테이션 등 스토리는 비즈니스에서 빼놓을 수 없는 요소로 자리 잡았다.

스탠퍼드대학 경영대학원에서는 최근 몇 년간 '비즈니스에서 스토리가 발휘하는 힘' 수업이 꾸준히 인기가 있다. 이 수업은 스토리 경영 분야의 일인자로 꼽히는 제니퍼 아커Jennifer Aaker 교수가 맡고 있다. 제니퍼 아커 교수는 비즈니스에서 얻을 수 있는 스토리의 효과를 크게 3가지로 꼽는다.

첫째, 스토리는 소비자에게 '이유'를 제공한다. 현대 사회에서는 정보, 제품, 서비스가 끊임없이 증가하므로 소비자에게 자사 제품을 선택하게 하려면 타사 제품과의 차별화가 관건이다. 주방 세제 하나만 보아도 근처 슈퍼에서 파는 두세 가지 제품 중에서 하나를 선택하던 때의 방식으로 소비자를 대해서는 미래를 보장할 수 없다. 아마존에서 '주방 세제'를 검색하면 2,000건이나 되는 제품이 쏟아져 나오는 때에 수많은 상품 속에서 소비자의 선택을 받기 위해서는 이유가 필요하다. 이 이유를 부여하는 것이 바로 스토리다.

둘째, 스토리는 혁신의 지침이 된다. 아커 교수는 설명한다.

"인간의 사고방식, 감정, 행동을 바꾸는 힘이 스토리에 있습니다. 스토리는 혁신을 촉진합니다. 커다란 지침을 제시하려면 스토리가 있어야 합니다."

직원들이 혁신을 일으키기를 바라는 경영인이라면 직접 지침을 내리기보다 구체적인 스토리를 들려주었을 때, 이것이 훌륭한 지침으로서 직원에게 힘을 발휘한다.

셋째, 스토리는 직원의 의욕을 자극하는 데 가장 효과적이다. '해야 한다'는 명령어는 직원의 의욕을 일으키기보다 되레 반감을 살 수 있다. 상사가 아닌 함께 일하는 동료의 이야기가 공적으로 알려진다면 직원들은 스스로 내부의 의욕에 불을 지피게 된다.

이처럼 스토리는 마케팅, 혁신, 리더십이라는 3가지 분야에서 큰 위력을 발휘한다.

미국인의 마음을 사로잡은 스노타이어 전설

위의 3가지 분야에서 스토리가 어떤 식으로 활용되는지를 구체적인 사례와 함께 살펴보자.

첫 번째는 마케팅 분야다. 제니퍼 아커 교수는 스토리를 통해 엄청난 브랜드를 구축한 대표 기업으로 대형 백화점 체인 노드스트롬을 꼽는다. 노드스트롬은 미국의 경제전문지《포춘》이 발표하는 '세계에서 가장 존경받는 기업' 순위에서 매년 상위 20위 안에 드는 기업이다(2017년도에는 18위에 선정되었다).[3]

1901년 미국 시애틀에서 설립된 노드스트롬의 창업주 중 한 명인 존 노드스트롬John Nordstrom은 스웨덴 출신 이민자로, 작은 신발 가게에서 시작해 회사를 종합 백화점으로 키워냈다. 2015년도 매출액은 141억 달러(약 16조 원)[4]였는데, 이는 일본의 백화점 1위 업체인 미츠코시이세탄 홀딩스의 매출액(12조 8,720억 원)을 훌쩍 뛰어넘는 수치다.

미국의 백화점 업계는 IT 기업의 약진으로 현재 고전을 면치 못하고 있어서, 메이시 백화점 같은 종합 기업은 예외 없이 정리해고를 추진 중이다. 이러한 상황 속에서 꾸준히 매출을 늘려가는 노드스트롬의 행보는 그야말로 경이롭다.

미국인이 이토록 노드스트롬에서 쇼핑하기를 원하는 이유는 무엇일까? 그 비밀은 철저한 고객 제일주의에 있다. 어중간한 고객 제일주의가 아니라 고객의 예상을 훌쩍 뛰어넘어 '과하다' 싶을 만큼 고객을 먼저 생각한다. 아래는 노드스트롬의 고객 제일 주의를 상징하는 스토리다.

1970년대 어느 날, 나이가 지극한 광부가 스노타이어 두 개를 들고 노드스트롬 알래스카 주 페어뱅크스점을 방문했다. 몇 년 전 이곳에서 타이어를 구매했지만 마음에 들지 않는다며 두 개 모두 반품하고 싶다는 것이다.

스노타이어는 이미 닳고 닳은 상태였다. 더군다나 노드스트롬에서는 스노타이어를 판매하지 않고, 과거에 판매한 적도 없다. 하지만 노인은 노드스트롬에 인수되어 매장이 바뀌기 전에는 분명 이곳에서 타이어를 팔았다며 '여기서 샀다'고 우겼다.

환급을 요구하는 고객을 눈앞에 두고 갓 입사한 신입 직원은 무엇이 최선인지를 생각했다. 그리고 마을의 타이어 가게에 전화를 걸어 중고 타이어의 정식 판매 가격을 알아낸 다음 총 25달러를 돌려주었다. '고객을 우선'으로 생각한다면 이렇게 하는 편이 옳다고 판단했기 때문이다.[5]

이 일화는 미국인에게 널리 알려진 유명한 이야기다. 노드스트롬에 얽힌 일화는 이밖에도 수없이 많다. '메이시 백화점에서 산 상품을 기꺼이 선물용으로 포장해주었다' '오후 회의에 입고 간다고 하자 새로 산 셔츠를 다려주었다' '쇼핑하는 사이에 자동차 안을 따뜻하게 해 두었다'는 이야기가 전설처럼 사람들 사이에 전해진다.

2017년 2월 노드스트롬은 트럼프 대통령의 딸이 경영하는 의류 및 잡화 브랜드 '이방카 트럼프' 판매를 중지하겠다고 밝혔다. 표면적 이유로는 판매 부진을 들었으나, 진짜 이유가 무엇이든 고객은 '노드스트롬은 고객을 우선으로 생각해 이런 결정을 내렸으리라'고 생각한다. 노드스트롬은 판매하지도 않은 스노타이어조차 환급해주는 백화점이라는 인식이 강하게 뿌리 박혀 있기 때문이다.

노드스트롬에서 쇼핑을 하면, 예전과는 사뭇 다른 시각으로 노드스트롬을 보게 된다. '이 백화점은 고객을 우선으로 생각한다'는 인식이 온갖 단편적 일들과 연결되어 인식되기 때문이다. 화수분처럼 이어진 이와 같은 고객 감동 스토리는 노드스트롬이 성장하는 원동력이 되었다. 그야말로 스토리가 얼마나 매출 증가에 기여하는지를 상징하는 사례가 아닐 수 없다.

'시그니처 스토리'가 사람을 움직인다

아커 교수는 노드스트롬의 스노타이어 같은 이야기를 총칭하

여 '시그니처 스토리'[6]라고 부른다. 영어 단어 '시그니처signature'
는 서명이나 사인을 뜻하지만 '대표가 될 만한'이라는 의미로도
사용되어, 레스토랑에서 '시그니처 디시'라고 하면 그 가게의 대
표 요리를 의미한다. 그러므로 시그니처 스토리란, 이른바 기업
을 대표하는 스토리로, 브랜드 인지도를 확장하고 기업 이미지
를 높일 뿐 아니라, 고객과의 관계를 구축하여 전략을 실행하는
원동력이 되는 스토리를 말한다.

제니퍼 아커 교수는 시그니처 스토리에 3가지 특징이 있다고
한다.

첫째, 스토리 자체가 재미있어야 한다. 즉, 시사성이 풍부하고
신선하며 계몽적인 데다가 흥미로워야 한다. 게다가 유익한 정
보를 얻을 수 있고 화제성이 있으며 즐거워야 한다. 이는 시그니
처 스토리의 필수 요소다.

둘째, 사람들이 순수하게 믿을 수 있어야 한다. 이 이야기는 거
짓말이다, 엉터리다, 단지 기업 이미지를 좋게 하려고 지어낸 이
야기 같다, 어쩐지 꿍꿍이가 있을 것 같다는 뉘앙스를 풍겨서는
안 된다.

셋째, 사람을 매혹하는 무언가가 있어야 한다. 사람의 기억에
남고, 마음에 여운을 남겨서 사람을 움직이는 이야기, 즉 이 회사
제품을 사고 싶게 만드는 이야기가 바로 시그니처 스토리다.

에르메스와 루이비통 제품이 특별한 이유

유럽의 명품 기업들도 노드스트롬처럼 시그니처 스토리를 능숙하게 활용한다. 세계적으로 널리 알려진 루이뷔통 트렁크에 얽힌 일화를 하나 소개하겠다. '루이뷔통 창업 150주년 파티'를 특집으로 내보낸 한 일본 TV 프로그램의 웹사이트에서는 루이뷔통 트렁크를 다음과 같이 소개한다.

> 1912년에 일어난 타이타닉호 침몰 사고 때, 루이뷔통 트렁크를 껴안고 있던 덕분에 목숨을 건진 사람이 있다. 게다가 침몰한 지 수십 년이 지난 후 타이타닉호의 선실에서 유품이 인양되었을 때, 루이뷔통 트렁크 안은 물에 젖지 않고 당시 상태 그대로 보존되어 있었다.[7]

당시 부유층은 해외여행 시에 배를 이용했으므로, 루이뷔통은 주고객인 부유층을 위하여 완전 방수 트렁크를 개발해 만일의 사고에 대비했다는 것이다. 이 이야기의 진위는 확실하지 않지만 '루이뷔통 제품은 튼튼하고 오래간다'는 메시지를 전달하기에는 충분한 에피소드다. 사람들이 '루이뷔통 트렁크라면 분명 그러할 것'이라고 생각할 만큼 신빙성도 있다.

또 다른 명품 패션 브랜드 에르메스도 스토리와 빼놓을 수 없다. 거의 모든 에르메스 제품에는 탄생 스토리가 있을 정도다. 그

31

중에서도 에르메스의 대명사로 알려질 만큼 유명한 버킨백의 탄생에 얽힌 이야기가 가장 유명하다.

1983년 어느 날, 가수 겸 배우인 제인 버킨Jane Birkin은 에어프랑스 비행기를 타고 파리에서 런던으로 가던 중이었다. 이때 우연히 제인의 옆자리에 에르메스 창업주 가문에서 태어나 1978년에 제5대 에르메스 사장에 취임한 장 루이 뒤마가 앉았다.

그런데 제인 버킨이 기내에 들고 탄 바구니 가방에서 무언가를 꺼내려던 순간 가방이 망가지는 바람에 가방 속 물건이 전부 쏟아지고 말았다. 이 모습을 본 장 루이 뒤마가 말했다. "당신에게는 주머니가 달린 가방이 필요하겠군요." 그러자 제인 버킨은 "에르메스가 만들어 준다면 살 텐데 말이에요." 하고 대꾸했다. 이에 뒤마는 대답했다. "나는 에르메스 가문의 사람이니 제가 만들어 드리지요." 두 사람은 아이디어를 주고받으며 그 자리에서 가방을 디자인했고 이때 탄생한 가방이 바로 이후 세계적으로 선풍적인 인기를 끄는 버킨백이다.[8]

이 일화에는 '에르메스는 고객의 사소한 요구도 함부로 지나치지 않고 그에 충족하는 가방을 만들어주는 회사'라는 인식을 굳게 전해준다. 평소 소지하는 작은 소지품 하나도 놓치지 않고 담을 수 있는 가방이 바로 버킨 백이라는 이미지 또한 심어준다.

에르메스는 이와 같은 스토리 하나하나를 제품에 부여해 그들만의 '특별함'을 강조한다.

신빙성 없는 이야기로 실패한 아우디

스토리가 브랜드 인지도에 좋은 영향만 끼치는 것은 아니다. 스토리를 이용해 브랜드 인지도를 높이려다 되레 호되게 실패하기도 한다. 독일의 자동차 회사 아우디가 내보낸 광고는 소비자에게 혹평을 받았다. 광고 속에는 어린 딸과 아버지가 등장한다. 소프박스레이스Soapbox Race(엔진이 탑재되지 않은 차를 타고 비탈길을 달려 내려가는 경기)에 참가한 여자아이를 바라보며 아버지는 마음속으로 이렇게 중얼거린다.

> "나는 딸에게 무엇을 전해야만 하는가. '할아버지는 할머니보다 위대하고, 아버지는 어머니보다 위대하다' '아무리 공부를 열심히 해도, 운전을 잘하게 되어도, 기술이나 지성을 갖춘다고 해도, 당연하다는 듯이 세상은 너를 남성보다 열등한 존재로 간주한다'고 전해야 할까? 아니, 전혀 다른 뜻을 전할 수도 있지 않을까."[9]

딸은 레이스에서 우승하고, 광고 마지막에 부녀가 아우디에 타는 장면이 나오면서 "미국의 아우디는 남녀 동일 임금을 약속합니다. 모두 함께 앞으로 나아갑시다."라는 자막이 나온다. 이 광고를 본 전 세계 시청자는 비난을 퍼부었다. '아우디에는 여성 직원이 거의 없다' '이런 거짓말 같은 광고를 내보냈다'는 지탄이 인터넷을 뜨겁게 달궜다.

아우디 광고는 왜 실패로 끝났을까? '스토리는 사람들이 순수하게 믿을 만한 이야기여야 한다'고 아커 교수는 이야기한다. 아우디의 스토리 전략이 실패한 가장 큰 이유는 신빙성이 없었던 탓이다.

레이스에 참가한 어린 딸을 응원할 때 평범한 아버지라면 "우리 딸, 힘내라!"는 응원의 목소리를 높이지, 머릿속으로 남성과 여성의 사회적 역할에 대해 심사숙고하지 않는다.

게다가 요즘 같은 시대에 '할아버지는 할머니보다 위대하고, 아버지는 어머니보다 위대하다'란 사실을 딸아이에게 일부러 전해야 하는지 말아야 하는지를 두고 고민하는 부모는 흔하지 않다. 더군다나 남녀평등을 주장하는 광고인데도 처음부터 끝까지 보이는 아버지의 '거만한 태도' 또한 시청자의 감정을 상하게 하기에 충분했다.

에어비앤비 급성장의 비밀
'스토리스 stories'

숙박 서비스 제공 플랫폼인 에어비앤비의 성장은 놀랍다. 2008년 창업한 이 회사의 매출액은 2020년에 10조 원을 넘을 것이라 예상된다. 에어비앤비의 비즈니스 모델은 이른바 '다면적 플랫폼 비즈니스'다. 즉 판매자와 소비자를 연결해주는 시스템을 제공하는 대신 광고나 수수료로 수익을 올리는 비즈니스 모델이다. 숙박 장소를 소유하지 않으면서 서비스 제공자와 이용자에게 상품을 사고팔 장소만을 제공하는 '장소 대여 비즈니스'다.

이와 같은 플랫폼 비즈니스에서 승자가 되기 위해서는 이용자 수를 늘리는 것이 관건이다. 그런데 서비스 제공자가 '나와 전혀 관계없는 개인'이라면 어떨까. 고객은 서비스를 이용할 때 안전성과 신뢰성에 불안감을 느끼게 되므로, 제공자가 타인이라는 사실은 서비스 이용 시에 높은 장벽으로 작용한다. 이때 이 장벽을 무너뜨리는 것이 바로 입소문과 스토리다.

에어비앤비는 '숙소를 제공하는 사람은 여러분과 다름없는 선량한 시민'이라는 사실을 강조하기 위해 웹사이트에 스토리스 stories라는 코너를 마련하여 숙박 주인의 삶이나 생활을 동영상 또는 사진으로 소개한다.

뉴욕에 거주하는 주디스 이야기

이 사진 속 인물은 제 남편이에요. 남편은 오페라와 연극을 보는 걸 참 좋아했죠. 그이를 만난 순간 '이 사람과 결혼해야겠다'고 생각했습니다. 그런 남편이 세상을 떠나자 저는 주방에 들어가는 것조차 힘들었어요. 요리를 해도 함께 먹을 사람이 없으니 요리할 필요가 없다고 생각했죠. 이런 와중에 온라인을 통해서 에어비앤비를 알게 되었어요. 제 이름은 주디스입니다. 저는 에어비앤비 호스트랍니다.[10]

뉴욕에 거주하는 애나벨과 오스카 이야기

애나벨(딸): 이 물건들은 모두 제가 여행 갔던 나라에서 가져온 기념품이에요. 이건 하와이에서 주운 조개껍데기, 이건 프랑스의 어느 시장에서 산 나무로 만든 귀걸이고요. 참 귀엽죠?

오스카(아버지): 에어비앤비 덕분에 가족과 함께 여행 가는 횟수가 늘었어요. 항공료나 숙박비는 집을 빌려준 돈으로 충당하니까요.[11]

에어비앤비 공식 웹사이트에는 뉴욕을 비롯해 런던, 홍콩, 서울 등 전 세계 다양한 도시에 거주하는 호스트가 등록되어 있을 뿐만 아니라 숙박한 손님의 평가도 실려 있다. 그중에는 집주인이 베풀어준 친절, 그곳의 장점 등 숙소와 얽힌 일화를 소개한 내용도 있다.

에어비앤비는 전략적으로 스토리를 활용하여 고객이 느끼는 심리적 장벽을 무너뜨림으로써 이용자를 꾸준히 늘리는 데 성공했다.

소비자는 자신이 무엇을 진정으로 원하는지 모른다

아커 교수는 '인간은 무언가를 구매할 때, 논리적으로 결정하지 않는다. 감정이 먼저 결정하고 나중에 그 결정을 논리로 정당화한다.'[12]고 설명한다. 이 감정에 호소하는 것이 바로 스토리다.

노스웨스턴대학 켈로그경영대학원의 교수이자 마케팅의 아버지라고도 불리는 필립 코틀러Philip Kotler는 마케팅에서 스토리가 얼마나 중요한지를 줄곧 이야기해왔다. 필립 코틀러에 따르면 인간의 구매 동기에는 '무의식적 요소'가 큰 영향을 끼치는 탓에 소비자는 대개 자신이 진정 무엇을 원하는지를 알지 못한다고 한다. 그러므로 '앞으로는 마케팅을 할 때 무의식적 요소를 찾아내 스토리로 만들어 전달함으로써 소비자의 심층에 깔린 구매 동기에 호소해야 한다'고 말한다.[13]

코틀러 교수는 심리학자 에이브러햄 매슬로가 제창한 인간의 '욕구단계이론'을 바탕으로 마케팅의 진화를 설명한다. 매슬로의 욕구단계이론이란 매슬로가 1943년에 발표한 논문 「인간의 동기부여 이론」에서 제창한 개념으로, 매슬로는 인간의 욕구를 크게 5가지로 분류한다.

1. 생리적 욕구
2. 안전 욕구
3. 사회적 욕구
4. 승인 욕구
5. 자아실현 욕구

생리적 욕구는 식욕, 성욕, 수면욕처럼 생명을 유지하는 데 필요한 욕구다. 안전 욕구는 안전한 생활환경이나 경제적 안정 등을 얻으려는 욕구로 '돈을 저축하고 싶다' '종신고용제 회사에 취직하고 싶다'와 같은 욕망도 안전 욕구에 들어간다. 사회적 욕구는 사회 또는 타인과 연결되려는 욕구다. 누군가를 사랑하거나 사랑받고 싶다, 가족과 함께 있고 싶다, 사회에 소속되고 싶다는 등의 욕구다. 승인 욕구는 타인의 존경이나 평가를 갈구하는 욕구로 이 욕구가 충족되지 않으면 열등감 또는 무력감에 휩싸인다. '내 존재가 다른 사람에게 도움이 된다'는 사실을 실감하고 싶다거나 페이스북에서 '좋아요'를 받고 싶다는 감정도 이 욕구에서 비롯된 것이다. 본래 SNS란 승인 욕구를 교묘하게 이용한 비즈니스에 불과하다. 마지막으로 자아실현 욕구는 스스로 능력을 발휘하여 자신이 원하는 바를 실현하려는 욕구를 뜻한다.

매슬로에 따르면 이 5가지 욕구는 같은 차원에 존재하지 않고 계층 구조를 이룬다. 즉 '생리적 욕구 → 안전 욕구 → 사회적 욕구 → 승인 욕구 → 자아실현 욕구' 순으로 낮은 차원의 욕구가 충족된 후에는 더욱 높은 차원의 욕구를 강하게 갈망한다는 것이다.

쉽게 설명하면 개발도상국에서 빈곤에 시달리는 사람은 생리적 욕구나 안전 욕구를 채우려는 욕망이 강하나, 뉴욕에 사는 억만장자는 돈으로는 손에 넣기 힘든 명예 또는 자아실현을 추구하려 한다.

매슬로의 '욕구단계이론'은 종종 1을 100% 충족해야만 2로, 2를 100% 충족해야만 3으로 넘어간다고 잘못 해석되지만, 실제로 이 5가지 욕구는 병행해서 존재하므로, 각각의 욕구가 충족된 정도는 사람마다 다르다.

A는 생리적 욕구가 85%, 안전 욕구 70%, 사회적 욕구 50%, 승인 욕구 40%, 자아실현 욕구는 10% 정도 채워졌지만, B는 생리적 욕구가 70%, 안전 욕구 50%, 사회적 욕구 30%, 승인 욕구 20%, 자아실현 욕구는 5% 정도 채워졌다는 식이다.

마케팅 4.0 시대의 스토리 전략

코틀러 교수는 인간의 생활수준이 향상될수록 더 높은 차원의 욕구가 강해지므로 이에 맞춰 마케팅 전략을 세워야 한다고 생각했다. 그리하여 코틀러 교수는 마케팅의 진화 과정을 다음과 같이 설명하고, 현대 사회에서는 마케팅 3.0과 4.0에 특히 주력해야 한다고 말한다.

- 마케팅 1.0: 제품 중심
- 마케팅 2.0: 소비자 지향
- 마케팅 3.0: 가치 주도
- 마케팅 4.0: 자아실현

마케팅 1.0은 인간의 생리적 욕구와 안전 욕구를 자극하는 마케팅이다. 물자가 부족한 곳에서는 무조건 저렴한 물건을 제공하기만 하면 잘 팔린다.

마케팅 2.0은 사회적 욕구를 자극하는 마케팅이다. 고객을 그룹으로 나눈 다음 특정 타깃 고객에게 만족감을 주는 상품을 내놓는다.

마케팅 3.0은 고객의 자존심을 채워주는 마케팅이다. 사람은

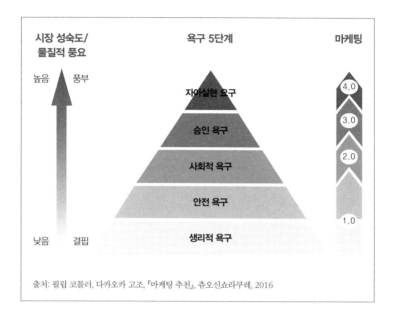

시장 성숙도/ 물질적 풍요	욕구 5단계	마케팅
높음 풍부	자아실현 요구	4.0
	승인 욕구	3.0
	사회적 욕구	2.0
	안전 욕구	
낮음 결핍	생리적 욕구	1.0

출처: 필립 코틀러, 다카오카 고조, 『마케팅 추천』, 츄오신쇼라쿠레, 2016

어느 정도 생활에 여유가 생기면, 물건을 구매함으로써 자신의 승인 욕구를 채우려 한다. '친환경 제품이니까 사겠다' '여성 직원을 소중히 생각하는 기업이 만든 제품이니까 사겠다'는 식으로 '물건 = 자기 가치관의 상징'으로 인식한다. 현대의 소비자는 SNS에 투고했을 때 '좋아요'를 얼마나 많이 받을지에 신경 쓰며 물건을 구매하는 경향이 있으므로 판매자는 이와 같은 승인 욕구를 채워줄 제품이나 서비스를 제공해야 한다.

마케팅 4.0은 온라인과 오프라인 양쪽에서 고객의 자아실현에 도움이 되는 제품 및 서비스를 제공하는 마케팅이다. 필립 코틀러가 최근에 제창한 마케팅 방식이므로 아직 그 사례가 적다.

스토리는 마케팅 3.0과 4.0에서 '이 제품은 당신의 가치관에 꼭 맞는 제품'이라고 어필하는 데 큰 힘을 발휘한다.

어찌 됐든 소비자는 저렴한 가격이나 기능과 같은 요소뿐 아니라 '이 상품은 내 가치관에 맞는가' '이 상품을 소유하면 남들에게 멋져 보일까' 등을 중요하게 생각한다. 파격적 가격이나 최첨단 기술로도 소비자에게 호소하기 힘든 시대에 스토리는 최후의 수단인 셈이다.

스탠퍼드도 주목하는 작은 회사 직원식당

스토리는 구매 욕구를 자극할 뿐만 아니라 직원의 마음마저 자극한다. 아커 교수는 MBA 프로그램 수업은 물론 전 세계 중역을 대상으로 한 '혁신을 가속하는 스토리의 힘' '혁신 · 플레이북: 강렬한 인상을 주는 스토리를 디자인하다'와 같은 온라인강좌도 맡고 있다. 이러한 강좌를 시작한 이유 역시 글로벌 기업의 리더로부터 '회사에서 더 큰 혁신을 일으키기 위한 스토리 전략을 공부하고 싶다'는 요청이 빗발쳤기 때문이라고 한다.

아커 교수는 일본 기업 중에서 스토리를 지렛대 삼아 혁신을 일으킨 사례로 타니타를 주목한다. 타니타는 본래 체중계와 체지방계를 제조·판매하는 회사였지만, 현재는 타니타 식당을 운영하는 등 사람의 건강과 관련된 다양한 사업을 펼친다.

한때 경영 위기에 놓였던 기업을 부활하게 한 힘은 스토리를 지렛대 삼은 경영 전략이었다. 타니타가 다시 일어서게 된 계기는 2009년으로 거슬러 올라간다. NHK의 '샐러리맨 NEO'라는 프로그램의 '전 세계 직원식당으로부터'란 코너에서 직원식당을 소개한 일이다. 타니타 직원식당의 맛있고 배부르게 먹어도 살이 빠지는 메뉴가 큰 반향을 일으켰고, 그 후 조리법을 모은 『타니타 직원식당』(어바웃어북, 2012)이란 책이 출간되었다. 이 책은 지금까지 500만 부 이상이 팔리며 큰 주목을 받았다.

직원에게 어떤 영향을 끼쳤을까? 아마 타니타의 직원은 대부분 그때까지 타니타를 '체지방계를 비롯한 건강 상태를 점검하는 기기를 만드는 제조회사'라고만 여겨, 신규 사업 아이디를 모집해도 대개 '신규 사업 = 신제품'이라고 생각했을 것이다.

하지만 조리법 책이 큰 인기를 얻자 직원들은 여태까지 비즈니스가 되리라고는 꿈에서조차 생각하지 못했던 '직원식당 조리법'이 실제로는 훌륭한 상품이 된다는 사실을 깨달았다. 그러자 '우리 회사는 제조사'라는 고정관념에 사로잡혔던 직원들이 제조사를 뛰어넘은 발상을 하기 시작했다. 그 결과 타니타 직원식당을 레스토랑으로 운영하는 사업이 탄생했고, 그곳에서 타니타 직원식당을 운영할 사람을 대상으로 한 조리사 양성 사업, 타니타 직원식당에서 제공하는 커피를 판매하는 사업 등 새로운 사업이 잇달아 생겨났다.

아커 교수는 '회사에서 혁신을 일으키고 싶다면 기발한 아이디어뿐 아니라 직원이 이해할 만한 스토리를 제시해야 한다'고 말한다. 만일 타니타의 경영진이 "새로운 시대에 체지방계만으로는 회사의 미래가 염려되니, 사람들의 건강 유지에 도움을 주는 사업을 적극적으로 추진해 나갑시다"라고 말해 보았자, 직원들은 조금도 이해하지 못했으리라. 자신이 할 수 있는 일은 아마 다른 새로운 기계를 만드는 일 정도라고 생각하지 않았을까?

그런데 조리법 책이 크게 인기를 끌자 '이런 아이디어도 비즈니스가 되는구나' '사람의 건강을 만드는 사업에는 이런 일도 있구나'라며, 직원들은 구체적인 이미지를 쉽게 떠올리게 되었고, 결과적으로 타니타가 사업을 다각화하는 데 크게 공헌했다.

직원의 아이디어를 끌어내 멋지게 부활한 스타벅스

직원의 발상력을 키우는 스토리라는 측면에서 유명한 일화 하나를 소개하겠다. 스타벅스의 부활 이야기다.

> 스타벅스 CEO 하워드 슐츠는 1983년 이탈리아 여행 중, 현지
> 커피숍에 마음을 빼앗겼다. 이탈리아에서 커피숍은 단지 커피
> 를 마시는 장소가 아니라 대화를 즐기는 사교장이었던 까닭이
> 다. 슐츠는 '직장도 아니고 자택도 아닌 제삼의 장소를 제공하
> 는 커피숍'을 미국에도 보급하고 싶었다. 그는 1987년에 평범
> 한 커피 체인이었던 스타벅스를 인수하여 '제삼의 장소를 제공
> 한다'는 콘셉트를 실천해나갔다.[14]

스타벅스의 매출액은 2016년도 기준으로 213억 1,600만 달
러(약 24조 원)로 성장의 원동력은 바로 슐츠가 이탈리아에서 영
감을 얻은 '제삼의 장소를 제공한다'는 콘셉트다.

만일 이 이야기가 '하워드 슐츠는 최고의 커피를 제공하기로
마음먹었다'는 식으로 끝났다면 어떻게 되었을까? 아마도 직원
들은 '커피의 질을 더 높이자' '커피 종류를 더 늘리자' '더 맛있
게 원두를 볶으려면 어떻게 해야 할까?'라고 생각하며 일했을 것
이다. 게다가 최고의 커피를 제공한다는 콘셉트는 너무나 당연
해서 좀처럼 기억에 남지도 않는다.

하지만 슐츠는 커피와 함께 제삼의 장소를 제공하고자 했다.
그렇다면 친구와 이야기꽃을 피우거나 혼자서 작업을 할 때, 순

조로운 일 처리에 도움을 주는 음료나 음식이라면 궁극적으로 무엇을 제공해도 괜찮다는 말이 된다. 그 덕분에 프라푸치노 같은 다채로운 메뉴가 탄생할 수 있었고 일부 매장에서는 주류를 제공하기도 한다.

스타벅스 직원은 스스로 커피를 만드는 사람이 아니라 제삼의 장소에서 서비스하는 사람이라고 인식하므로 '이런 이벤트를 해보자' '이런 상품을 판매해보면 어떨까?'라며 아이디어를 끊임없이 제공한다.

이처럼 직원이 혁신을 일으킨 밑바탕에는 '스타벅스는 제삼의 장소를 제공하여 성공한 회사'라는 스토리가 깔려 있다.

"여러분은 청소 아줌마가 아닙니다"

스토리는 직원을 의욕적으로 만드는 데도 커다란 위력을 발휘한다. 직원이 보람을 느끼며 활기차게 일하는 회사에는 직원이 손님이나 상사에게 칭찬을 받았다는 수많은 '미담'이 전해진다.

대표적 사례는 신칸센 청소 회사, JR 동일본 테크노하트 텟세이TESSEI(이하 텟세이)다. 텟세이가 이룬 기적 같은 부활 이야기는 2016년부터 하버드대학 경영대학원의 필수 과목으로 채택되었

46

다. 스탠퍼드 경영대학원에서도 수업 시간에 이 회사의 사례를 다룬다. 아커 교수 역시 스토리란 측면에서 주목하는 기업이라고 한다.

텟세이는 신칸센 청소 업무를 담당하는 하청 회사다. 매출액은 2015년 기준으로 약 400억 원이고, 직원 수는 약 900명으로, JR 동일본의 자회사 중에서도 우량 기업이다.

도쿄역에 신칸센이 들어와 나갈 때까지, 고작 7분이라는 시간 동안 청소 담당 직원 단 한 명이 열차 객실 하나를 완벽하게 청소한다. 이 모습은 '7분의 기적'이라 불리며 CNN과 BBC를 비롯한 언론 매체를 통해 보도되었다.

예전의 텟세이는 우량 기업이 결코 아니었다. 2005년에 경영 기획부장으로 야베 데루오가 부임한 이후로 대대적인 개혁을 추진한 덕분에 비로소 부활한 것인데, 이 개혁에도 역시 스토리가 뒷받침되었다.

경영기획부장 야베 데루오는 어떤 식으로 스토리를 능숙하게 활용했을까. 방법은 2가지다. 하나는 직원들에게 '여러분의 기술이 없으면 신칸센은 움직이지 못한다'고 반복해서 이야기한 점이다.

여러분은 사회라는 강의 상류에서 떠내려 와 지금, 텟세이라는 강 하류에 도달했습니다. 하지만 하류라고 자신을 비하하지 마십시오. 여러분이 청소하지 않으면 신칸센은 움직이지 못합니다. 여러분은 청소 아저씨, 아줌마가 아닙니다. 세계 최고의 기술력을 자랑하는 JR 동일본의 신칸센을 관리하는 기술자들입니다.[15]

이 이야기를 듣고 나서 청소 담당 직원이 의욕적으로 변한 이유는 무엇일까. 바로 '자신이 주인공'이라는 사실을 실감했기 때문이다. 아커 교수는 아래와 같이 말한다.

"나는 신칸센의 청소 회사 텟세이의 부활 이야기를 듣고 큰 감명을 받았습니다. 당시 텟세이의 야베 데루오 경영기획부장은 청소 담당 직원이 보람을 느끼며 일할 수 있도록 멋진 스토리를 끊임없이 이야기했어요. '여러분이 없었다면 이런 개혁은 불가능했다'고 말이죠. 그는 현장에서 일하는 청소 담당 직원을 부활 이야기의 주역으로 만들었습니다. 텟세이 부활에 그가 크게 공헌한 것은 분명한 사실이지만 실제로 현장에서 혁신을 일으킨 사람은 청소 담당 직원들입니다. 만일 그가 '내가 바로 회사 개혁을 이끄는 리더이니, 모두 나를 따르라'는 식으로 말했다면 텟세이는 이렇게까지 훌륭한 기업이 될 수 없었을 겁니다."

청소 회사를 1등 기업으로 만든 스토리의 힘

야베 경영기획부장은 스토리를 어떻게 활용했을까. 그는 직원이 서로를 칭찬하는 칭찬 릴레이 제도를 만들었다. 엔젤 리포트라는 칭찬 사례집에는 직원이 동료를 칭찬하고 더 나아가 현장 책임자가 그 선행을 칭찬한 수많은 '미담'이 실려 있다. 그 이야기를 몇 가지 소개하겠다.

동료의 말: 3월 29일(토) K 1조 담당 N 편성 9시 44분 종료 후 A 계단에서, 연세가 지극하신 손님이 묵직해 보이는 여행용 가방을 들고 내려가려는 모습을 본 A씨가 말했습니다.
"손님, 괜찮으시다면 짐을 들어드릴까요?"
손님이 "그럼, 부탁 좀 해도 될까요?" 하고 말했고, A씨는 짐을 들고 천천히 계단을 내려갔습니다. A씨의 마음 씀씀이가 참 고맙게 느껴졌습니다.

현장 책임자의 말: 무거운 짐을 든 손님에게 계단은 참 당황스러운 존재지요. 고맙습니다.

동료의 말: 3월 6일 목요일에 8호 차 담당자인 B씨는 작업 종료 직전 최종 확인을 하던 중, 화장실 세면대의 난간이 더럽다는 사실을 발견하고는 천으로 꼼꼼하게 닦았습니다. 작업 시간을 효율적으로 사용하여 구석구석까지 최종 확인을 한 B씨의 행동은 모범이 되리라 생각합니다. 고맙습니다.

현장 책임자의 말: 마지막 단계에서 '최종 확인'을 소홀히 하지 마세요. 앞으로도 잘 부탁합니다.[16]

엔젤 리포트에는 동료가 제보한 칭찬 사례가 실명으로 실린다. 이 엔젤 리포트에서 주목할 점은 칭찬의 주인공이 현장 책임자가 아닌 현장에서 일하는 청소 담당 직원이라는 점이다. 칭찬받은 당사자는 자연스럽게 '나도 동료의 좋은 점을 찾아내 칭찬해야겠다'고 생각하게 된다. 이와 같은 스토리가 쌓이고 쌓여 텟세이 부활의 원동력이 되었다. 텟세이를 개혁할 당시 전략적으로 스토리를 사용할 계획은 아니었으나 결과적으로는 스토리의 힘을 적절히 사용한 셈이다. 아커 교수는 말한다.

"핵심은 '직원이 영웅이 될 만한 스토리'를 찾아내는 일인데, 이는 매우 간단해 보이지만 실제로는 어렵습니다. 사람은 대개 자신이 뛰어난 리더라는 것을 보여주기 위해 무심코 자기 자랑을 늘어놓기 마련이니까요. 하지만 사실 자신이 주인공인 이야기에서는 본인의 우수함이 잘 전달되지 않습니다. 직원이나 팀원들이 영웅일 때 비로소 자신의 리더십이 뛰어나다는 사실을 전달할 수 있지요."

[스토리 실험 ①]
기억에 새겨진다

마케팅, 혁신, 리더십 등 스토리는 비즈니스의 다양한 분야에서 위력을 발휘한다. 대체 스토리가 인간에게 이토록 큰 영향을 끼치는 이유는 무엇일까? 아커 교수는 그 이유를 스토리의 3가지 특성 때문이라고 설명한다. 3가지 특성은 ① 기억에 남는다, ② 자료나 숫자보다 강렬한 인상을 준다, ③ 듣는 사람의 마음에 호소한다는 점이다.

첫 번째 특징인 '스토리는 기억에 남는다'를 뒷받침하는 근거로 아커 교수는 다음과 같은 실험을 소개한다. 스탠퍼드대학 경영대학원의 칩 히스Chip Heath 교수는 '기억에 각인되는 아이디어 만들기'라는 수업 시간에, 프레젠테이션 내용 중 어느 부분이 가장 학생의 기억에 남는지를 조사했다.

먼저 학생에게 미국 범죄 유형에 관한 정부 기관의 통계 자료를 준다. 이 자료를 바탕으로 학생은 'Ⓐ 범죄는 미국 사회에서 큰 문제다' 'Ⓑ 범죄는 그다지 심각한 문제가 아니다' 중 한쪽 입장에 서서 자기 의견을 발표한다. Ⓐ와 Ⓑ 가운데 어느 쪽 입장에 설지는 미리 정해져 있다.

학생들을 그룹당 9명 정도 되는 소그룹으로 나누어 한 사람씩 1분간 의견을 발표하고, 발표가 끝나면 학생끼리 채점한다. 설득력이 있었는지, 인상적이었는지 등의 항목으로 점수를 매기면 으레 화술이 뛰어난 학생이 고득점을 받는다.

전원이 발표를 마치면 히스 교수는 영국의 코미디 그룹 몬티 파이튼Monty Python의 영상을 몇 분간 보여주고, 영상이 끝나자마자 학생에게 '발표자의 프레젠테이션 내용 중 기억나는 것을 전부 쓰라'고 지시한다. 학생은 자신이 프레젠테이션한 내용을 대부분 기억하지 못한다는 사실에 깜짝 놀란다. 자신의 발표 외에 1분짜리 발표를 8번 정도 들었을 뿐인데도 누가 어떤 말을 했는지 거의 기억하지 못하는 것이다.

실험 결과, 발표 내용 속 스토리를 기억한 사람은 무려 63%였지만, 자료를 기억한 사람은 겨우 5%였다. 발표자 중에서 스토리를 들려준 사람은 전체의 10%밖에 되지 않았는데도 말이다.

히스 교수는 프레젠테이션 내용이 기억에 남을지 기억에서 사라질지는 화술과 아무런 관계가 없다고 말한다. 많은 사람의 기억에 남는 발표자의 특징은 ① 스토리를 사용했다, ② 감정에 호소했다, ③ 열 가지를 다 말하지 않고 한 가지로 추려서 프레젠테이션했다 중 하나였다고 한다.

스토리는 왜 기억에 남을까? 정답은 뇌가 기억하는 방법에서 찾을 수 있다. 히스 교수는 뇌 구조를 찍찍이 테이프에 비유하며 '뇌에는 놀라우리만큼 많은 돌기가 있다[17]'고 설명한다. 즉, 말이나 숫자의 나열과 달리 스토리는 뇌에 난 돌기에 걸리므로 훨씬 더 기억에 남는다.

[스토리 실험 ②]
데이터나 숫자보다 인간을 움직인다

스토리의 두 번째 특징 '데이터나 숫자보다 강렬한 인상을 준다'를 뒷받침하는 근거로 아커 교수는 다음 실험을 예로 든다.

펜실베이니아대학 데버러 스몰Deborah Small 교수팀은 이 학교 재학생 159명을 대상으로 스토리를 제시했을 때와 통계를 제시했을 때, 학생들이 어느 쪽에 더 많이 기부하는지를 조사했다. 참가자에게는 조사 목적을 말하지 않고, 설문에 답해 주면 5달러를 주겠다고만 이야기했다.

설문에 응해 준 참가자에게는 5달러(1달러짜리 5장), 흰 봉투,

세이브 더 칠드런에 기부해 줄 것을 호소하는 편지를 지급했다. 5달러와 흰 봉투는 모든 참가자에게 똑같이 지급되었지만 편지 내용은 아래와 같은 3가지 유형으로 각각 달랐다.

(1) 통계를 제시한 후, 기부를 부탁한다

편지 내용: 말라위에서는 식량 부족 탓에 300만 명이나 되는 아이들이 그 영향을 받고 있습니다. 잠비아에서는 강수량 부족으로 옥수수 생산량이 2000년보다 42%나 감소한 나머지 300만 명이 굶주림에 허덕입니다. 앙골라에서는 인구의 3분의 1에 해당하는 400만 명이 집을 버리고 피난을 떠나는 실정입니다. 에티오피아에서는 현재 1,100만 명 이상이 식량 부족 상태입니다.

(2) 스토리를 제시한 후, 기부를 부탁한다

편지 내용: 세이브 더 칠드런에 기부해주신 돈은 아프리카의 말리 공화국에 사는 7살짜리 여자아이 로키아 양을 돕는 데 사용됩니다. 로키아는 가난한 집안 형편 탓에 심각한 굶주림으로 고통받고 있습니다. 여러분이 기부해주신다면 로키아는 좀 더 나은 생활환경에서 하루하루를 보낼 수 있게 될 것입니다. 세이브 더 칠드런의 기부금은 로키아에게 식량, 교육, 의료를 제공하는 데 사용됩니다.

(3) 통계와 스토리를 둘 다 제시한 후, 기부를 부탁한다

조사 결과, 각 그룹의 평균 기부액은 (1)일 때 1.14달러, (2)일 때 2.38달러, (3)일 때 1.43달러로, (2)의 편지를 읽은 그룹이 가장 많은 금액을 기부한 것으로 드러났다.[18]

[스토리 실험 ③]
인간의 뇌에 호소한다

'스토리는 듣는 사람의 마음에 호소한다'는 말은 어떤 의미일까. 아커 교수는 '스토리를 들었을 때의 두뇌 반응'에 주목한다. 이미 발표된 수많은 연구 결과 가운데 가장 유명한 연구는 프린스턴 대학의 신경학자 우리 하슨Uri Hasson 부교수팀의 실험이다.

연구팀은 fMRI(기능적 자기공명 영상)를 사용하여 소리, 단어, 문장, 스토리 등을 들었을 때 뇌가 어떻게 변화하는지를 조사했다. 그 결과 의미를 이해하기 힘든 소리를 들었을 때는 뇌의 청각 영역이 점차 활성화하고, 의미를 아는 단어의 나열을 들었을 때는 감각성 언어 영역이 활성화되며, 의미 있는 문장을 들었을 때는 모든 언어 영역이 활성화한다는 사실이 밝혀졌다.

하슨 교수는 스토리를 들었을 때는 청각과 언어 영역뿐 아니라 뇌 깊숙한 곳(전두엽과 두정엽)으로 반응이 퍼져나가며, 이러한 반응은 화자의 두뇌 반응과 거의 똑같다고 한다. 하슨 교수는 이를 '뇌와 뇌의 커플링(뇌의 동조화)'이라고 부른다. 즉 스토리를 들려주면 화자의 생각은 물론 감정까지도 청자에게 동조화된다[19]는 것이다.

이와 같은 스토리의 3가지 특성이야말로 인간을 움직인다.

key point of chapter 1

• 스토리는 3가지 분야에서 효과를 발휘한다
1. 마케팅
2. 혁신
3. 리더십

• 과학적으로 증명된 '스토리의 힘'
1. 기억에 새겨진다
2. 데이터나 숫자보다 사람을 움직인다
3. 인간의 뇌에 호소한다

STANFORD UNIVERSITY

제2장

마케팅 전략

: 인간의 두뇌에는

한계가 있다

story
marketing
innovation
politics
leadership
conversation
negotiation
communication
mind control

키워드는 심플

고객의 욕구가 다양해지면서 마케팅 기법도 진화하고 있다. 재화가 넘쳐나는 선진국에서는 소비자가 승인욕구를 채우기 위해 자신의 가치관에 맞는 제품을 사는 경향이 강해지는 추세다. 기업이 신제품을 출시할 때는 고객의 다양한 욕구 중에서도 어떤 욕구를 충족하는 제품을 내놓을지 전략적으로 생각해야만 한다.

아마존이 미국에서 판매하는 제품 수는 3억 5,000만 개가 넘는다[1]. 인터넷 뉴스 기사를 하나 누르면 관련 정보가 꼬리에 꼬리를 물고 쏟아지는 바람에 정신을 차렸을 때는 자신이 어떤 정보를 찾으려 했는지 기억이 나지 않았던 경험이 누구에게나 있을 것이다.

이러한 상황 속에서 제품 개발 분야에서는 '단순화'가 하나의 키워드로 부상했다. 미니멀리즘의 유행은 전 세계적 현상이다. 단순하게 생각하고 단순하게 살고 싶은 사람이 점점 증가하고 있다. 단순화는 그야말로 재화가 넘쳐나고 신제품이 잇달아 출시되는 세상에 대한 반동과도 같은 움직임이다.

기존 제품의 기능을 단순화한 제품들이 출시되어 인기를 얻고 있다. 마이크로소프트사의 문서 프로그램인 워드에 사용하지 않는 기능이 너무 많아 능숙하게 다루지 못하는 사람이 많아지면서 그에 대한 대체제로 구글 문서를 사용하는 사람이 늘었다.

데이트 주선 애플리케이션인 틴더Tinder도 복잡한 등록 절차를 간소화하고 사진에 특화해 성공했으며, 트위터가 폭발적으로 성장한 비결 역시 글자 수를 제한한 덕분이었다.

스탠퍼드 학생이 자주 사용하는 스플릿와이즈Splitwise는 룸메이트 또는 친구와 코스트코에서 함께 산 화장실 휴지나 파티 비용 등을 더치페이할 때만 사용하는 애플리케이션이다. 우버나 에어비앤비와 같은 선구자가 점차 서비스를 다각화하는 가운데, 대조적으로 신규 사업자는 대부분 단순화에 승부를 건다.

스탠퍼드대학 경영대학원에서 마케팅을 가르치는 조너선 레빈Jonathan Levav 부교수는 이렇게 말한다.

"다양한 기능을 갖춘 만능 제품은 세상에 많습니다. 수많은 제품 가운데 다른 제품과 차별화하려면 기능을 추가하지 말고 덜어내는 일이 중요하지요. 기능이 지나치게 복잡한 제품을 꺼리는 사람이 점차 늘어나는 만큼 사용하기 쉽고 단순한 제품을 제공해야 합니다."

애플 제품의 역사는 단순화의 역사다. 불필요한 기능을 점점 줄여, 컴퓨터도 휴대전화도 더욱 얇고 가볍게 만들려 노력한다. 플러그나 버튼 수를 줄이는 데 주력하는 이유도 되도록 단순하게 만들기 위해서다.

한편 한때 전자제품의 강국이었던 일본 기업들은 신제품을 개발할 때 기능을 추가하는 데 중점을 두었고, 불필요한 기능이 잔뜩 포함된 DVD 플레이어나 전자레인지 같은 제품이 넘쳐나게 되었다. 일본 기업이 시대의 흐름에 역행하는 사이 필립스의 에어프라이어, 애플TV 같은 제품이 전자제품의 강국이었던 일본의 자리를 차지했다.

일본 기업의 이러한 사고방식은 애플의 광고 전략과는 상반되었다. 애플이 1998년 데스크톱 컴퓨터 아이맥iMac을 일본에서 발매했을 때의 일이다. 애플은 시부야 같이 광고가 난립하는 장소에 여백이 많은 광고를 내려고 했다. 그러자 일본의 광고대행사는 '그래서는 효과가 없다. 일본에서는 광고에 더욱 다양한 요소를 추가해야 효과를 볼 수 있다'며 다른 기획서를 애플 측에 보냈다. 이 제안에 스티브 잡스[Steve Jobs]는 크게 화를 내면서 거절했다. 잡스는 일본에서도 애플의 광고 전략이 통하리라고 확신하니 자신의 방법으로 하겠다며 계획을 밀고 나갔다. 복잡한 광고 대신 단순한 광고가 그대로 채용되었고, 아이맥은 일본에서 큰 인기를 끌었다.[2]

마법의 숫자 7±2 법칙

우리는 왜 단순한 제품을 원하는 것일까? 레빈 교수는 이렇게 설명한다.

"인간의 작업 기억[working memory]에 한계가 있기 때문입니다. 사람이 한 번에 기억할 수 있는 숫자나 단어는 '7±2'개, 즉 5~9개 사이죠. 기술이 진화했다고 해서 인간의 두뇌 능력까지 덩달아 진화하지는 않습니다. 그런데도 우리는 '새로운 기술을 사용하면 다음에는 또 무슨 일을 할 수 있을까?'만을 생각해서 인간의 두뇌 능력을 훨씬 뛰어넘는 제품을 만들어냅니다. 하지만 이와 같은 최첨단 기술로 잔뜩 무장한 제품을 출시해도 제대로 활용하는 사람은 별로 없습니다."

인간이 처리 가능한 정보량에 한계가 있음을 증명한 가장 유명한 논문은 하버드대학 조지 밀러George Miller 부교수의 「마법의 숫자 7±2: 인간의 정보 처리 능력의 한계」[3]다.

밀러 교수는 다양한 심리학자의 실험 자료를 정리하여 '인간이 한 번에 기억할 수 있는 용량은 7±2개'라는 가설을 세웠는데, 여러 실험 중에서 대표적인 2가지를 살펴보자.

작업 기억 실험 ①
기억할 수 있는 소리의 한계는 5개

첫 번째는 미시간대학 어윈 폴락Irwin Pollack 명예 교수가 1950년대 초반에 실시한 실험이다.[4]

먼저 참가자들에게 여러 가지 소리를 2.5초씩 들려준다. 소리의 주파수는 100헤르츠에서 8,000헤르츠까지로 소리 사이의 간격은 25초로 설정했다. 모든 소리를 들려준 다음, 곧바로 이것은 '몇 번째 소리'였는지 물어보고, 참가자에게 점점 많은 소리를 들려주며 몇 개까지 기억하는지를 실험했다.

그 결과 참가자들은 4개 정도까지는 거의 틀리지 않았지만, 6개를 넘기자 틀리기 시작했고, 8개를 들려주었을 때는 정답률이 80%로 떨어졌다. 즉 인간이 소리를 정확하게 기억하여 재현할 수 있는 한계가 약 5개라는 사실이 실험을 통해 증명되었다.

작업 기억 실험 ②

숫자도 영어 단어도 '7±2'

두 번째는 카네기멜런대학의 존 헤이스[John Hayes] 명예 교수의 실험 결과다.[5]

헤이스 교수는 다음의 5종류를 몇 개까지 기억하여 재현할 수 있는지를 실험했다.

- 2진법 숫자
- 10진법 숫자
- 알파벳
- 알파벳+10진법 숫자
- 단음절 영어 단어

실험 결과 가장 많이 기억한 것은 2진법 숫자로 총 9개를 기억했다. 정보량이 늘어날수록 10진법 숫자, 알파벳, 알파벳+10진법 숫자 순으로 기억 가능한 개수가 줄어들었고, 가장 정보량이 많은 단음절 영어 단어는 5개밖에 기억하지 못했다. 밀러 교수는 이 결과 역시 7±2에 해당한다고 설명한다. 이와 같은 실험 결과를 여러 개 소개한 다음, 밀러 교수는 논문 마지막에 다음과 같이 결론을 내렸다.

"세계 7대 불가사의, 7대양, 7대 죄악, 그리스 신화에 등장하는 7자매, 인생의 7단계, 7층 지옥, 7원색, 7음, 7요일 등 숫자 7과 관련된 말이 이토록 많다는 사실에는 심오한 의미가 있다. 즉 7이 마법의 숫자라는 증거가 아니겠는가."

그 후 다양한 분야의 학자들이 마법의 숫자를 연구하였고 현재는 '4±1'을 제창하는 학자도 있다. 마법의 숫자가 7±2든, 4±1이든, 인간의 정보 처리 능력에 한계가 있다는 사실은 변하지 않는다. 레빈 교수는 말한다.

"신제품을 시장에 내놓을 때는 반드시 '인간의 두뇌가 어느 정도까지 따라갈 수 있을까?'를 자세히 검토해야 합니다. 엔지니어나 전문가 자신이 만들고 싶은 제품이 아니라 인간의 두뇌가 편안하게 느낄 만한 제품을 개발해야 합니다. 그것이 성공하는 제품의 비결입니다."

'어떻게든 되겠지'란 생각만으로는 팔리지 않는다

조너선 레빈 교수는 '신제품의 시장 도입'이라는 마케팅 수업을 가르치는데, 이 수업에서도 단순하게 생각하라고 학생들에게 강조한다.

스탠퍼드 경영대학원 수업의 특징은 중요한 개념 하나를 여러 번 반복해서 가르치는 점이다. 레빈 교수도 수업 시간에 '세상에는 시장에 출시해도 좋은 제품, 출시해서는 안 되는 제품 두 종류만 있고 그 중간은 없다'는 사실을 철저히 가르친다.

'신제품의 시장 도입' 수업에서는 맥주부터 최첨단 애플리케이션에 이르기까지 다양한 제품과 서비스 사례를 바탕으로 '이 신제품의 아이디어는 좋은가, 나쁜가'를 판단하는 기술을 익힌다. 어떤 점에 주목해야 좋은 아이디어가 떠오를까? 고객의 요구는 있지만 실제로 개발해 시장에 출시할 수 있을까? 자금이나 판매원을 비롯한 자원은 있나? 타사와의 경쟁 상황은 어떠한가? 등을 포괄적으로 생각하여 '이 신제품을 시장에 출시해야 하는가, 그렇지 않은가'를 학생이 최종적으로 판단한다.

어느 기업이나 분명 신제품을 시장에 선보일 때는 '이 제품을 꼭 인기 상품으로 만들겠다'는 간절한 마음일 텐데, 매번 똑같은 실패를 반복하는 이유는 무엇일까. 우리가 매일 접하는 TV 방송 프로그램을 생각해보자. '이 시간대에 젊은 층을 대상으로 한 멜로드라마를 방영해 시청률이 저조했는데 왜 또 비슷한 드라마를 내보내는 걸까?'라고 의아하게 생각한 적이 있으리라.

레빈 교수는 그 이유를 다음과 같이 설명한다.

"잘 팔리지 않는 상품은 대개 확고한 전략 없이 '시장에 내놓으면 어떻게든 팔리겠지'란 생각으로 출시한 제품입니다. 대대적으로 선전해서 시장에 내놓았는데도 팔리지 않았다면 마케팅 방법이나 판매 경로가 나빠서가 아닙니다. 단지 제품 자체가 좋지 않았을 뿐이죠. 시장에 출시해야 할지를 사전에 꼼꼼히 조사하지 않고 팔리지 않는 상품을 계속 만들어내 돈을 낭비하는 행위는 정말이지 안타까운 일입니다."

즉 많은 노력과 시간, 자본을 투자한 제품이라 하더라도 '시장에 출시해야 할지 말아야 할지'를 사전에 철저하게 검토해 출시를 결정해야 한다.

가령 미국의 TV 방송국에서는 방송 전에 반드시 파일럿판(시제품) 프로그램을 제작한다. 파일럿판을 타깃 시청자에게 미리 보여준 다음 반응이 좋으면 계속 제작하고, 반응이 나쁘면 제작을 포기한다. 일단 방송이 시작되면 주인공을 교체하거나 심각한 극 분위기를 코믹하게 바꾸는 등 프로그램의 큰 틀을 수정하기란 매우 어렵다.

레빈 교수는 제품 전략을 세울 때는 생산자 측의 논리가 아닌 철저하게 고객의 시점에서 생각하는 것이 중요하다고 설명한다. 앞 장에 등장했던 코틀러 교수의 이론을 빌리면, 생산자 측의 논리는 대량 생산 시대인 마케팅 1.0까지만 통했다. 마케팅 2.0 이후에는 고객 제일주의가 아니면 상품도 서비스도 팔리지 않는다.

"적지 않은 시간과 자본을 제품에 투자하면서도, 놀랍게도 허

술한 전략으로 고객에게 다가가는 기업이 많습니다. '중국은 인구가 13억 명이나 되니 대대적으로 광고를 해서 그중 1%에게만 어필해도 틀림없이 그 제품은 큰 인기를 끌 것'이라고 주장하는 사람이 있는데, 이러한 생각은 대단히 잘못됐습니다. 중요한 점은 그 제품을 1%의 중국인 고객이 필요로 하느냐입니다."

[선택 실험]
글로벌 기업이 도입한 '선택의 과학'

시장 조사를 통해 제품 전략을 세우고 상품을 개발했는데도 잘 팔리지 않을 때도 있다. 아무리 우량 상품이라도 고객이 사지 않으면 실패작이 된다. 제품을 살 때 최종적으로 결정을 내리는 인간의 행동을 예측하기란 매우 어렵다.

레빈 교수가 '인간은 어떤 식으로 구매를 결정하는가'를 연구하는 까닭은 여기에 있다. 인간은 때때로 불합리한 결정을 한다. 예정에도 없던 물건을 충동구매하거나 사고 싶었던 물건을 사지 않기도 한다. 레빈 교수는 그 이유를 행동 경제학의 관점에서 분석한다.

레빈 교수의 연구 내용은 잠시 후에 설명하기로 하고, 먼저 이 분야의 권위자인 컬럼비아대학원 쉬나 아이엔가^{Sheena Iyengar} 교수의 연구부터 살펴보자.

2011년 '컬럼비아 백열 교실'이라는 일본의 한 프로그램에서, 쉬나 아이엔가 교수는 '선택'을 주제로 강연을 펼쳤다. 캐나다 토론토에서 태어난 아이엔가 교수는 인도 출신인 부모 밑에서 시크교의 엄격한 교리에 따라 자랐으며, 만 3세 때 망막 색소 변성증이라는 진단을 받아 고등학교에 입학할 무렵에는 거의 시력을 잃었다. 하지만 부단한 노력 끝에 명문 펜실베이니아대학에 입학하였고, 그 후 학자의 길로 들어서 '선택'을 주제로 연구하였다.

시크교도의 계율, 시력 저하 등 보통 사람과 비교했을 때 자신의 인생에는 한정된 선택지만이 주어졌을 뿐이라고 아이엔가 교수는 말한다. 그렇다면 '선택은 인간의 행복에 얼마만큼 관여하는가'가 아이엔가 교수의 주요 연구 주제다.

현재 리더십, 마케팅, 심리학, 사회학 등의 학문 영역을 넘어 '선택'을 주제로 연구 중인 아이엔가 교수를 세계적으로 유명하게 한 연구는 '잼 실험'이다.[6]

이 실험에서 아이엔가 교수는 무엇을 증명해냈을까? 놀랍게도 '소비자에게 주어진 풍부한 선택지가 반드시 기업 이익에 도움이 되지는 않는다'는 사실을 밝혀냈다. 이 연구 결과가 발표되자 많은 글로벌 기업이 놀라움을 감추지 못했다. '다양한 선택지를 주는 행위가 곧 고객 서비스이며, 기업 이익에도 도움이 된다'는 기존의 관념을 완전히 뒤엎는 결과였기 때문이다.

'잼 실험'은 다음과 같이 진행되었다. 아이엔가 교수팀은 캘리포니아주 멘로파크에 있는 한 마트 입구 근처에 잼 시식 코너를 마련하고, 다음 2가지 상황에서 고객이 각각 어떤 반응을 보이는지를 실험했다.

- 잼을 24종류 진열한 경우
- 잼을 6종류 진열한 경우

두 상황 모두 딸기, 라즈베리 같은 흔한 잼이 아닌 키위, 복숭아 등 맛이 독특한 잼을 진열했다. 또 시식 코너와 판매대를 따로 마련해 시식 후 잼을 사고 싶은 사람은 일부러 잼 판매대까지 가서 상품을 바구니에 담아야만 했다.

그러자 아무도 예상치 못한 결과가 나왔다. 24종류를 진열했을 때는 쇼핑객의 60%가 시식 코너에 들렀지만, 6종류일 때는 쇼핑객의 40%밖에 들르지 않았다. 즉 손님이 시식할 확률은 상품 종류가 풍부할 때(잼 종류가 24개일 때)가 더 높았다.

그런데 시식 후 판매대에 가서 잼을 산 손님이 어느 정도인지를 조사해보니 뜻밖의 사실이 드러났다. 24종류의 잼 중에서 시식한 손님은 실제로 24종류 잼을 눈앞에 두고 당혹감을 감추지 못했다. '아까 먹어본 잼이 어떤 맛이었지?'라며 병을 하나하나 꺼내 확인했고, 길게는 10분 이상이나 망설인 끝에 대부분 잼을 사지 않고 자리를 떠났다.

한편 6종류의 잼 중에서 시식한 손님은 자신이 원하는 잼의 상표를 확실히 기억했으므로, 바로 원하는 잼을 찾아 구매했다. 결과는 다음과 같았다.

- 24종류일 때: 60%가 시식 코너에 들른다 → 그중 3%가 구매(전체의 약 2%)
- 6종류일 때: 40%가 시식 코너에 들른다 → 그중 30%가 구매(전체의 약 12%)

만일 각각의 시간대에 손님이 100명씩 시식했다고 가정해보자. 잼을 24종류 진열했을 때 구매한 사람은 단 2명이지만 잼을 6종류 진열했을 때 구매한 사람은 12명이다. 24종류일 때보다 6배나 많다.

잼 실험은 '인간은 선택지가 너무 많으면 선택하기를 포기해버린다'는 사실을 증명했다.

그러면 인간은 왜 선택하기를 포기하는 것일까? 인간의 정보 처리 능력에는 한계가 있기 때문이다. 아이엔가 교수는 앞에서 설명한 '마법의 숫자 7±2'란 논문에서 힌트를 얻어 이 실험을 했다고 한다. 6종류까지는 한 번에 처리 가능하지만 24종류는 처리하기 어렵다는 이 실험 결과는 '7±2'와 일치한다. 잼 실험이 전 세계에서 큰 화제가 된 이유는 우리가 평소에 느꼈던 것을 입증해준 덕분이다. '보험에 가입하려 했더니 선택지가 너무 많아 즉시 결정하지 못했다' '세일 중인 의류 매장에서 옷을 고르던 중 지쳐버려서 구매를 포기했다' 누구나 한 번쯤은 이러한 경험을 해보았으리라.

아이엔가 교수의 실험 결과는 현재 수많은 기업에서 활용 중이다. 프록터 앤드 갬블P&G은 샴푸 종류를 26종류에서 15종류로 줄여서 매출을 10%나 늘렸다. 또 맥킨지 앤드 컴퍼니는 고객에게 선택지를 제시할 때, 반드시 3가지로 간추려서 제시하도록 컨설턴트에게 교육한다.[7]

미국에서 큰 반향을 일으킨 '결정 피로'

스탠퍼드대학의 조너선 레빈 교수 역시 아이엔가 교수와 더불어 '선택'을 꾸준히 연구해온 인물이다. 레빈 교수는 '결정 피로'에 관한 논문 두 편으로 일약 유명인사가 되었는데, 2011년《뉴욕 타임스》가 이 논문을 언급하자 잼 실험 때와 마찬가지로 큰 반향이 일었다.[8]

레빈 교수는 '수많은 선택지를 끊임없이 주었을 때 결정의 질은 어떻게 되는지'를 실험했다.

"나는 몇 가지 실험을 통해 '몸을 계속 쓰면 피로해지듯, 정신도 계속 쓰면 피로해진다'는 사실을 입증해냈습니다. 인간은 육체적으로 피로해지면 졸음이 몰려와 무의식중에 눈을 감습니다. 즉 우리의 몸이 '지쳤다'는 사실을 알려주는 거죠. 하지만 정신력은 소진되어도 잠이 오지 않습니다. 그렇다면 정신이 피로하다는 사실은 어떻게 알 수 있을까요? 정신적 피로는 결정 결과에 나타난다는 사실이 밝혀졌습니다."

화장실을 인테리어할 때 화장실 타일, 수건걸이 등 항목마다 카탈로그의 양이 너무 많아서 '정말이지 끝도 없이 쏟아져 나오는군. 그냥 아무거나 골라야겠어'라고 생각한 적은 없는가?

혹은 정장을 맞출 때 족히 100장은 넘어 보이는 원단 중에서 하나를 고르고, 다음에는 옷의 형태를 고르다가 급기야 '더는 못 고르겠으니 누군가 알아서 해주었으면 좋겠다'고 생각한 경험이 누구에게나 있으리라.

결정을 많이 하면 인간은 최종 결정을 대충 하거나 아예 결정 자체를 포기해버린다. 레빈 교수는 누구나 일상에서 매일같이 접하고 경험하지만 누구도 왜 그런지 말할 수 없었던 일을 학술적으로 증명했다.

[결정 피로 실험]
자신도 모르게 예산보다 비싼 차를 사는 이유

레빈 교수팀은 독일의 세 도시에 있는 자동차 대리점에서 고객 750명을 대상으로 다음과 같은 실험을 했고 그 결과를 2010년 논문으로 발표했다.[9]

독일에서는 보통 새 차를 살 때 사전에 맞춤 주문(커스텀 오더)을 하므로, 고객은 다음과 같은 선택지 중에서 각각 하나를 선택해야만 한다.

- 56종류의 내장 색
- 26종류의 외장 색
- 25종류의 엔진과 기어 박스 조합
- 13종류의 휠 림과 타이어 조합
- 10종류의 핸들
- 6종류의 백미러
- 4종류의 내장 스타일
- 4종류의 변속기 손잡이

레빈 교수팀은 750명을 두 그룹으로 나눈 다음, 각 그룹에 속한 사람이 무엇을 어떤 식으로 선택하는지를 관찰했다.

- 내림차순 그룹: 56종류의 내장 색부터 선택을 시작한다. 그런 다음 56 → 26 → 25 → 13 … → 4로 점차 적은 수량 중에서 선택하도록 한다.
- 오름차순 그룹: 4종류의 변속기 손잡이부터 선택을 시작한다. 그런 다음 4 → 4 → 6 → 10 → 13 … → 56으로 점차 많은 수량 중에서 선택하도록 한다.

결과는 명백했다. 56종류의 내장 색부터 선택하기 시작한 내림차순 그룹은 점차 스스로 선택하기를 포기했다. 꽤 이른 단계에서 '이제 표준 설정으로 괜찮다'며 그만 결정하겠다고 선언했다. 한편 4종류의 변속기 손잡이부터 결정하기 시작한 오름차순 그룹은 내림차순 그룹보다 더 많은 항목을 스스로 선택했다.

처음에 56종류부터 선택한 사람은 순식간에 에너지가 바닥나버렸지만, 4종류부터 선택한 사람은 일정 시간 에너지가 유지되었던 덕분에 비교적 긴 시간 동안 계속 선택할 수 있었다.

이 실험은 인간이 결정을 내리는 데 사용 가능한 에너지에 한계가 있다는 사실을 증명해준다. 한 가지를 결정할 때마다 탱크에 저장된 에너지가 줄어들어 결국 탱크가 텅 비게 되면 '될 대로 돼라'며 결정 자체를 포기해버린다.

'결정 피로'에 빠지면 금전 감각도 마비된다. 처음에는 '가격과 질'의 양면을 모두 고려하면서 선택하지만, 점차 피로해지면 '조금 비싸도 괜찮으니 좌우간 결정에서 벗어나고 싶다'는 마음이 든다.

레빈 교수팀의 실험에서도 선택을 여러 번 반복한 사람은 설령 다음 선택지가 4종류라고 해도 '이제 아무거나 괜찮다'며 직원이 추천해주는 대로 비싼 옵션을 샀다고 한다. 가장 싸게 산 사람과 가장 비싸게 산 사람이 낸 금액 차이는 무려 차 한 대당 1,500유로(약 180만 원)에 달했다.

면접 순서가 당신의 인생을 좌우한다

레빈 교수팀은 '인간이 결정을 내릴 때 사용할 수 있는 에너지에는 한계가 있다'는 사실을 더욱 확실히 입증하고자, 이스라엘 가석방위원회(수감자의 가석방 여부를 결정하는 위원회)가 내린 결정과 결정한 양의 상관관계를 분석하여 2011년 논문으로 발표했다.[10]

레빈 교수팀이 가석방 위원회의 결정을 조사 대상으로 선택한 이유는 위원들이 결정을 내릴 때 분명 상당한 에너지가 소비되리라고 예상했기 때문이다. 가석방할지를 판단하는 행위는 한 사람의 일생을 좌우할 만큼 중요한 결정이므로 한 사람 한 사람을 심사하는 데는 막대한 에너지가 소비된다.

연구팀은 '자동차 대리점에서 한 실험과 똑같은 결과가 나올 것'이란 가설을 세웠다. 즉 연달아 '이 사람은 가석방해야 하나'를 결정하다 보면 심사 위원의 에너지가 저하되어 나중에 심사하는 수감자일수록 '더는 석방하지 않아도 된다'며 결정을 포기해버리리라 추측했다.

실제로 1년간 위원회가 내린 1,100건이 넘는 결정을 분석해보니 예상했던 결과가 나왔다. 처음에 심사한 사람에게는 가석방을 허가할 확률이 높았고 나중에 심사한 사람에게는 그 확률이 낮았다. 즉 오전 중 이른 시간에 심사받은 사람은 70%나 가석방 판정을 받았지만, 저녁 무렵에 심사받은 사람 중 가석방 판정을 받은 사람은 10% 이하였다. 레빈 교수는 말한다.

"결정을 많이 반복하면 정신이 피로해져서 최대한 생각하지 않아도 되는 방법으로 결정하려고 합니다. 그럼 이 사례에서 가장 생각을 적게 하려면 어떤 방법을 선택해야 할까요? 가석방할지를 고려하지 않고 그냥 가석방하지 않으면 됩니다."

그렇다고는 해도 가석방 결정에 범죄자의 민족적 배경, 죄의 경중, 판결 내용 등은 전혀 영향을 미치지 않는 것일까?

"만일 아랍계 이스라엘인 두 명이 똑같은 사기죄로 똑같은 판결을 받은 경우에는 어떨까요? 일반적으로 생각하면 가석방 위

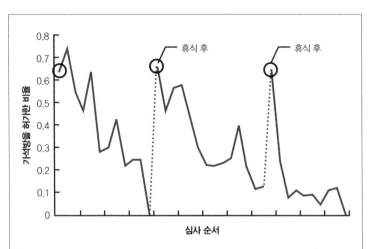

출처: Shai Danziger, Jonathan Levav, and Liora Avnaim-Pesso, "Extraneous factors in judicial decisions," Proceedings of the National Academy of Sciences 108, No. 17(2011): p.6890

원회가 똑같은 판결을 내릴 것 같지만 결과는 달랐습니다. 아침에 심사받은 사람은 가석방 판정을 받았지만, 오후 4시에 심사받은 사람은 그렇지 못했습니다."

중간에 휴식을 취하면 어떤 결과가 나올까? 휴식을 취한 직후에는 더 많은 사람이 가석방 판정을 받았고, 시간이 지날수록 가석방 확률은 점차 낮아졌다.

이 결과는 사람의 일생을 좌우하는 중대한 일이 시간이나 순서로 결정된다는 충격적인 사실을 입증해준다. 기업의 채용 면접, 대학이나 대학원 면접, 영화나 드라마의 역할을 따내기 위한 오디션 등도 면접관이 결정 피로를 느끼기 전에 심사받는 편이 유리하다. 나는 컬럼비아대학교 입학면접관을 맡으면서 이러한 연구 결과를 체감할 수 있었다. 첫 면접 대상자는 상당한 집중력으로 신중히 고려했다. 집중력을 마지막까지 유지하려 애썼지만 열 명 가까이 면접한 후에는 피로감을 어쩔 수 없었다. 면접하는 사람은 이러한 사항에 유의해야 한다. 더욱 공정한 심사를 위해 틈날 때마다 휴식을 취하는 식으로 기분을 전환하려 노력해야 한다.

TV 홈쇼핑은 왜 심야에 방영되나

독일의 자동차 대리점에서 한 실험과 이스라엘의 가석방위원회가 내린 판결을 분석함으로써 '인간은 결정을 수없이 반복하면 정신이 피로해져서 결정을 포기해버리거나 좋지 않은 결정을 내린다'는 사실이 명확해졌다. 그렇다면 결정 피로라는 개념을 알면 소비자에게는 어떤 이점이 있을까?

첫째, 충동구매를 줄일 수 있다. 색상만 다른 검은색 가방과 갈색 가방 중 어느 것을 살지 매장에서 한 시간째 고민하는 상황이라고 가정해보자. 이럴 때는 일단 생각을 멈추고 매장을 나와 한 번 더 생각한 후에 매장을 다시 방문하는 편이 좋다. 이렇게 하지 않으면 생각하느라 피로해진 뇌가 가방을 둘 다 사는 쪽을 선택해버린다. 이른바 '통 큰 소비'는 결정 피로의 산물이다.

심야에 방영되는 홈쇼핑을 생각해보자. 홈쇼핑이 하루가 저물어 몸과 마음 모두 가장 피로한 시간대에 방영되는 데에는 의도가 있다. 무심코 물건을 살 뻔했다면 '결정 피로' 탓은 아닌지 냉정하게 생각해보자.

대규모 투자를 할 때는 특히 주의해야 한다. '이 집을 살까, 말까'처럼 큰일을 결정할 경우에는 많은 매물을 본 후에 결정해서는 안 된다. 결정 피로를 일으켰을 때 충동적으로 결정하면 나중에 후회할 확률이 높다.

둘째, 전문가에게 맡긴다는 선택을 할 수 있다. 고가의 소파를 살 때는 몇 백 가지나 되는 조합 속에서 원단과 형태 등을 선택해야만 한다. 이때 결정 피로를 일으켜 잘못된 선택을 하느니 숙련된 직원이나 인테리어 코디네이터에게 전부 맡기는 편이 훨씬 생산적일지도 모른다.

또 의사에게 암 선고를 받았을 때 수많은 치료법 중에서 무엇을 선택할지는 대개 자신의 몫이다. 가뜩이나 혼란스러운 상황 속에서 결정 피로를 일으켜 옳지 못한 결정을 내리기보다는 차라리 "선생님 의견에 전적으로 따르겠습니다." 하고 말하는 방법도 생각해 봄 직하다.

핵심은 '나의 결정 에너지 탱크 속 에너지가 점점 줄고 있다'고 느끼는 것으로, 이러한 사실을 안다면 훗날 후회하지 않는 선택을 할 수 있다.

계산대 앞 껌과 프렌치 레스토랑 코스 메뉴의 공통점

레빈 교수의 논문은 최근에 발표되었지만, 여태껏 많은 기업이 경험에서 얻은 지혜로 소비자의 결정 피로를 이용한 마케팅을 펼쳐왔다.

대표적으로 슈퍼의 계산대 옆에는 껌이나 사탕이, 서점의 계산대 근처에는 할인 판매 중인 인기도서가 반드시 놓여 있다. 계산대는 매장에서 무엇을 살지 실컷 고민한 끝에 도달하는 장소이므로, 이 근처에 상품을 진열하면 고객이 충동구매(약간 더 추가 구매)할 가능성이 커진다.

레스토랑이 '추천 코스'를 마련해 놓은 이유 역시 지나치게 많은 메뉴 탓에 분명 결정 장애를 일으키는 손님이 있으리라고 내다보았기 때문이다. '추천 코스' 중에는 아마 '그다지 구미를 당기지 않는 음식'도 들어 있겠지만, 메뉴를 보는 데 지쳐버린 손님은 코스 요리 쪽으로 눈이 가게 마련이다. 게다가 손님이 코스 요리를 주문하면 당연히 고객 단가 또한 높아진다.

집을 팔 때도 비슷한 방식을 사용한다. 그저 그런 염가 매물이나 예산을 훨씬 웃도는 고급 매물처럼 고객이 사지 않으리라 예상되는 매물을 여러 개 소개한 다음, 마지막에 예산보다 가격대가 약간 높은 우량 매물을 보여주는 수법은 매우 일반적이다.

실제로 현장에서 일하는 직원은 어떤 식으로 결정 피로를 활용해야 할까. 레빈 교수는 말한다.

"'결정 피로를 일으키기 시작한 타이밍'을 놓치지 말아야 합니다. 이때 추천 상품을 제시하면 소비자가 "그럼 이걸로 할게요"라고 말할 가능성이 높지요. 약간 비싼 물건은 일부러 공개하지 않고 마지막에 추천하는 방법도 괜찮은 전략입니다. 단 주의해야 할 점은 결정 피로를 일으키는 타이밍이 사람마다 다르다는 점입니다. 선택이라는 행위에 대한 의욕, 에너지가 감소하는 경향, 에너지 감소 시의 표정이나 행동 등은 사람마다 다르므로 정확히 파악한 후에 추천 상품을 제시해야 합니다."

레빈 교수에 따르면 어떤 상품에 전문적 지식을 가진 소비자는 에너지의 감소폭이 작다고 한다. 한 예로 앞서 소개한 실험에서 자동차 전문가는 결정 피로를 일으키지 않았다.

이 결정 피로 개념은 고객 응대뿐 아니라 회사에서도 활용 가능하다. 회의에서 어떻게 해서든 승인받아야 할 안건이 있다고 하자. 만일 당신에게 회의를 설정할 권한이 있다면 다음의 2가지 일을 할 수 있다. 하나는 회의 시간을 저녁 이후로 설정하는 것이다. 아침부터 이런저런 사항을 결정한 사람의 결정 에너지가 고갈되기 시작하는 시간대인 까닭이다. 그리고 가장 중요한 안건은 자연스럽게 마지막으로 돌린다. 저녁 무렵 회의가 종반에 접어들면, 참석자들은 '이제 뭐든지 좋으니 결정합시다'라는 심정일 확률이 높다.

경영인이나 관리직은 이와 같은 메커니즘을 잘 알고 저녁 무렵에는 중요한 회의 일정을 넣지 않지만, 비교적 중요하지 않은 안건을 빨리 승인받고 싶을 때는 역이용할 수 있다.

key point of chapter 2

- 잘 팔리는 제품의 핵심
  1. 단순화
  2. 뇌를 편안하게 해주는 제품

- 인간의 두뇌에는 한계가 있다
  1. 마법의 숫자 7±2 법칙
  2. 인간은 결정 피로를 일으킨다
  3. 인간의 자기 통제력에는 한계가 있다

일류인 사람은 자신의 한계를 안다

[자기 통제력 실험]
우리가 다이어트에 실패하는 이유

미네소타대학 캐슬린 보^{Kathleen Vohs} 교수팀은 실험을 통해 결정을 반복하면 자기 통제력이 점점 약해진다는 사실을 입증했다.[11]

학생 30명을 '선택해야만 하는 그룹'과 '선택하지 않아도 되는 그룹'으로 나눈다.

선택하는 그룹 쪽은 티셔츠, 양초, 샴푸, 양말 등의 항목 가운데, 취향에 관한 무수한 질문에 끊임없이 대답해 나간다. 예를 들면 '빨간색 티셔츠와 검은색 티셔츠 중 무엇이 마음에 드는가?'

'티셔츠와 양초 중 어느 쪽을 좋아하는가?' 같은 질문이다. 소비재에 관한 질문이 끝나면 다음은 직업에 관한 질문이 이어져 최종적으로 이 그룹은 무려 292번이나 선택해야만 했다.

한편 선택하지 않는 그룹은 티셔츠, 양초 등의 소비재와 직업에 관한 일반적인 질문에 대답한다. '이 중에서 작년에 사용한 물건이 있나?'와 같은 간단한 질문에만 대답할 뿐 무언가와 비교해서 선택하지는 않았다.

질문이 끝나면 두 그룹은 함께 방으로 이동한다. 방에는 오렌지 주스에 식초를 탄, 맛이 이상한 주스가 죽 놓여 있다. 그리고 '1온스당 5센트를 줄 테니 마실 수 있는 만큼 마시라'는 지시가 내려진다. '맛이 이상한 주스를 얼마나 마실 수 있는가'로 자기 통제력이 어느 정도 남았는지를 실험하려는 의도다.

결과는 명백했다. 선택 작업을 한 그룹은 선택 작업을 하지 않은 그룹보다 극히 적은 양의 주스를 마셨다.

결정을 반복할수록 자기 통제력이 점점 약해진다면 다이어트에 실패하는 이유 또한 수긍이 된다. 다이어트를 하는 중에는 자기를 통제하기 위해 끊임없이 결정해야 한다. 마트에 가면 '이 음식은 살이 찌니까 사면 안 돼' '이 음식은 열량이 낮으니까 사도 돼'라고 생각하고, 친구와 밥을 먹으러 가서는 '탄수화물 메뉴는 주문하지 말아야지' '디저트는 먹지 말자'라고 생각한다. 실제로 다이어트 중에는 평소보다 결정할 사항이 눈에 띄게 늘어난다.

그리하여 자기 통제력은 점점 약해진다. 그렇다면 자기 통제력을 회복하려면 어떻게 해야 할까? 여러 실험을 통해 글루코스 (포도당) 섭취가 자기 통제력 회복에 도움이 된다는 사실이 밝혀졌지만 글루코스가 많이 포함된 쌀, 빵, 면류, 포도, 바나나 등은 다이어트의 큰 적이다. 그 결과 '매일 많은 양의 결정을 한다 → 자기 통제력이 줄어든다 → 그러나 글루코스를 섭취하지 않는다 → 자기 통제력이 마비된다 → 올바른 결정을 내리지 못한다 → 될 대로 돼라'는 식의 악순환에 빠지는 것이다.

결정 횟수를 줄인 오바마 전 미국 대통령

결정 피로의 메커니즘을 이해한 오바마 전 미국 대통령은 일상생활 속 사소한 일에 결정 에너지를 쓰지 않으려 노력했다. 오바마 전 대통령은 2012년, 미국의 패션 월간지《베니티 페어》의 인터뷰에서 이렇게 대답했다.

"저는 회색 또는 청색 정장만 입습니다. 결정 횟수를 최대한 줄이고 싶거든요. 음식이나 옷에 일일이 결정 에너지를 사용하고 싶지 않아요. 제게는 결정해야 할 일이 산더미처럼 많이 있기 때문에 결정을 위한 에너지는 집중해서 써야 합니다. 그러려면 일상생활은 일정한 틀을 유지해야 하죠. 사소한 일에 신경을 빼앗겨서는 안 됩니다."[12]

중요한 사안을 결정할 때도 오바마는 결정 횟수를 단순화하는 방법을 자주 사용했다. 미국의 주간지《뉴요커》는 의료보험 개혁에 관해서 보좌관이 대통령에게 결정을 촉구할 때, 어떤 형식으로 메모를 남겼는지를 보도했다.[13] 대통령은 메모의 마지막 부분에서 다음과 같이 단순한 삼자 택일 형식을 택했다.

- 찬성 Agree
- 반대 Disagree
- 논의 Let's Discuss

오바마는 '찬성' 옆에 표시를 하여 답했다. 이 단순한 삼자 택일 형식 또한 오바마가 선호했던 결정의 방식이다.

결정 피로를 이미 느끼고 있다면 수면이나 휴식을 취하거나 글루코스 등 몸의 피로를 회복할 수 있는 성분을 섭취하면 효과를 얻을 수 있다. 결정의 피로에 빠지지 않도록 일상에서 노력하는 방법은, 복잡한 일상의 수많은 결정 단계를 단순화하는 것이다. 이 방법은 극한 업무를 처리하는 경영인이나 기업인에게 특히 유용하며, 이를 통해 일상생활에 일정한 틀을 마련한다면 결정 횟수 자체가 감소하므로 생각의 피로에서 벗어날 수 있다.

STANFORD UNIVERSITY

제3장

거대한 혁신

: 무엇이 도전을
가로막는가

story
marketing
innovation
politics
leadership
conversation
negotiation
communication
mind control

왜 원래 실력을 발휘하지 못하는가

애플의 창업주 스티브 잡스는 1999년 신제품 발표회에서 세상을 떠난 소니의 공동창업주 모리타 아키오를 다음과 같이 추도했다. 단상 위 대형 스크린에는 작업복을 입은 모리타 회장의 모습이 나왔다.

"모리타 아키오 회장은 저를 비롯한 애플 동료들에게 큰 자극을 주었습니다. 트랜지스터라디오, 트리니트론 TV, 가정용 비디오 플레이어, 워크맨, 오디오 CD 등 소니 제품은 가전제품 업계에 경이로운 혁신을 일으켰습니다."

한때 전자제품 강국으로 부상했던 일본의 여러 기업이 오늘
날 처한 현실은 '혁신이란 무엇인가'에 큰 시사점을 던져준다. 소
니의 트랜지스터라디오나 혼다의 슈퍼커브(전 세계 150개국에서
7,600만 대 이상이 팔린 혼다자동차의 인기 모터사이클)와 같은 제품은
세상을 크게 바꾸어놓았다. 하지만 일본 기업의 혁신력에 대한
평가는 서서히 하락했다. 2006년까지만 해도 '국제 경쟁력 순
위'의 혁신 부문에서 1위에 올랐지만, 2016년에는 순위권 안에
도 들지 못했다. 그 대신 테슬라, 넷플릭스와 같은 새로운 강자가
상위에 올랐다.

세계 최고의 경영학자가 말하는 3가지 혁신

스탠퍼드대학 경영대학원에서 혁신을 연구하는 찰스 오레일리
Charles A. O'Reilly 교수는 저서 『선두가 되어 업계를 파괴하라Lead and
Disrupt』[1](국내미출간)를 통해 말한다.

미국에서는 우량 기업이 몰락하는 현상을 자주 볼 수 있습니다.

우량 기업, 그 중에서도 특히 대기업에는 충분한 경영 자원이 있고, 뛰어난 인재가 있으며, 시장 우위성도 있으니 상식적으로 생각하면 문제없이 회사가 굴러가야 하는데, 어찌 된 영문인지 실패로 끝나죠. 일본에서도 마찬가지여서 산요전기, 가네보, 일본항공JAL을 비롯해 일본을 대표하는 대기업이 잇달아 파산했습니다. 왜 우량 기업이 실패하는 것일까요?

'혁신 기업의 딜레마'란, 1990년대 후반, 하버드대학 경영대학원의 클레이튼 크리스텐슨Clayton M. Christensen 교수가 제창한 이론이다. 이 이론을 기록한 저서 『혁신 기업의 딜레마: 미래를 준비하는 기업들의 파괴적 혁신 전략』(세종서적, 2009)은 전 세계에서 베스트셀러에 올랐으며, 현재 크리스텐슨 교수는 세계 최고 수준의 경영학자 중 한 명으로 손꼽힌다.

'혁신 기업의 딜레마'의 정의를 설명하기 전에 우선 크리스텐슨 교수의 혁신론을 간단히 살펴보자.

크리스텐슨 교수는 혁신에 3가지 유형이 있다고 말한다.

1. 파괴적 혁신
2. 지속적 혁신
3. 효율화를 위한 혁신

첫 번째는 파괴적 혁신으로 소니의 트랜지스터라디오, 혼다의 슈퍼커브, IBM의 개인용 PC, 스마트폰, 클라우드 컴퓨팅 등이 대표적이다. 파괴적 혁신이란, 가격이 비싼 제품을 일반 대중용 제품으로 바꾸는 혁신을 말한다. 예전에는 정부나 대기업, 부자만이 살 수 있었던 가격이 비싼 제품을 대중을 겨냥한 값싼 제품으로 바꾸어 세상을 깜짝 놀라게 하거나, 세상 사람이 상상조차 하지 못한 제품을 만들어내는 일이다. 기존의 비즈니스 모델을 파괴하기 때문에 파괴적 혁신이라고 한다.

두 번째는 지속적 혁신이다. 휘발유차가 하이브리드카로, 1958년형 슈퍼커브가 2012년형 슈퍼커브로 진화한 것 등이 이에 해당한다. 지속적 혁신이란, 현존하는 제품의 연장선에서 태어난 혁신이라는 뜻이다.

세 번째는 효율화를 위한 혁신이다. 이미 제조·판매되고 있는 제품을 더욱 효율성 좋고 낮은 가격으로 제조하기 위한 혁신으로, 토요타의 자동차 공장에서 매일 실시하는 이른바 가이젠(개선改善, 토요타 생산 방식의 핵심을 이루는 정신으로, 문제점이 발견되면 전 직원이 모여 최대한 비용을 들이지 않고 신속하게 처리하는 작업 개선 활동) 등이 대표적이다.

기업을 고민에 빠뜨리는
'혁신 기업의 딜레마'

이 3가지 혁신에는 어떤 이점이 있을까?

파괴적 혁신은 새로운 제품이 완전히 새로운 시장을 만들어내므로 고용과 이익이 창출된다.

지속적 혁신은 기존 제품을 대체하는 혁신이기 때문에 고용이나 이익을 창출해내지는 못한다. 그러나 기업이 경쟁에서 이기려면 신제품을 계속 출시해야만 하므로, 경쟁 우위를 유지하는 데 필수적인 과정이다.

효율화를 위한 혁신은 저비용을 투자해 효율적으로 제조하기 위한 혁신이므로 당연히 기업에 이익을 가져다준다.

크리스텐슨 교수는 회사 내에서 이 3가지 혁신이 끊임없이 이루어져야 한다고 말한다. 즉 효율성을 높여 절약한 돈을 혁신적 제품을 만드는 데 투자해야 한다는 것이다.

오늘날 일본의 기업들은 이 3가지 혁신 가운데 지속적 혁신과 효율화를 위한 혁신에 강하다. 1을 2로 만들고, 다시 3으로 만드는 일에 능력을 발휘한다. 즉 기능을 조금씩 추가해 신제품을 만들거나 기존의 과정을 효율적으로 바꾸는 데 강하다는 것이다.

오늘날 일본 기업이 처한 혁신의 딜레마는 '파괴적 혁신'을 어려워하는 데서 비롯된다. 제2차 세계대전 후 파괴적 혁신을 일으키는 데 성공했지만 몇 가지 혁신적 제품을 만들어낸 후 소위 '대기업 병'에 걸리고 말았다. 기업은 규모가 커질수록 모험하기를 꺼렸고, 위험 부담이 큰 파괴적 혁신에는 좀처럼 투자하지 않았다.

크리스텐슨 교수는 이처럼 '우량 기업이 우량 기업이기 때문에 실패하는 현상'을 '혁신 기업의 딜레마'라고 부른다. 조금 더 쉽게 설명하자면, 우량 기업이 2의 지속적 혁신과 3의 효율화를 위한 혁신만을 계속 추구하다가 1의 파괴적 혁신에 성공한 기업에 순식간에 추월당하는 현상이다. 지금의 일본 기업들은 혁신 기업의 딜레마에 빠진 셈이다.

우버는 무엇을 파괴했나

기존의 비즈니스를 파괴한 대표적인 사례로 차량 공유 서비스 업체인 우버와 리프트가 꼽힌다. 우버와 리프트를 통해서라면 택시 기사가 되기 위해 시험에 합격할 필요도 없고, 자가용과 운전면허만 있으면 누구나 기사가 되어 돈을 벌 수 있다.

미국에서 탄생한 우버와 리프트는 이제 전 세계의 택시 업계를 긴장시키고 있다. LA 교통국이 발표한 자료에 따르면 2012년부터 2015년까지 3년간 택시를 이용한 횟수는 총 840만 회에서 600만 회로 줄었으며, 이 수치는 앞으로 더욱더 감소할 전망이라고 한다.[2]

우버 서비스가 전 세계로 번지기 전, 사회의 작은 현상 정도로 여겨지던 때에 우버 서비스가 얼마만큼 사회에 침투했고 앞으로 얼마만큼 큰 영향력을 끼칠 것인지 실감했던 날을 잊을 수가 없다.

우버가 널리 알려지기 몇 년 전 보스턴으로 출장을 갔을 때의 일이다. 보스턴에 머무르는 동안 하버드대학 경영대학원에 재학 중인 지인들과 저녁 식사를 하게 되었다. 보스턴 중심가인 백 베이에 있는 한 이탈리안 레스토랑에서 식사를 마치고 슬슬 자리에서 일어나려던 때 누군가 입을 열었다.

"차 부를게요. 호텔까지 모셔다드리겠습니다."

나는 당연히 가게 사람에게 택시를 불러달라고 할 거라 생각했다. 그런데 그는 스마트폰을 꺼내더니 "5분 정도 후에 도착할 거예요" 하고 말했다.

"뭐가 온다는 거죠?"

내가 묻자 그가 대답했다.

"우버요. 여기까지 어떻게 왔어요?"

"택시를 타고 왔지요."

내가 말하자 지인들은 웃기 시작했다.

"네? 택시요? 괜찮으셨어요? 저는 보스턴에 온 뒤로 한 번밖에 택시를 안 타봐서 택시 타는 법을 잊어버렸어요."

"우버는 운전자의 신분을 알 수 없어서 불안하지 않나요?"

"택시가 더 무섭죠. 우버는 손님이 기사를 평가하는 방식이라서 평가가 저조한 사람은 일을 계속할 수 없어요."

대화를 주고받는 짧은 사이에 우버가 도착했다. 차는 깨끗했고 기사도 친절했다. 내가 타고 온 오래된 택시와는 대조적이었다. 팁을 주지 않아도 될뿐더러 요금 또한 택시보다 저렴해서 단한 번 경험했을 뿐인데도 왜 사람들이 우버에 열광하는지, 앞으로 이 서비스가 어느 정도로 큰 파급력을 가지게 될지 직감할 수있었다. 나는 그날 바로 우버에 등록했다.

우버는 전 세계의 택시 업계에 큰 파장을 불러일으켰다. 그렇다면 우버는 '파괴적 혁신'을 일으킨 것일까? 크리스텐슨 교수팀은 택시 업계의 비즈니스를 빼앗은 사실만으로는 파괴적 혁신이라 부르기 어렵다고 말한다. 면허제 택시 비즈니스와 무면허 자가용 영업 비즈니스는 비교 대상이 아니기 때문이다.

하지만 우버가 제공하는 리무진 서비스는 파괴적 혁신에 속한다.[3] 지금까지는 리무진을 타려면 택시의 몇 배나 되는 요금을 내야 했지만, 우버의 리무진은 택시보다 요금이 약간 더 비싼 정도다. 이는 '예전에는 정부나 대기업, 부자만이 살 수 있었던 고

99

가의 제품을 대중을 겨냥한 값싼 제품으로 바꾼다'는 파괴적 혁신의 정의와 일치하기 때문이다.

'혁신 기업 딜레마'에 빠진 기업의 최후

'우량 기업이 2의 지속적 혁신과 3의 효율화를 위한 혁신만을 계속 추구하다가 1의 파괴적 혁신에 성공한 기업에 순식간에 추월당하는 현상'은 현재 전 세계에서 일어난다. 특히 파괴적 혁신이 잇달아 일어나는 미국에서는 이 경향이 뚜렷하다.

대표적으로 오레일리 교수는 미국 최대의 비디오 대여 체인 기업 블록버스터와 온라인 동영상 스트리밍 서비스 기업 넷플릭스의 사례를 꼽는다.

블록버스터는 1985년에 설립된 비디오 대여 체인으로 전성기였던 2004년 무렵에는 9,000개가 넘는 매장을 보유하고 있었고 6조 5,000억 원의 매출을 자랑하던 대기업이었다. 창업 이후 끊임없이 매장 수를 늘렸고 매장 운영을 효율화함으로써 점차 성장해나갔다.

한편 1997년에 설립된 넷플릭스는 블록버스터에 맞서려면 똑같은 사업을 해서는 안 된다고 생각했고 우편으로 비디오를 빌려주는 사업을 시작했다. 그런데 컴퓨터로 동영상을 시청하는 일이 점차 일상적인 습관으로 자리를 잡게 되자 넷플릭스는 '시청자는 우편보다 스트리밍 전송을 훨씬 편리하다고 느낄 것'이라 판단하였다. 그리하여 회사의 주력 사업을 동영상 스트리밍 서비스로 단숨에 전환했다.

결과는 어떻게 되었을까? 블록버스터는 2010년에 파산한 반면, 넷플릭스는 무려 매출 7조 7,000억 원(2015년) 규모의 기업으로 성장했다. 얄궂게도 블록버스터는 2000년 자사를 인수하지 않겠느냐는 넷플릭스의 제안을 거절했다.

블록버스터는 왜 이와 같은 최후를 맞게 된 것일까? 오레일리 교수는 이렇게 설명한다.

"블록버스터의 매출은 50억 달러를 넘어 계속 성장 중이었습니다. 추측건대 넷플릭스가 '우리 회사를 인수하면 동영상 전송 사업은 물론 택배 비디오 대여 사업도 가능하다'고 제안했을 때, 블록버스터의 경영진은 아마도 이렇게 판단하고 거절했을 겁니다. '새로운 매장을 내면 확실한 수익이 나는데, 굳이 택배 비디오 대여 사업을 시작할 필요가 있을까? 시장을 서로 나눠 먹는 셈이 되지 않을까?'라고 말입니다."

혁신 기업 딜레마에서 빠져나오지 못한 원인은 경영진의 '사고방식'에 있었다. 게다가 하루 빨리 실적을 내야 한다는 부담까지 더해졌다. 미국의 기업 경영진은 사분기마다 실적을 평가받

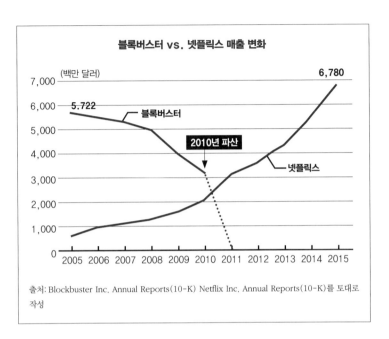

블록버스터 vs. 넷플릭스 매출 변화

(백만 달러)

6,780

5.722

블록버스터

2010년 파산

넷플릭스

출처: Blockbuster Inc. Annual Reports(10-K) Netflix Inc. Annual Reports(10-K)를 토대로 작성

으므로 기업이 커질수록 3개월 후 확실히 매출이 오를 만한 사업에 투자하려 한다.

하지만 동영상 전송처럼 앞날을 예측하기 어려운 사업은 결과가 나오기까지 시간이 걸린다. 즉 블록버스터는 단기적인 시점에서 새로운 매장을 늘리고 매장 운영을 효율화한다는 방침을 계속 유지하다가 문득 세상을 둘러보니 어느덧 넷플릭스에 시장을 뺏겨버린 것이다.

해결책은 '양손잡이 경영'이다

크리스텐슨 교수는 혁신 기업의 딜레마를 해결하는 방법으로 다음 3가지를 제안한다.[4]

- 사내에 새로운 조직(신규 사업 개발부 등)을 만든다
- 사외에 독립된 조직(자회사 등)을 만든다
- 다른 회사를 인수한다

즉 기존 조직은 지속적 혁신이나 효율화를 위한 혁신을 일으키는 데 뛰어나므로, 새롭게 파괴적 혁신을 일으키기란 매우 어렵다. 따라서 다른 회사, 다른 조직을 만들고 새로운 조직에서 끊임없이 혁신을 일으켜 최종적으로 회사에 환원하면 된다는 주장이다.

오레일리 교수는 크리스텐슨 교수의 이론에서 한발 더 나아가, 기존 조직과 새 조직이 서로 연대하여 시너지 효과를 내야 한다고 주장한다.

"성숙 사업과 신규 사업을 동시에 추진하는 기업도 있습니다. 신규 사업을 키우기 위해서 대기업의 강점과 자산을 활용하고, 기존 사업을 키우기 위해서 신규 사업을 통해 익힌 방법을 활용

하지요. 이것이 바로 '양손잡이 경영'입니다. 다른 회사를 설립할 때도 자회사에서는 대기업의 강점을, 대기업에서는 자회사의 강점을 활용해야 합니다."

혁신 기업의 딜레마는 경영인의 리더십으로 해결할 수 있다고 오레일리 교수는 역설한다. 핵심은 '양손잡이 경영'이다. 오른손잡이도 왼손잡이도 아닌 양손잡이가 되면 파괴적 혁신과 지속적인 혁신은 물론, 효율화를 위한 혁신 또한 일으킬 수 있다고 주장한다.

"'양손잡이'는 말 그대로 오른손과 왼손을 모두 자유자재로 사용한다는 뜻입니다. '양손잡이 경영'이란, 규모가 큰 성숙 사업과 위험 부담이 큰 신규 사업을 한 기업 안에서 동시에 추진하는 경영 방법이지요. 변화 속도가 점차 빨라지고 있으므로 기업은 파괴적 혁신을 끊임없이 일으켜야만 합니다. 기업으로서 오래도록 존속하고 싶다면 반드시 성숙 사업과 신규 사업을 동시에 추진해야 합니다."

구체적으로는 어떠한 성공 사례가 있을까? 실제 사례를 통해 살펴보자.

[사례 1. USA투데이]
: 신문사에서 미디어 네트워크로

미국을 포함하여 어느 나라든 출판사와 신문사의 온라인 부문은 항상 인력이 부족하다. 회사에서 몇 안 되는 성장 분야인데도 여전히 권력은 활자 매체 부문이 쥐고 있다.

미국에서는 2018년에 전자책의 매출액이 종이책의 매출액을 추월하리라 전망했다.[5]

신문 업계 역시 상황이 심각해서 미국을 대표하는 신문사인 워싱턴포스트가 2013년 아마존에 매각된 사건은 아직도 기억에 생생하다. 신문사의 광고 수입은 2009년 무렵에 이미 1965년을 밑도는 수준으로 떨어져 '50년이란 세월을 투자해 성장한 신문 업계는 그 후 겨우 10년 만에 제자리로 돌아오고 말았다'는 보도까지 나왔다.[6] 미국과 캐나다의 신문사 약 2,000개사가 소속된 미국신문협회는 2016년, '뉴스 미디어 연합'으로 그 명칭을 바꾸었다.[7]

이 신문 업계에서 가장 먼저 디지털 전략을 시행한 사람은 USA투데이의 사장 겸 편집장이었던 톰 컬리[Tom Curley]다. 오레일리 교수는 컬리 사장이 한 일이야말로 양손잡이 경영이라 평가한다.

미국에서는 1990년대 후반에 이미 온라인 미디어가 대두하기 시작하여, USA투데이의 매출과 구독자 수가 계속 감소하는 추세였다. 이대로 종이 매체를 중심으로 한 비즈니스 모델을 계속 유지한다면 USA투데이는 존속하기 힘들다고 판단한 컬리는 '네트워크 전략'이란 비전을 내놓았다.

미국신문협회는 2016년에 들어서야 신문에서 탈피했지만 USA투데이는 벌써 이 당시에 신문사에서 종합 미디어사가 되기로 했다.

컬리 사장의 목표는 신문, 온라인, TV 등 모든 매체에 뉴스를 전송하는 미디어 네트워크였다. 그는 신문이라는 성숙 산업, 온라인과 TV라는 신규 사업을 동시에 추진하기 위해서 다음의 3가지 전략을 펼쳤다.

(1) 신규 사업 부문을 편집자(자신)가 직접 담당한다
(2) 신문, 온라인, TV 부문을 넘나드는 편집 회의를 마련한다
(3) 임원의 보수를 각 부문의 수익이 아닌 세 부문 전체의 수익과 연동시킨다

컬리 사장이 이 같은 전략을 펼친 이유는 무엇일까? 오레일리 교수는 이렇게 설명한다.

"신규 사업을 시작해 얼마간 시간이 지나면 신규 사업과 기존

사업 사이에서는 자원을 서로 차지하려 다투게 됩니다. 신규 부문이 기존 부문에 '이쪽에도 예산을 나눠 달라' '이쪽에도 사람을 보내 달라'고 부탁해도 기존 부문은 '왜 우리 쪽에서 출혈을 감수하면서까지 저쪽에 넘겨줘야만 하느냐'며 응하지 않습니다. 지금 수익을 내는 곳은 기존 부문이므로 다음 달에도 똑같은 매출을 올리려면 인력과 돈 모두 줄일 수 없다는 것이 그들의 논리지요. CEO가 직접 지시하지 않는 한 기존 부문은 자원을 넘겨주지 않습니다. 이러한 상황이 지속하면 신규 부문은 성장하지 못하고, 심지어 부문 전체가 무너져버리기도 합니다. 따라서 경영인은 신규 사업을 직접 담당하여 지원해야 합니다."

언론계에는 아직까지도 '어째서 인터넷 따위에 오리지널 기사를 써야만 하는가?'라고 생각하는 기자가 많다. 온라인 부문의 매출이 증가하는데도 여전히 활자 매체 부문이 권력을 쥔 탓에, 온라인 부문에는 좀처럼 자원(사람, 물자, 돈, 정보 등)을 주려 하지 않는다. 하지만 현장에서 일하는 사람은 이와 같은 상황을 바꾸기 어려우니 이 문제를 해결하는 것이 바로 경영인의 임무라는 말이다.

경영진이 손을 놓고 있으면 기업은 오로지 기존 사업을 점진적으로 개선하는 일에만 몰두하므로, 정신을 차렸을 때는 이미 파산한 후일지도 모른다. 그러므로 혁신 기업의 딜레마를 해결하기 위해서는 신규 사업을 담당하는 사람이 활약할 수 있는 협

107

력 체제를 회사 차원에서 반드시 마련해야 한다.

[사례 2. 후지필름]
: 기존 시장과 새로운 시장의 딜레마에서 벗어나다

산요전기, 샤프, 가네보, 일본항공[JAL], 엘피다메모리 등 한때 우량
기업이었던 기업이 파산한 사례는 수없이 많다.

이 중에서 후지필름은 혁신 기업의 딜레마에서 탈출한 기업으
로 꼽힌다. 오레일리 교수는 후지필름을 양손잡이 경영의 모범
사례와도 같은 기업이라고 평가한다.

"후지필름은 기존 기술을 활용하는 동시에 그 연장선에서 새
로운 기술을 개발하였으며, 필요한 인재를 양성하고 채용함으로
써 점차 새로운 시장에 진출했습니다. 이는 매우 바람직한 사례
입니다."

미국의 경영대학원 수업에서 후지필름은 이스트먼 코닥과 자
주 비교된다. 코닥은 혁신 기업의 딜레마에서 빠져나오지 못한
채 사진 산업의 쇠퇴와 함께 몰락하여 2012년에 파산했지만 후
지필름은 꽤 일찍부터 사진 사업에서 빠져나오려 노력했다.

2000년 사장에 취임한 고모리 시게타카는 사진 사업에서 벗

어나 사업의 다각화를 추진하고자, 다음의 3가지 신규 영역에 진출하기로 했다.

- **기존의 조직 능력 + 새로운 시장**

기존의 기술과 조직을 활용하면 어떤 신규 사업을 할 수 있을까?

- **새로운 조직 능력 + 기존 시장**

새로운 기술을 개발하고 새로운 조직을 만들면, 기존 시장에서 어떤 사업을 할 수 있을까?

- **새로운 조직 능력 + 새로운 시장**

새로운 기술을 개발하고 새로운 조직을 만들면, 어떤 신규 사업을 할 수 있을까?

이와 같은 개혁을 추진한 결과 후지필름의 사진 관련 사업 비율은 매출액 24조 9,160억 원 가운데 무려 14%로 축소되었다 (2015년 실적). 2000년도에 54%였음을 생각하면 사업을 얼마나 다각화했는지 알 수 있다.

후지필름은 회사 안팎에 새로운 조직을 만드는 데 그치지 않고 인수합병도 적극적으로 추진했다. 2015년에는 iPS 세포 개발

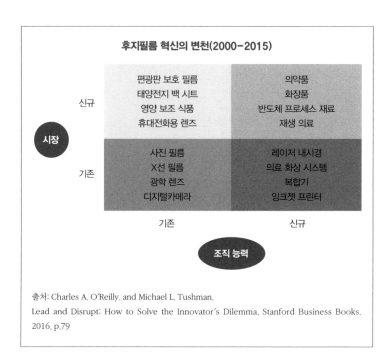

후지필름 혁신의 변천(2000-2015)

	기존	신규
신규	편광판 보호 필름 태양전지 백 시트 영양 보조 식품 휴대전화용 렌즈	의약품 화장품 반도체 프로세스 재료 재생 의료
기존	사진 필름 X선 필름 광학 렌즈 디지털카메라	레이저 내시경 의료 화상 시스템 복합기 잉크젯 프린터

시장

조직 능력

출처: Charles A. O'Reilly, and Michael L. Tushman,
Lead and Disrupt: How to Solve the Innovator's Dilemma, Stanford Business Books,
2016, p.79

및 제조에 관여하는 미국의 셀룰러 다이내믹스 인터내셔널을 인수했고, 2016년 12월에는 일본 최대의 제약회사 다케다 약품공업의 자회사인 시약 제조회사 와코 순약공업을 인수한다고 발표했다. 후지필름의 목표는 4조 2,000억 원(2015년 실적)인 의료 관련 사업을 2018년에 10조 원으로까지 끌어올리는 것이므로, 앞으로는 헬스케어 기업의 양상이 점차 뚜렷해지리라 추측된다.

혁신 기업의 딜레마에서 탈출하기란 그리 간단하지 않다. 이때까지의 주요 수익원이었던 핵심 부문 직원이 거부 반응을 보일뿐더러 구조 개혁을 추진하다 보면 출혈이 따르기 마련이다. 후지필름 역시 대담한 정리해고를 감행했다.

"고모리 사장은 제3의 길을 선택했다고 생각합니다. 종신 고용제를 지키려 엔지니어를 대학원에 보내 새로운 분야에 필요한 지식을 익히게 하는 등 인재 양성을 위해 적극적으로 노력했습니다. 한편으로 몇몇 부문에서는 희망퇴직 신청자를 받아 인원을 감축했습니다."

폐쇄한 사업 부문의 직원은 정리해고하고 새로운 부문에는 새로운 직원을 외부에서 고용하는 방식이 일반적이지만, 후지필름은 이 길을 선택하지 않았다.

혁신의 어려움은 계속성에 있다

스탠퍼드 경영대학원의 로버트 조스 명예 학장은 계층적 구조에서 벗어나는 것은 기존 기업, 특히 동양권 기업의 과제라며 다음과 같이 지적한다.

"기존의 기업들은 계층적인 구조를 이루고 있습니다. 특히 동양권 기업에서 부하는 상사를 존경하고 상사에게 복종해야 하며, 일반 직원이 직접 경영진에게 자기 의견을 피력하거나 아이디어를 제안하는 일은 매우 드뭅니다.

경영진은 '현장에서 무언가 심상치 않은 일이 일어나고 있다'고 느껴도 무슨 일이 일어났는지, 무엇이 진실인지를 정확하게 파악하기 어렵습니다. 현장 직원이 상사에게 보고한 내용을 그 상사가 번역하여 다시 그 위 상사에게 보고하는 탓이지요. 번역에 번역을 거듭하여 윗선에 보고하면 현장이 안고 있는 문제의 본질을 파악할 수 없습니다.

흔히 기존 기업이 혁신하지 못하는 것을 두고 변혁 속도가 느리다는 점을 꼽는데, 저는 그 요인이 계층 의식에 있다고 봅니다. 젊은 일반 직원은 아무리 뛰어난 아이디어가 있어도 경영진에게 직접 전달할 수가 없습니다. '먼저 직속 상사의 체면을 세워줘야 한다' '상사에게 보고하기만 하면 내 일은 그것으로 끝이다'라고 생각하지요. 그러므로 현장의 요구나 문제를 경영진이 알기까지 시간이 걸리고 혁신을 일으키는 데도 시간이 걸립니다."

피라미드 구조가 아닌 계층 의식이 문제라는 말이다. 이를테면 수평적인 조직으로 바꾼다고 한들 기업에 속해 있는 구성원들의 생각이 변하지 않는 한 문제를 해결하기 힘들다고 조스 명예 학장은 이야기한다.

"조직 구조는 어느 회사에나 있으므로 조직 그 자체는 문제가 아닙니다. 문제는 의사소통, 기업 문화, 관습입니다. 우선 회사의 관습상 허용되는 것과 허용되지 않는 것이 무엇인지, 이 회사에서는 그동안 어떤 의사소통 경로를 통해 문제를 보고받았는지를 되돌아보지 않으면 혁신적인 조직이 될 수 없습니다.

계층적 조직은 순조로울 때는 엄청난 위력을 발휘합니다. 계층적인 조직은 직원이 하나가 되어 목표를 수행하는 데는 적합하지만 역경에는 취약합니다. 현장에서 무언가 문제가 발생해도 관리직은 올바른 정보를 파악하기 어려운 탓에 대처가 늦어집니다. 이 두 가지를 양립하는 것, 오랫동안 이어져 내려온 관습을 바꾸기란 매우 어렵다는 사실을 저는 잘 압니다."

오레일리 교수는 동양권 기업의 경우 장기적으로 사람을 키운다는 장점을 유지하면서 혁신을 창출해낼 수 있는 기업 문화를 만들어야 한다고 조언한다.

"동양권 기업은 더 많이 도전하고, 결정 속도도 더 높여야 합니다. 미국인을 따라 하라는 말이 아니에요. 미국인처럼 신속하고 과감하게 결정하는 것이 항상 옳다고는 할 수 없으며, 실용적이고 건조한 기업 문화에도 장단점이 있으니까요. 제3의 길을 찾아야만 합니다. '미국인이 되지 않고도 미국인의 장점을 흡수할 방법은 없는지'를 꼭 생각하기 바랍니다."

혁신의 어려움은 계속성에 있다. 지금 '혁신적'이라고 세상에서 떠들어대는 기업이나 '혁신 기업의 딜레마에서 멋지게 탈출했다'고 평가받는 기업 역시 노력을 게을리하면 순식간에 보수적인 기업이 되고 만다. 이렇게 되지 않으려면 조직을 바꿀 수 있는 리더, 신속하게 결정할 수 있는 조직, 실패를 올바르게 평가하는 기업 문화가 필수적이다.

혁신을 저해하는 편향을 극복하라

[현상 유지 실험]
'현상 유지'와 '손실 회피'는 인간의 습성이다

도대체 왜 기업은 노력하지 않으면 보수적으로 되는가? 크리스텐슨 교수가 '혁신 기업의 딜레마'를 발표한 이후에도 한때 혁신적이었던 우량 기업이 파산하는 사례가 끊이질 않는다.

'혁신을 저해하는 요인은 무엇인가'를 심리학적 관점에서 분석한 사람이 바로 마케팅의 대가 에모리대학 고이주에타 경영대학원의 잭디시 세스Jagdish Sheth 교수다.

세스 교수의 논문은 '혁신이란 바람직한가'라며 의문을 제기하면서 시작된다. 세스 교수는 지금까지는 이노베이터(가장 혁신적인 사람들), 얼리어답터(이노베이터 다음으로 혁신적인 사람들)에게만 연구의 초점을 맞추었을 뿐, 혁신에 소극적인 사람이나 혁신을 거부하는 사람은 연구되지 않았다고 한다.[8]

하지만 어느 글로벌 기업이나 혁신에 소극적인 사람이 대다수였고 이노베이터는 극히 소수에 불과했다. 이유는 무엇일까?

세스 교수에 따르면 인간에게는 2가지 습성, 즉 현상을 유지하려는 습성과 위험 부담을 회피하려는 습성이 있으며 이 2가지 습성이 합쳐져서 혁신을 거부하는 행동을 취한다고 한다.

이처럼 인간이 '현상 유지'를 선호하는 경향을 보스턴 대학 윌리엄 새뮤얼슨[William Samuelson] 교수와 하버드대학 리처드 제크하우저[Richard Zeckhauser] 교수는 '현상 유지 편향'이라는 말로 설명한다.

새뮤얼슨 교수팀은 대학생과 대학원생 486명을 대상으로 다양한 조사를 하여 인간에게는 '현상 유지 편향'이 있다는 사실을 입증했다.

예를 들어 한 그룹에는 다음과 같이 질문한다.

"당신은 최근 큰아버지로부터 돈을 상속받았습니다. (A) 위험도가 중간 정도인 회사의 주식, (B) 위험도가 높은 회사의 주식, (C) 재무부 증권(미국 국채의 일종), (D) 지방 채권 중 어디에 투자하겠습니까?"

다른 그룹에는 이 질문에 "현재 당신은 ○에 대부분을 투자한 상태입니다."라고 한마디를 덧붙인다.

두 그룹을 비교한 결과 '현재 A에 대부분을 투자한 상태'라는 말을 들었을 때는 A를 선택할 확률이, '현재 B에 대부분을 투자한 상태'라는 말을 들었을 때는 B를 선택한 확률이 압도적으로 높다는 사실이 밝혀졌다.[9]

교수팀은 이 밖에도 '직장이나 대학을 선택한다' '가격 입찰에 참여한다' '정부 예산을 분배한다' 등 다양한 상황을 설정해 같은 방식으로 조사했지만 모두 '현상 유지'를 선호하는 경향이 나타났다.

[손실 회피 실험]
사람은 이득보다 손해 보기를 싫어한다

'손실 회피'에 관해서는 프린스턴대학의 대니얼 카너먼[Daniel Kahneman] 명예 교수팀의 연구가 유명하다. 카너먼 교수팀은 150명을 대상으로 다음 'A, B 중에서 어느 쪽을 선택할 것인가'를 실험했다.

A. 확실하게 240달러를 얻는다

B. 1,000달러를 얻을 확률이 25%, 아무것도 얻지 못할 확률이 75%다

결과는 A를 고른 사람이 84%, B를 선택한 사람이 16%였다.
더 나아가 'C, D 중 어느 쪽을 선택할 것인가'를 실험했다.

C. 확실하게 750달러를 손해 본다

D. 1,000달러를 손해 볼 확률이 75%, 전혀 손해 보지 않을 확률이 25%다

실험 결과 C를 선택한 사람은 13%, D를 고른 사람은 87%였다.[10] 인간이 자신도 깨닫지 못하는 사이에 손실을 회피하려는 이유는 무엇일까? 사람은 이득보다 손해를 보고 싶지 않은 마음이 더 강하기 때문이라고 한다.

다시 혁신에 관한 이야기로 돌아오면, 회사에서 '실패를 두려워하지 말고 새로운 일에 도전하라'고 말해도 인간은 본래 '현상 유지' '손실 회피'를 선호하는 경향이 있으므로 이것이 얼마나 어려운 일인지는 쉽게 이해할 수 있으리라.

따라서 '혁신적'이라 불리는 기업은 '새로운 일에 도전해도 당신에게는 아무런 손해가 없다'는 사실을 직원이 믿을 수 있는 기업 문화 만들기에 사활을 건다. 실패한 사람이 좌천되거나 징계를 받는 기업 문화에서는 직원의 '현상 유지' '손실 회피' 경향이 점점 더 강해지는 까닭이다.

'실패를 웃어넘기는 기업 문화'가 혁신을 창출한다

앞에서 언급한 '세계에서 가장 혁신적인 기업 순위'에서 상위를 차지한 구글, 토요타, 사우스웨스트 항공에는 모두 '지시받은 일을 하는 것 = 안전' '실패 = 손실'이란 사고방식을 뒤엎는 기업 문화가 있다.

이 중에서도 사우스웨스트 항공에는 직원이 실패를 밑거름 삼아 성장했다는 일화가 많이 전해진다. 사람을 키우기 위해 경영진이 일부러 직원에게 막중한 책임과 권한을 부여하는 덕분이다. 심지어 이사회의 승인 없이도 현장 책임자가 수백만 달러나 되는 계약을 체결할 수 있고, 신임이라도 임원이 담당할 법한 큰 프로젝트를 맡아 처리한다. 그만큼 직원은 보람을 느끼겠지만 아무래도 실패할 확률이 높아진다.

이 회사 직원인 밥 몽고메리 역시 큰 실패를 경험했다. 몽고메리는 관재부에 갓 배속되었을 무렵, 자신의 책임하에 텍사스 주 오스틴 시가 계획한 신공항 건설 관련 계약을 체결했다. 그러나 그 계약은 결과적으로 사우스웨스트 항공에 40만 달러(4억 5,000만 원)나 되는 손실을 끼치고 말았다. 몽고메리는 해고될 각오를 했지만 회사는 그에게 책임을 묻지 않았다. 벌을 내리기는커녕 오히려 긍정적으로 평가했다.

실패를 맛본 지 일 년이 지나 몽고메리는 이 회사의 CEO인 허브 켈러허Herb Kelleher와 같은 비행기를 타게 되었다. 몽고메리는 말했다.

"회사에 40만 달러나 손실을 끼치다니, 그건 정말이지 어처구니없는 실수였습니다. 이제 그런 일은 두 번 다시 없을 겁니다."

그러자 켈러허 CEO는 이렇게 대답했다.[11]

"당신이 마침내 그 실패에서 교훈을 얻었다고 생각하니 기분이 좋군요."

그 후 몽고메리는 중대한 실패에서 교훈을 배운 사람이란 평가를 받아 관재부장으로 승진했다.

마찬가지로 같은 회사 직원 매트 버클리가 1980년대 화물부에 배속되었을 때의 일이다. 그는 승진을 목적으로 자진해서 새로운 비즈니스를 회사 측에 제안했다. 화물을 발송일 당일에 배달해주는 '특급편'이란 비즈니스로, 당시에는 특급배송업체 페더럴 익스프레스(현 페덱스)조차 아직 시행하지 않았던 혁신적인 아이디어였다. 버클리가 기획한 사업은 회사의 운명을 건 대형 프로젝트가 되어 대규모 선전 활동이 펼쳐졌다. 주문이 쇄도하리라 예상하여 전화까지 증설했을 정도였다.

하지만 서비스 시작 당일에 전화는 거의 울리지 않았다. 2개월이 지나도 마찬가지였다. 결국 '특급편'이 큰 실패로 끝나자 버클리는 면목이 없어 회사에 얼굴을 들고 다니기 힘들 정도였다. 이린 버클리를 살린 사람은 다름 아닌 회사 동료들이었다. 버클리의 실패를 마치 농담인 양 웃어넘김으로써 격려한 것이다. 버클리는 이렇게 회상한다.

"큰소리만 쳐 놓고 실패한 제게 모두가 구원의 손길을 내밀었고 반복해서 말해 주었습니다. '실패해도 괜찮다. 실패에서 교훈을 얻었다면 그것으로 충분하다'고 말입니다. 다른 회사였다면 아마 해고됐겠지요."[12]

회사 동료뿐만이 아니다. 켈러허도 이 실패를 농담처럼 웃어넘겼다. 이후 버클리는 오로지 출세만을 생각했던 자신을 깊이 반성하고 겸허한 마음으로 일에 몰두한 결과 회사에서 능력을 인정받을 수 있었다.

직원이 중대한 업무에서 실패했을 때 상사나 경영인이 어떻게 대처하느냐에 따라 회사의 혁신력이 달라진다.

스탠퍼드를 비롯한 미국의 경영대학원에서는 반드시 사우스웨스트 항공의 사례를 공부한다. 수업 시간에는 이 회사의 창업주인 허브 켈러허의 탁월한 리더십을 자주 언급하는데, 오레일리 교수는 '켈러허의 행동이나 개인적인 카리스마를 지나치게 강조하는 것은 옳지 않다'고 주장한다.[13]

사우스웨스트 항공을 강력한 기업으로 만든 원천은 전 직원에게 리더십을 실천할 기회를 주는 시스템과 현장에서 새로운 일에 도전한 직원을 높이 평가하는 기업 문화를 만든 데 있기 때문이다.

온 힘을 다해 도전한 결과라면 해고하지 않으며 도리어 실패에서 얻은 교훈을 업무에 활용한다는 사실이 밝혀지면 점점 좋게 평가해 승진시킨다. 이와 같은 기업 문화와 인사 시스템 덕분에 직원은 '현상 유지' '손실 회피' 편향에서 벗어날 수 있다.

STANFORD UNIVERSITY

제4장

사내 정치의 역학

: 인간의 본능과
출세 경쟁

story
marketing
innovation
politics
leadership
conversation
negotiation
communication
mind control

트럼프 대통령이 상징하는
리더십 교육의 최후

제프리 페퍼^{Jeffrey Pfeffer} 교수는 스탠퍼드 내에서도 '괴짜 경영학
자'로 불린다. 리더십을 가르치는 경영대학원에서 페퍼 교수는
'리더십 교육 따위는 아무런 도움이 되지 않는다'고 주장해왔다.
'세계에서 영향력 있는 비즈니스 사상가 50명^{Thinkers 50} [1]에 늘 거
론되는 주인공이자 14권이나 되는 경영서를 출간한 유명인사지
만, 학생과 교수 중에는 '페퍼 교수의 말을 공감하기 힘들다'고

말하는 사람도 많다.

하지만 최근 페퍼 교수의 주장에 힘을 싣는 일련의 사건들이 발생하며 그의 주장에 동의하는 사람이 늘어나고 있다. 계기는 트럼프 대통령의 탄생이다.

그동안 미국의 경영대학원에서는 겸허하고, 성실하며, 배려심 있는 사람이 곧 이상적인 리더라고 가르쳐왔다. 그러나 트럼프 대통령은 정반대되는 행동으로 국가의 리더가 되었다. 리더십을 가르칠 때는 '본심'을 가르치는 교육과 '명분'을 가르치는 교육으로 나뉘는데 일반적인 교수는 명분을 가르치고 페퍼 교수는 본심을 가르치는 셈이다.

2015년 페퍼 교수는 『리더십 BS^Leadership BS』[2]라는 책을 출간했다. '리더십 교육 따위는 거짓말투성이'라는 뜻의 이 책에서 페퍼 교수는 일관되게 출세가 목표라면 리더십 연수나 관리직 연수를 받는 것이 시간 낭비라고 주장한다. 어떻게 이렇게까지 단언할 수 있는 걸까. 다음의 4가지 이유 때문이다.

(1) 실제로 출세한 사람은 겸허하고 성실하며, 고결한데다가 배려심 많은 사람이 아니다
(2) 실제로 출세한 사람은 리더십 수업에서 가르치는 내용과 정반대되는 행동으로 출세했다
(3) 세상 사람이 칭송하는 '위대한 리더'의 사례는 모범이 되

지 않는다

(4) 리더십에 관한 지식과 경험은 물론 자격조차 없는 사람이
    가르치는 사례가 많다

첫 번째, 출세한 사람의 '품격'을 살펴보자. 페퍼 교수의 저서
『리더십 BS』에는 수많은 악덕 리더가 끊임없이 등장한다.

대다수 리더의 금전을 향한 집착은 놀라울 정도다. 직원에게
는 절약을 부르짖으면서 자신은 경비를 절감한 성과로 보너스를
받는다. 또 몇 백만 명이나 되는 직원을 해고한 성과로 자신은
거액의 보수를 받고, 자기 탓에 파산한 회사로부터 거액의 퇴직
금을 챙기기도 한다. 일반적인 관점에서 이러한 리더는 분명 '고
결'이나 '청렴'과는 거리가 먼 사람이다.

제너럴모터스^{GM}의 전 CEO 리처드 왜거너^{Richard Wagoner}의 사례
는 어떠한가. 왜거너는 노동조합과 한창 임금 삭감 협상을 하는
중에 100만 달러(10억 원)의 보너스를 받았고, GM이 파산했을
때는 2,300만 달러(260억 원)나 되는 퇴직금을 받았다.

휴렛팩커드^{HP}를 추락시킨 장본인이라 일컬어지는 전 CEO 칼
리 피오리나^{Carly Fiorina}는 퇴직할 때 5,000만 달러(570억 원)나 되
는 퇴직금을 챙겼다.

홈디포^{Home Depot}의 전 CEO 로버트 나델리^{Robert Nardelli}는 재임 중
에 주가가 큰 폭으로 하락했는데도 2억 1,000만 달러(2,370억 원)

나 되는 퇴직금을 받았다.

맥도널드McDonald's의 전 CEO 돈 톰슨Don Thompson 또한 직원의 임금을 최대한 낮게 억제하면서 본인은 1,400만 달러(160억 원)의 보수를 받았다.

이러한 CEO들이 경영에서 물러난 후 하는 일이 자선 활동과 리더십 강연이다. 그중 칼리 피오리나는 현재 경영대학원이나 경제 포럼 등에서 활발히 강연 중이다. 570억 원이나 되는 퇴직금을 받으면 앞으로는 자선 활동이나 해야겠다는 마음이 생길 법도 한데, 피오리나의 1회 강연료는 5,000만 원에 육박한다. 연간 8억 원 이상을 강연으로 벌어들이는 셈이니 매우 놀랍다.[3]

이러한 리더의 금전을 향한 끝없는 집착은 '리더의 품격'이란 무엇인가에 대해 다시 한 번 생각하게 한다.

페퍼 교수의 저서에서는 도쿄전력이 후쿠시마 원전 사고 후 임금을 삭감했을 때 지위가 높은 직원일수록 삭감 폭이 컸던 사실을 희귀한 사례로 소개한다. 지위가 높은 사람이 그 권력을 사용하여 자신의 고용과 보수, 특권을 지키려 한 보기 드문 사례다.

대개 일반 직원을 저임금으로 고용하여 경영진이 돈을 버는 것이 정석이다. 경영진이 일반 직원보다 보수를 많이 삭감하는 사례는 보기 드물다.

이와 같은 행동은 직원의 마음을 움직이는 힘이 있다. '우리 모두 하나가 되어 고난을 극복해나갑시다. 이를 위해 우리 경영진이 가장 큰 희생을 감수하겠습니다'라는 메시지를 말로 하기는 쉽다. 대다수 리더가 그러한 패턴을 따른다. 앞서 조직에 큰 손실을 안긴 리더가 되레 큰 보수를 받고 자리에서 물러나는 것은 '회사의 실적 부진은 내 책임이 아니다. 그러니 나는 이 회사를 떠나지만, 약속대로 보수는 받겠다'라고 보여주는 것과 같다. 이러한 결과에 직원들이 받는 상실감은 조직의 큰 손실이다.

성공한 사람은 '성공의 비결'을 가르쳐주지 않는다

다음으로 〈(2) 실제로 출세한 사람은 리더십 수업에서 가르치는 내용과 정반대되는 행동으로 출세했다〉는 어떨까.

성공한 사람에게 "어떻게 성공할 수 있었습니까?" 하고 물어도 진실로서의 사실을 누구도 말해주지 않는다. 설령 밝힌다 해도 "제게 주어진 일을 열심히 했을 뿐입니다"와 같이 지극히 당연한 말로 둘러댈 뿐이다.

성공은 어떻게 오는 걸까? 이 방법을 가르쳐주는 것이 페퍼 교수의 '권력을 향한 길'이라는 수업이다. 페퍼 교수는 말한다.

"리더십 수업은 대개 '세상에 이런 멋진 리더가 있다면 참 좋겠다'는 희망적 관측을 전제로 합니다. 교수는 '리더가 되기 위해서 반드시 해야 할 일'을 가르치지만, 안타깝게도 실제로 성공한 리더는 이를 실천하지 않습니다."

스탠퍼드의 엘리트가 빠지기 쉬운 함정

페퍼 교수가 스탠퍼드에서 30년 이상이나 학생들에게 '불편한 진실'을 계속 가르치는 이유는 무엇일까.

스탠퍼드의 학생은 대부분 졸업 후 대기업에 취직한다. 그중에는 혹독한 현실에 직면하는 사람도 많다. 해고를 당하거나 좌천되거나 동료에게 배신당해 출셋길이 막히기도 한다. 이러한 일이 비일비재하게 일어나는데도 스탠퍼드의 졸업생은 대부분 엘리트주의에 빠져 '리더는 이렇게 행동해야만 한다'는 이상을 추구하려고 한다. 이런 생각이 독이 되어 성공의 길을 가로막는 일이 적지 않다.

페퍼 교수는 졸업생의 이야기를 들려준다.

"실리콘밸리에 있는 한 회사의 마케팅 부서에서 시니어 매니저로 성공가도를 달렸던 A라는 여성이 있었습니다. A는 회사에 400만 달러(40억 원)나 되는 이익을 안겨주어 마케팅 부서에서 최연소로 최고 리더 자리에 올랐습니다. A는 아시아계로 매우 붙임성이 좋고 차분한 사람이었어요. 큰소리로 자신의 의견을 주장하는 성격이 아니었지요.

A가 승진하자 그의 출세를 방해하려는 사람이 나타났습니다. A와 같은 지위에 있던 남성 직원이었습니다. 그는 상사에게 'A가 맡고 있는 일이 자신이 담당하고 있는 일의 밑에 놓여야 한다'고 주장했습니다. 우수한 A의 공적을 전부 자기가 차지할 심산이었던 겁니다.

이러한 사실을 알게 된 A는 어떻게 해서든 이를 막기 위해 그와 이야기를 해보기로 했습니다. 리더십 수업에서 '우호적인 대화로 해결하라'고 배웠으니까요. 게다가 아시아계인 A는 분쟁을 되도록 피하고 싶었습니다. A는 '상사에게 고자질하는 등의 추한 행동 따위는 하고 싶지 않다'고 생각했지만, 남성 직원은 A의 이러한 마음을 물고 늘어졌습니다. A의 의도는 완전히 실패하고 말았던 거죠. 이때 저는 A에게 어떤 조언을 해주었을까요?

저는 남성 직원이 아닌 상사와 이야기하라고 조언했습니다. 그리고 '나는 머리가 좋고 분석 능력도 뛰어나므로 이 회사 구성원 그 누구보다 회사에 큰 이익을 가져다 줄 수 있는 사람'이라고 말해야 한다고 조언했습니다. 그렇게 하지 않으면 계속 똑같은 일이 반복된다고 말입니다.

A는 제가 해준 조언대로 행동했고 난처한 상황을 극복해냈습니다. 제가 느끼기에 조직에서 일하는 사람은 지나치게 수동적인 듯합니다."

페퍼 교수의 수업 '권력을 향한 길'에서는 조직에서 권력을 얻어 성공의 길에 오르기 위한 현실적인 방법을 가르친다. 페퍼 교수의 수업 내용을 좀 더 알고 싶다면 그의 저서 『권력의 기술: 조직에서 권력을 거머쥐기 위한 13가지 전략』(청림출판, 2011)[4]을 살펴보기 바란다.

위대한 리더가 반드시 모범은 아니다

다음으로 〈(3) 세상이 칭송하는 '위대한 리더'의 사례는 모범이 되지 않는다〉는 사실을 살펴보자.

세상에는 위대한 리더라고 칭송받는 사람들이 있다. 미국의 경제지는 '누구보다 칭송받는 CEO TOP10'[5]을 자주 발표하는데, 이 리스트에 자주 오르는 사람은 마이크로 소프트 창업주 빌 게이츠Bill Gates, 버크셔해서웨이 CEO 워런 버핏Warren Buffett, 버진그룹 창업주 리처드 브랜슨Richard Branson, 테슬라 CEO 엘론 머스크Elon Reeve Musk 등이다. 훌륭한 리더가 훌륭한 기업을 만들어 세상을 점차 바꾸어나간다는 이야기는 감동적일뿐더러 성공을 꿈꾸는 이들에게 영감을 불러일으키기에 충분하다.

하지만 페퍼 교수는 '회사에서 출세하고 싶은 보통 사람에게 위대한 리더는 그다지 참고가 되지 않는다'고 말한다.

"이른바 위대한 리더의 성공 사례로 공부할 때는 주의해야 합니다. 리더 중에는 그다지 참고가 되지 않는 사람도 있지만 겉으로 드러난 몇 가지 요소가 그 사람을 훌륭한 리더로 포장하기 때문입니다. 그들이 최고의 자리에 오르기까지, 혹은 자신의 지위를 유지하고자 어떤 행동을 취했는지에 주목해야 합니다.

경영대학원 교재나 책에서 칭송하는 위대한 리더는 대개 창업주입니다. 사우스웨스트 항공의 허브 켈러허Herb Kelleher도, 버진 그룹의 리처드 브랜슨도 창업주이자 주주지요. 그들은 처음부터 권력 있는 지위를 손에 넣은 덕분에 일반 회사의 직원처럼 조직의 계단을 오르고자 노력하거나 치열한 출세 경쟁에서 살아남지 않아도 됐습니다."

즉 창업이 목표라면 대단히 참고할 만하지만 기업 안에서 월급쟁이 사장을 목표로 한다면 다른 방법을 사용해야 실패하지 않는다는 말이다. 페퍼 교수는 계속 이야기한다.

"창업주는 '나는 이런 사람이 되고 싶다'는 열정을 그대로 실현할 수 있으나 보통 사람은 그렇지 못합니다. 창업주는 스스로 규율을 정할 수 있지만 보통 사람은 정해진 규율 속에서 펼쳐지는 출세 경쟁에서 살아남아야만 합니다. 권력을 손에 넣으려면 이상을 추구하기만 해서는 안 되는데, 창업주 리더에게는 이 현실을 배울 수가 없습니다."

20조 원이 넘는 산업 '리더십 비즈니스'

〈(4) 리더십에 관한 지식과 경험은 물론 자격조차 없는 사람이 가르치는 사례가 많다〉는 주장을 살펴보자. 페퍼 교수는 그 요인으로 2가지를 꼽는다.

하나는 리더십 산업에는 '진입 장벽'이 전혀 없다는 점이다. 학위나 특별한 자격증이 없어도 누구나 리더십 연수에서 리더십을 가르칠 수 있다.

게다가 리더십 산업은 거대한 비즈니스다. 미국 인재개발기구가 산출한 바에 따르면, 리더십 관련 교육 연수의 시장 규모는 연간 200억 달러(22조 6,000억 원, 2011년 기준)[6], 딜로이트의 조사에 따르면, 연간 140억 달러(15조 8,000억 원, 2011년 기준)[7]라고 한다.

강사가 되는 데 진입 장벽이 없고, 시장 자체 또한 이미 그 규모가 크다면, 당연히 가르치는 측은 옥석이 뒤섞인 상태일 것이다. 강사 중에는 글로벌 기업에서 리더십을 발휘한 경험이 전혀 없는데도 기업에서 리더십을 가르치는 사람조차 있다. 강사, 강연자의 질 저하는 그야말로 큰 문제다.

다른 하나는 기업 측이 리더십 연수의 시행, 그 자체만을 목적으로 한다는 점이다. 진정으로 직원이 리더십을 갈고닦기를 원한다면, 현장에서 일하는 직원에게 일을 계속 맡기고 실제 현장에서 경험을 쌓게 하는 것만큼 좋은 방법은 없다. 하지만 현장에서 경험을 쌓게 하지 않고 연수 기회만 주면 관리직으로 성장한다고 착각한다.

인사 담당자가 리더십 연수의 목적을 고뇌하는 리더에게 눈과 귀가 즐거운 오락을 제공하는 것이라 오해한 나머지 '잘생겼으니까' '이야기를 재미있게 하니까'라는 이유만으로 강사를 선택하는 사례도 많다.

페퍼 교수가 『리더십 BS』란 책을 통해 독자에게 특히 전하고자 하는 점은 다음의 2가지라고 한다.

"첫 번째는 여러분이 현재의 지위나 직장 환경에 불만을 느끼는 상황이라면 리더십 산업(리더십을 소재로 돈을 버는 비즈니스)은 성과를 내지 못하고 있다는 뜻인데, 그 이유는 무엇인가, 배운 내용을 실천하는데도 왜 회사에서 인간관계나 효율성이 개선되지 않는지를 생각하고, 그 이유를 이해해야 합니다.

두 번째는 여러분이 일에서 성공하려면 리더십 강좌에서 '이런 식으로 하라'고 가르치는 방법이 아니라, 현실적으로 잘 통할 만한 방법을 익혀야 합니다. 실제 세미나나 연수에서 가르치는 방법은 대개 현실 세계에서 통용되지 않는 방법이므로 실천적이지 않지요.

기업은 직원에게 더 많은 리더십 경험을 쌓게 해야 합니다. 리더십 연수가 아니라 실제 비즈니스에서 리더를 경험하게 해주는 겁니다. 이것이야말로 가장 효율적으로 리더를 양성하는 방법입니다."

출세를 막는 '대나무 천장'

이처럼 리더십 연수는 효과가 없다고 역설하는 페퍼 교수는 스탠퍼드에서 출세하기 위해 알아두어야 할 현실적 방법을 가르친다. 스탠퍼드에는 MBA 프로그램뿐 아니라 기업의 중역을 위한 강좌도 다수 마련되어 있는데, 그중에는 아시아계 중역을 대상으로 한 특별 강좌도 있다.[8]

이 특별 강좌에서 페퍼 교수는 어떻게 해야 아시아계가 서구식 직장 환경 속에서 멋지게 살아남아 성공할 수 있는지 그 비법을 가르친다.

미국에는 '대나무 천장bamboo ceiling'이란 말이 있다. 대나무 천장은 아시아계의 성공을 막는 보이지 않는 천장을 뜻한다. 여성의 출세를 막는 천장을 '유리 천장glass ceiling'이라고 부르는 데 빗대어 '대나무 천장'이라고 부른다.

137

경제지 《포춘》이 선정한 500대 기업의 임원 중 아시아계는 단 2%다.[9] 스탠퍼드대학 학부생의 21%[10], 하버드대학 학부생의 22%[11]가 아시아계란 사실을 생각하면 '대나무 천장'은 확실히 존재하는 듯하다.

페퍼 교수는 서구 사회에서 일하는 아시아계 직원은 손해를 본다고 말한다.

"아시아계는 일반 직원으로는 매우 우수합니다. 특히 엔지니어나 연구원으로서 상당히 높은 평가를 받지만 성공하기 위해 모두 엄청나게 고생합니다. 어느 조사에 따르면 그들의 성공 방법이 비효율적이기 때문이라고 합니다.

아시아계 직원은 자신을 적극적으로 어필하지 않으며 회사에서 눈에 띄려 하지도 않습니다. 서양인과 비교했을 때 열정이 부족하고 권력 있는 사람처럼 행동할 줄도 모르는 탓에 글로벌 기업에서 부당한 평가를 받지요."

동양에는 '튀어나온 말뚝이 정 맞는다' '목소리가 가장 큰 오리부터 총에 맞는다'는 속담이 있다. 서양인에게도 잘 알려진 이 속담은 심지어 아시아계가 손해를 보는 원흉이라 불린다. 페퍼 교수는 계속 이야기한다.

"서구의 글로벌 기업에서는 이 속담대로 행동하면 반드시 실패합니다. 문화 차이를 존중하지 않아도 된다는 말이 아닙니다. 제가 하고 싶은 말은, 성공하기 위해서는 다른 사람과의 차이나 자기 능력을 적극적으로 어필해야 한다는 점입니다. 그렇게 하지 않으면 어떤 사람의 눈에도 들지 못할뿐더러 조직 안에서 중용 받지도 못하죠.

수업을 통해 제가 전하고 싶은 것은 단 한 가지입니다. 여러분이 스스로 자신을 어필하지 않으면 그 누구에게도 주목받지 못하므로 영원히 성공할 수 없다는 점입니다."

예전의 방식을 고수하는 아시아의 기업에서는 '튀어나온 말뚝이 정 맞는다'는 속담이 현명한 지혜일지도 모른다. 하지만 서구 기업, 혹은 점차 세계화되고 있는 기업에서는 '튀어나온 말뚝이 정 맞는다'는 속담은 통하지 않는다.

경쟁에서 내려오지 마라

그렇다면 어떻게 해야 현명하게 성공할 수 있을까. 페퍼 교수는 5가지 조언을 한다.

첫 번째는 '회사는 전갈과 독거미가 우글거리는 정글이나 마찬가지이므로 여기에서 살아남기 위한 기술을 익혀야만 한다'고 인식하는 것이다.

아시아 사람들은 '정글에서 살아남고 싶다, 하지만 나는 좋은 사람으로 남고 싶으니 전갈처럼 독을 뿌리고 싶지는 않다'고 말하는 사람이 많은데, 이 2가지는 양립하지 않는다고 페퍼 교수는 말한다. '어떻게든 목숨만 부지하면 되니 좋은 인간으로 남겠다' 혹은 '스스로 강해져서 전갈이나 독거미와 싸우겠다' 중에서 한쪽을 선택해야만 한다.

전자를 선택한다면 아시아인이 외국계 기업에서 살아남을 확률이 거의 없다고 한다. 스스로 독을 뿌리는 전갈이 되지는 않더라도 적어도 '전갈과 싸울 수 있는 무언가'는 돼야 한다는 말이다. 죽으면 그것으로 끝이다. 자신의 권력과 지위를 지키는 것은 최소한의 조건일 뿐이다. 권력이 없으면 절대 조직에서 큰일을 달성할 수 없다.

두 번째 조언은 '경쟁에서 내려오지 말라'는 것이다.

젊은 사람일수록 '더러운 짓은 하고 싶지 않다. 사내 정치 따위는 질색이다. 그보다 평화롭게 일하는 일반 직원이고 싶다'고 생각하는 사람이 점점 더 증가하고 있다. 임원 후보였던 사람이 사내 정치가 싫다는 이유로 승진을 포기하거나 심지어 좌천을 요구하기도 한다. 페퍼 교수는 이러한 직원을 다음과 같은 말로 독려한다.

"스스로 경쟁에서 내려올 필요 따위는 전혀 없습니다. 그렇게 하지 마세요. 권력자가 권력을 어떤 식으로 사용하고 어떻게 행동하는지를 배우기만 하면 됩니다.

예를 들어 갓 태어난 아기는 아무 일도 못 합니다. 걷는 법, 화장실 사용법조차 모릅니다. 아기에게 이 세상은 절대 자유롭지 않지만 이것들을 하나씩 배우면서 극복해나갑니다. 아기가 도중에 걷기를 포기하나요?

리더로서 실제 어떻게 행동해야 할지를 배우는 일 또한 마찬가지입니다. 처음에는 기분이 썩 유쾌하지 않을지도 모르지만 훈련하면 반드시 가능해집니다. 다른 사람과 훨씬 전략적으로 커뮤니케이션할 수 있으며 자기 의견을 더욱 주장하고 자기 능력을 더 많이 주변 사람에게 보여줄 수도 있습니다."

승진하지 못한 선인보다 승진한 악인을 따라 하라

현명하게 성공하기 위한 조언 중 세 번째는 '회사 안팎에서 누구나 주목하는 존재가 되라'는 것이다.

많은 사람이 '평소에 선행을 베푼다면 틀림없이 상사 중 누군가가 나를 지켜보고 있을 테니 언젠가는 올바르게 평가받는다'고 생각한다. 게다가 회사 선배들도 '지금 상사는 못된 사람이지만 경영진은 분명 올바르게 평가해 줄 것'이라는 식으로 아랫사람들을 가르친다.

그러나 현실에서는 아무리 선행을 쌓아도 '아무도 안 보는 사례'가 훨씬 많다. 그런 경우가 대부분이다. 우리는 자신을 어필해야만 한다고 페퍼 교수는 이야기한다.

"상식을 깨고 주변 사람의 기대를 뛰어넘는 일을 해내야 합니다. 회사 안팎에 인맥을 만들고, 주변 사람에게 충성하여 무조건 눈에 띄는 존재가 되세요. 전문 코치를 찾아가 행동법을 훈련받고 주변 사람에게 계속 피드백을 받으세요. 이렇게 한다면 회사에서 주목받아 성공의 길이 열릴 것입니다."

'리더십 연수는 효과가 없다'고 말하면서 '전문 코치를 찾아가 훈련을 받고 피드백을 받으라'니 대체 무슨 뜻일까? 페퍼 교수의 설명은 명쾌하다.

"질문을 하나 하지요. 테니스 교실에서 코치에게 테니스를 배운 사람과 테니스 잘 치는 법에 관한 세미나에 참석한 사람 중 실제로 누가 테니스를 잘 치게 될까요?"

나의 경우를 예로 들더라도, 나는 글로벌 기업에서 여러 번 관리직 연수를 받았지만 그곳에서 배운 내용은 거의 기억이 나지 않는다. 연수를 받은 직후 의욕이 넘쳐서 배운 내용을 실천해봐야겠다고 생각했던 것만 기억이 난다. 반면에 본사에서 임원에게 직접 조언이나 주의를 받은 일은 지금도 선명하게 기억한다. 리더십을 책상에 앉아서 공부해보았자 소용이 없다.

네 번째는 주변 사람의 평가에 귀를 기울이라는 것이다.

같은 해에 동시에 입사한 동기와 순조롭게 승진의 길을 걷다가 어느 시점에 갑자기 자회사로 발령을 받거나 퇴직을 권유받아 당황하는 사람이 많다. '똑같은 길을 걸어왔는데 왜 저 사람은 승진을 하고 나는 자리에서 밀려나야 하는가' 현실을 한탄한다. 이와 같은 상황을 맞이하지 않으려면 어떻게 해야 할까?

"상황이 그렇게까지 진행되기 전에 주변 사람의 평가에 최대한 주의를 기울이세요. 자연스럽게 대화를 나누며 후배, 동료, 상사가 당신을 어떻게 평가하는지 탐색해보는 겁니다.

당신이 승진할 수 있을지 없을지는 주변 사람이 가르쳐 줍니다. 타인에 대한 진심을 계속해서 숨기고 있기란 매우 어려운 일입니다. 당신을 좋게 생각하는지 나쁘게 생각하는지는 표정이나 몸짓을 보면 바로 알 수 있습니다. 그다지 좋은 평가를 받는 것 같지 않다면 피드백을 받아 개선해 나가면 됩니다."

다섯 번째는 성공한 사람의 성공 방식을 연구하는 것이다. 성공한 사람에게 "어떻게 성공했습니까?" 하고 물어도 솔직하게 가르쳐주지 않는다. 관찰하고 조사해야만 한다. 성공한 사람은 어떤 프로젝트에서 어떤 성과를 냈는가, 어디로 어떤 출장을 갔는가, 어떤 연수를 받았는가, 유학 경험은 있는가 등 최대한 철저히 분석하여 참고해야 한다.

다만 성공한 사람이 모두 일을 잘하는 능력자이거나 두터운

인망을 지닌 인격자는 아니라는 점을 명심하라. 단지 아부에 능할 뿐이거나 근무 시간의 90%를 사내 정치에 소비했는데도 성공했을 수도 있다. 하지만 상황이 이렇다 해도 성공한 사람의 성공 방식을 적극적으로 관찰해 참고해야 한다고 페퍼 교수는 말한다.

"승진한 사람과 승진하지 못한 사람의 차이를 분석해보세요. 비록 승진하지 못한 사람이 큰 덕망을 지닌 사람일지라도 여러분이 본보기로 삼아야 할 사람은 승진한 사람입니다."

업무상 실패를 개인적 실패로 인식하지 마라

페퍼 교수는 스탠퍼드 경영대학원의 '권력을 향한 길'이란 수업에서 사내 정치에서 살아남기 위한 현실적인 방법을 가르친다.

수업은 ⟨① 권력에 어울리는 사람 되기, ② 권력 기반 구축하기, ③ 언쟁이나 반대 의견에 대처하기, ④ 권력자의 도전⟩이라는 4부 구성이다.

이 중에서 특히 아시아인 학생에게 참고가 되는 수업은 ⟨③ 언쟁이나 반대 의견에 대처하기⟩ 수업 중에서 가르치는 '리질리언스resilience 익히기'다. 리질리언스란 실패나 좌절을 딛고 다시 일어서는 힘을 뜻한다. 나는 『세계 최고의 인재들은 실패에서 무엇을 배울까』(21세기북스, 2014)에서 리질리언스에 '실패력'이란 이름을 붙였다.

누구라도 실패를 피할 수는 없으며 큰 성공을 거둔 사람일수록 큰 실패를 반복하는 법이다. 스티브 잡스는 애플에서 해고되었고, 자동차 왕이라 불리는 헨리 포드Henry Ford는 두 번이나 회사를 파산에 이르게 했다. 시티그룹의 전 CEO 샌디 와일Sandy Weill도 아메리칸 익스프레스에 재직했을 당시 권력 투쟁에서 지는 바람에 사장직을 사임했다.

또 한창 주목받는 기업인 넷플릭스의 CEO 리드 헤이스팅스 Wilmot Reed Hastings 역시 맨 처음 창업한 회사에서는 수많은 실패를 반복했다. 너무나 심각한 실패였던 탓에 이사회에 '자신을 해고해 달라'고 청원했을 정도였다고 한다. 이처럼 성공한 기업가도 처음부터 역경에 강하지는 않았다. 역경을 수없이 경험하면서 실패력을 점차 익혔을 뿐이다.

일상적인 업무에서 실패를 맛본다면 누구나 기가 죽게 마련이다. 이럴 때 어떤 식으로 다시 일어서는 것이 올바른 방법일까? 페퍼 교수의 조언은 명쾌하다.

(1) 개인적 실패로 인식하지 않는다

"제 조언은 '개인적 실패로 인식하지 말라'는 것입니다. 업무상 실패는 오직 여러분 탓만이 아닙니다. 실패는 당신 상사의 책임이기도 하고 회사의 책임이기도 하니까요.

만일 해고되거나 승진이 늦어지더라도 '내 능력이 부족한 탓'이라며 자책하지 마세요. 여러분의 인생이 실패한 것이 아니라 단지 그런 결과가 되었을 뿐입니다. 이렇게 될 운명이었다고 생각하고 다시 한 번 도전하면 됩니다."

근면·성실한 사람은 실패했을 때 흔히 '전부 나의 책임'이라고 생각한다. 하지만 이렇게 생각하면 점점 감정적으로 되어 조직 속에서 '무능한 사람'이라는 평가를 받는다. 글로벌 기업에서 출세하는 사람은 실패하더라도 흐트러지거나 아랫사람에게 화풀이하지 않는다. 실패를 개인적 실패로 인식하지 말고 냉정하게 대처하는 일이 핵심이다.

(2) 바로 일어선다

"실패를 사전에 제어할 수는 없지만 실패했을 때 어떻게 행동할지는 여러분에게 달려 있습니다. 실패한 곳에서 바로 일어나 도전할 수는 있지요."

바로 일어서는 과정에서 페퍼 교수는 '되도록 많은 사람에게 최대한 빨리 무슨 일이 일어났는지를 전하고 부지런히 자기 생각을 설명하라'고 권한다.

아무 일도 하지 않고 혼자서 끙끙 앓으면 실의와 낙담이라는 부정적 악순환에 빠진다. 이보다는 좋은 의미에서 주변 사람을 끌어들여 자기편으로 삼는 편이 좋다. 이렇게 하면 감정적으로 되지 않고 '이런 일은 이렇게 만회할 수 있다'는 아이디어가 분명 떠오를 것이라고 페퍼 교수는 이야기한다.

(3) 승자처럼 행동한다

"인간이란 누구나 승자 그룹에 속하기를 원하는 법이지요. 실제로는 불안하더라도 자신 있다는 듯이 행동하세요."

거액의 손실을 냈다거나 중요한 프로젝트를 망쳐버렸다는 등 치명적 실수를 했더라도 그 후에 바로, 그리고 당당하게 행동한다면 주변 사람은 패자로 간주하지 않는다.

승자로 보일지 패자로 보일지는 출세에 큰 영향을 끼친다. 근거가 없어도 좋으니 '최후에 이기는 자는 나 자신'이라는 마음으로 행동한다면 사태는 분명 호전된다.

실패에서 다시 일어서는 법을 책상머리에 앉아 배우기란 불가능하다. 실제 상황에서 배울 수밖에 없다. 세계에서 우뚝 선 리더가 되려면 반드시 젊은 시절부터 역경을 여러 번 극복해보아야 한다. 세계 속에서 경쟁하기를 바라는 아시아인은 현장에서 실제 경험과 리더십 경험을 더 많이 쌓아야 한다고 페퍼 교수는 강조한다.

인간의 본능이 사내 정치를 만든다

엘리트가 투쟁 본능을
노골적으로 드러내는 사람에게 지는 이유

우리가 사내 정치를 쓸모없는 것으로 간주하는 이유는 무엇일까? '사내 정치는 기업의 생산성과 관계가 없으니 되도록 배제해야 한다'고 생각하는 까닭이다. 그런데 페퍼 교수의 말처럼 기업이 '인간의 집단'인 한 정치는 영원히 존재한다.

현재 재직 중인 회사의 농밀한 인간관계가 싫다며 다른 회사로 이직해보았자 그곳의 환경이 훨씬 진흙탕일지도 모른다. 특히 외국계(서양의 기업들) 기업에서는 대개 인사팀이 아닌 자신이

149

속한 부서의 상사가 부서원들의 연봉과 인센티브를 결정한다. 그러니 높은 연봉을 바라거나 승진을 바란다면 상사의 마음에 무조건 들어야만 한다. 그렇다 보니 상사가 '새벽 5시에 피트니스 센터에 모여 함께 운동하자'고 말하면 새벽 5시에 모이고, '내 친구가 결혼을 하니 친구에게 줄 선물을 사 오라'고 하면 곧바로 선물을 사러 나간다.

영화「악마는 프라다를 입는다」를 보고 누군가는 현실 세계에서는 말도 안 되는 이야기라고 생각했을지 모르지만 외국계, 특히 미국의 대기업에서는 이것이 현실이다. 미국의 대기업에서는 상사가 부하를 시종처럼 부리는 광경을 쉽게 볼 수 있다.

하버드대학이나 스탠퍼드대학에서 MBA를 취득하면 모두가 주목할 만한 실력을 갖춘 셈이니 사내 정치 따위와 얽히지 않으리라고 생각한다면 큰 오산이다. MBA 학위 소지자를 향한 질투, MBA 졸업생끼리 부닥치는 충돌 등으로 인해 도리어 사내 정치에 허비하는 시간이 더 많다.

저명한 심리학자 로버트 호건Robert Hogan 박사는 사내 정치는 인간의 본능에서 비롯된다고 지적한다.[12]

인간에게는 본래 '투쟁 본능'과 '공존 본능'이란 2가지 본능이 있다. 어떤 일을 해서든 남을 이기고 싶다, 남보다 뛰어나다는 사실을 입증하고 싶다고 생각하는 것이 '투쟁 본능'이다. 다른 사람을 이김으로써 자신은 생존할 수 있다는 안심감을 얻고자 하므로 여기에서 출세 경쟁이 생겨난다.

동시에 사회적 동물인 인간에게는 '공존 본능'이 있다. 나와 동료 사이의 공통점을 인식하고 집단으로 행동함으로써 자기 정체성을 확인한다. 목표를 위해 서로 협력하여 일을 성취해내면 '이 그룹의 일원으로 이런 큰일을 달성했다'는 쾌감이 느껴지는데 이는 인간의 공존 본능 때문이다.

대개 리더십 교육에서는 '공존 본능'에만 주목한 나머지 '투쟁 본능'에 관해서는 가르치지 않는다. 엘리트는 엘리트라는 이유로 지위 따위는 쟁취하지 않아도 자연히 따라오기 마련이라고 생각하기 쉽지만, 이렇게 생각한다면 회사에서 투쟁 본능을 드러내는 사람에게 순식간에 패배하고 만다.

전 직원을 경영인으로 삼은 재포스의 시도

사내 정치 같은 소모적인 일에 절대 시간을 허비하고 싶지 않다면 스스로 창업하는 길밖에 없다. 한 예로 신발과 옷 등을 판매하는 미국의 대형 온라인 쇼핑몰 재포스닷컴의 CEO인 토니 셰이Tony Hsieh는 사내의 권력 투쟁을 없애고자 수직적 조직 체계를 수평적으로 바꿨다. 관리자나 감독 등의 직함을 붙이면 그 지위를 둘러싸고 다툼이 일어난다. 그렇게 해서는 직원이 행복해질 수 없다고 생각한 셰이는 전 직원을 경영인으로 만든 것이다. 셰이는 2015년 3월에 전 직원에게 이런 내용의 메일을 보냈다.

조직 안에서 평등하게 분배되지 않는 권력은 오랜 세월 우리 인간을 고통스럽게 하는 요인이었습니다. 왜 조직 전체에 두려움이 은밀하게 퍼져나가는 것일까요? 왜 두려움을 증폭시키는 사내 정치, 수직적 조직, 출세욕, 중상모략, 불만은 조직에서 사라지지 않는 것일까요? 이와 같은 문제는 모두 권력이 특정한 몇몇 사람에게만 집중된 탓입니다. (중략)

문제는 어떻게 하면 '직원 모두가 평등하게 권력을 가질까?'가 아니라, 어떻게 하면 '직원 모두가 더 많은 권력을 가질까?'입니다. 권력은 제로섬 게임이 아닙니다. 현재 제가 쥔 권력 또한 여러분에게서 빼앗은 것은 아니지요. 우리 모두 서로 간에 더욱더 연대한다면, 한 사람 한 사람이 더 많은 힘을 지닌다면 분명 나와 주변 사람 모두 더 큰 힘을 가지게 될 것입니다.[13]

스스로 창업하거나 재포스 같은 기업에 들어가면 사내 정치에서 벗어날지도 모르지만 매출이나 이익과 같은 더 큰 책임감이 따라온다. 게다가 벤처 기업의 경우 창업 초창기에는 우수한 사람을 채용하기가 매우 어려우므로 직원 채용이나 사내 인간관계로 상당히 고생한다. 오히려 대기업의 사내 정치 쪽이 훨씬 나은 사례도 많다.

다른 사람을 이기고 싶다는 '투쟁 본능'과 다른 사람과 사이좋게 지내고 싶다는 '공존 본능'이라는 2가지 모순되는 본능을 가진 인간에게 있어 인간관계에 얽힌 고민은 영원히 풀기 어려운 과제다. 이러한 사실을 전제로 할 때, 어떻게 해야 자신이 원하는 것을 실현해 나갈 수 있을까? 이상론이 아니라 현실적인 방법을 생각하는 편이 더 중요하지 않을까?

제5장

리더십

: 행복한 조직은
인간의 욕구를
충족시킨다

story
marketing
innovation
politics
leadership
conversation
negotiation
communication
mind control

어떻게 직원과 고객이
모두 행복한 기업이 될 수 있을까

예일대학의 리처드 포스터Richard Foster 박사에 따르면 2012년 미국 S&P 500 기업의 평균 수명은 약 15년이었다.[1] 1920년대에는 67년이었으니 얼마나 단축되었는지 알 수 있으리라. 포스터교수는 2020년에는 S&P 500 기업 중 4분의 3이 들어본 적이없는 신생 기업일 것이라고 예측했다.[2]

이처럼 변화의 속도가 빠른 점은 미국 경제의 강점이기도 하지만 이 변화를 따라가지 못하는 사람도 있다. '임금은 그다지 높지 않아도 좋으니 멋진 동료들과 오래도록 일하고 싶다' '언제라도 이직할 준비를 해야만 하는 생활은 피곤하다'고 생각한다. 이러한 상황 속에서 '직원을 소중히 여기는 기업'은 어떤 기업인가에 관한 이론과 사례가 경영대학원의 교재로 쓰이고 있다.

회사는 직원을 소중히 여기고 직원은 의욕에 가득 차 있다면 당연히 실적도 좋다. 성장과 실적에 중점을 두던 기업을 연구하고 가르치는 방식은 점점 저물고 직원뿐만이 아니라 고객과도 함께 행복하게 만드는 기업은 어떻게 만드는가에 관한 연구가 점점 더 늘고 있다. 5장에서는 어떻게 고객도 직원도 행복하게 만드는 기업이 될 수 있는가에 대해 이야기한다.

회사 부활의 힌트를 준 매슬로와 청소 직원

칩 콘리Chip Conley는 스탠퍼드의 졸업생 중에서도 특히 유명하다. 그가 만 26세였던 1987년에 창업한 회사가 주아 드 비브르 호스피탈리티(이하 주아 드 비브르)다. 이 회사는 30개가 넘는 호텔과 이 호텔에 딸린 레스토랑과 스파를 운영하며 매출이 2억 4,000

만 달러(2,700억 원)를 웃돈다.[3] 창업 30년 만에 미국에서 두 번째로 큰 부티크 호텔 체인으로 성장했다.

주아 드 비브르Joie de Vivre는 프랑스어로 '삶의 기쁨'이란 뜻이다. 콘리는 '직원과 고객 모두 기쁨을 느끼는 회사를 만들고 싶다'는 마음에 이런 이름을 붙였다. 스탠퍼드의 동급생들이 대개 대형 금융 회사나 컨설팅 회사에 취직하는 상황 속에서 콘리가 창업을 결심한 이유는 무엇일까? 대기업에서 출세 계단을 차근차근 올라가는 일을 스스로 원치 않았기 때문이다.

콘리는 사람을 행복하게 해주는 사업이 무엇인지를 찾으려 다양한 직종을 떠올렸다. 엔터테인먼트나 의료 업계를 염두에 두기도 했으나 최종적으로 호텔 경영이라는 서비스 업종을 선택했다. 콘리는 호텔 경영이야말로 무엇보다도 직접 사람을 행복하게 해주는 사업이라고 판단한 것이다. 콘리의 경영 방식은 재포스닷컴의 CEO 토니 셰이를 포함한 젊은 창업가들에게 큰 영향을 주었다고 알려졌다.

주아 드 비브르가 이처럼 크게 주목받는 이유는 직원의 힘으로 여러 번 위기를 극복하고 멋지게 부활한 덕분이다.

2001년 미국에서 일어난 동시다발 테러와 IT 거품 붕괴로 샌프란시스코 근교 호텔 업계는 엄청난 피해를 보았다. 이 중에서도 주아 드 비브르는 호텔 20채가 전부 이 지역에 있었던 탓에 회사 수익이 순식간에 악화하여 파산하기 직전이었다. 더는 '삶의 기쁨'을 생각할 처지가 아니었다.

궁지에 몰린 콘리는 회사를 다시 살릴 힌트를 얻기 위해 서점에 갔다. 무심코 들른 자기계발서 코너에서 에이브러햄 매슬로 Abraham Maslow의 책을 만나게 된다. 대학 시절 심리학 수업에서 매슬로를 공부했던 일이 떠올라 우연히 집어 들었다고 한다.

책에 실린 내용은 그야말로 인간의 본질에 관한 이야기이자 회사를 다시 살릴 힌트였다. 콘리는 회사를 창업하려고 결심했을 때의 열정을 떠올렸다. 이렇게 힘든 시기일수록 자신과 직원 모두 높은 이상을 추구해야만 한다고 생각했다.

1장에서 설명했듯이 매슬로의 욕구 단계 이론이란 인간에게는 ① 생리적 욕구, ② 안전 욕구, ③ 사회적 욕구, ④ 승인 욕구, ⑤ 자아실현 욕구라는 5가지 욕구가 있다는 이론이다. ①이 어느 정도 채워지면 ②를 바라고, ②가 어느 정도 채워지면 ③을 바란다. 이런 식으로 단계를 점차 오르다가 궁극적으로 인간은 자아실현을 바란다.

매슬로의 이론을 경영학에 활용하여 직원이 자아를 실현할 수 있는 회사를 만들자고 생각했을 때 콘리의 머릿속에는 베트남 출신의 청소 직원 비비안이 스쳐 지나갔다.

콘리는 1987년에 갓 미국에 이민 온 비비안과 처음 만났다. 비비안의 일은 화장실 청소였는데 누구라도 꺼리는 화장실 청소를 비비안은 매우 즐겁게 했다. '어떻게 저렇게 즐겁게 청소를 하는 것일까?' 의아하게 생각한 콘리가 그 이유를 묻자 비비안은 호텔에서 다양한 사람들과 교류하는 일이 즐겁다고 대답했다.

이민 온 지 얼마 안 된 비비안에게는 친구가 별로 없었다. 그러나 호텔에서는 많은 사람을 만날 수 있을 뿐 아니라 비비안의 일은 그녀처럼 낯선 땅을 방문한 호텔 고객에게 도움이 되었다. 비비안은 이 사실이 무척 기쁘다고 말했다.

비비안의 인품이 사람들을 매료하는 데는 그리 많은 시간이 걸리지 않았다. 고객들은 비비안의 매력을 알아보았고 점점 더 많은 사람이 이 호텔의 단골이 되었다. 청소 직원 한 명이 호텔의 홍보 요원 역할을 톡톡히 하며 매출에 크게 공헌한 셈이다. 콘리는 이렇게 말한다.

"비비안에게는 한 시간에 얼마만큼 청소할 수 있느냐가 아니라, 한 시간에 얼마만큼 고객에게 도움이 될 수 있느냐가 더 중요했습니다."[4]

비비안이 호텔에서 일하며 행복하다고 느낀 이유는 호텔 일이 5가지 욕구를 충족해 준 덕분이다.

우선 임금이다. 돈이 있으면 생리적 요구와 안전 욕구는 어느 정도 채워진다. 다음은 사회적 욕구인데, 호텔에 소속되어 있으면 이 욕구 역시 채워진다. 다음은 승인 요구다. 고객, 동료와 교류하면서 "고마워요"란 말을 들으면 '자신이 한 청소가 도움이 됐다'는 사실을 실감할 수 있다. 그리고 다섯 번째 자아실현 욕구로 말하면, 아직은 청소라는 일을 통해 자기 능력을 발휘하는 상태로, 이 욕구는 앞으로 점점 채워질 것이다.

콘리는 비비안과 같은 직원을 많이 만들어내는 일이야말로 회사를 다시 살리는 중요한 열쇠라고 생각했다. 우선 회사가 무엇을 주어야만 직원의 욕구가 충족될지를 생각하고 다음과 같은 3단계 피라미드를 만들었다. 가장 아래층이 돈, 다음이 승인, 그리고 가장 위층이 의의意義다. 회사가 임금을 주고 직원의 업무를 칭찬하며, 이 업무가 어떤 식으로 세상에 도움이 되는지를 이야기해준다. 이렇게 하면 직원의 욕구가 채워지고, 이 호텔에서 일한다는 행위 자체에 삶의 기쁨을 느끼며, 더 나아가 능력을 발휘하게 되리라 생각했던 것이다.

지나치다 싶을 만큼 칭찬하다

주아 드 비브르의 임금은 업계 평균으로 현장 직원의 급여는 그리 높은 편이 아니다. 그런데도 이직률이 낮은 이유는 콘리가 만들어낸 '칭찬하는 문화' 덕이 크다.

건조한 기업 문화 속에서 모두가 담담하게 지시받은 일을 처리하는 호텔과 동료와 즐겁게 일하며 상사에게 과하다 싶을 만

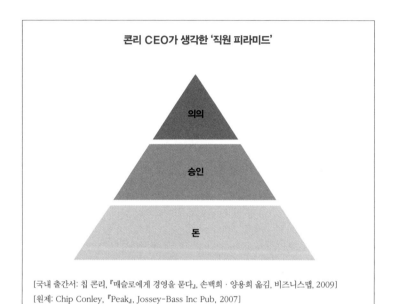

콘리 CEO가 생각한 '직원 피라미드'

의의

승인

돈

[국내 출간서: 칩 콘리, 『매슬로에게 경영을 묻다』, 손백희 · 양용희 옮김, 비즈니스맵, 2009]
[원제: Chip Conley, 『Peak』, Jossey-Bass Inc Pub, 2007]

큼 칭찬받는 호텔이 있다고 하자. 똑같은 임금일 때 어느 쪽을
선택할지 물으면 대부분 후자를 선택한다. 전자로는 사회적 욕
구와 승인 욕구, 무엇 하나 채울 수 없기 때문이다.

상사가 부하를 칭찬할 때, 가장 효과적인 방법은 무엇일까? 조
직 행동학 전문가 밥 넬슨Bob Nelson 박사가 '어떤 방법으로 칭찬받
았을 때 기쁨을 느끼는가'를 조사한 바에 따르면 다음과 같은 결
과가 나왔다고 한다.[5]

• 직접 듣는 칭찬 86%

- 칭찬의 말을 적은 메시지 61%
- 이메일 43%
- 음성 메일(음성 사서함) 26%

주아 드 비브르에서는 가능한 한 상사가 부하를 직접 칭찬한다. 정해진 형식은 없지만 다음과 같은 포상을 내린다.

- 장시간 야근을 하는 직원의 집에 고마움의 표시로 꽃을 보낸다
- 직원이 휴가를 내기 전에 '열심히 일해 주어 고맙다'는 메시지와 선물을 보낸다
- 거물급 인사를 만나러 갈 때는 유망한 젊은 직원을 데리고 간다
- 우수 직원에게는 전액 회사 부담으로 여행을 보내준다
- 월간 MVP를 발표한다
- 각 부문에서 연간 최우수 수상자를 선출하고, 모든 직원이 참가하는 파티에서 발표한다

칭찬받은 직원은 점점 의욕이 솟아나 끊임없이 고객에게 '감사 메시지'를 받게 되었다. 엘리베이터가 고장 났을 때 베르먼 씨가 6층까지 몇 십 개나 되는 짐을 옮겨 주었다, 프런트 직원

이 호텔에 두고 간 가방을 직접 공항까지 가져다주었다, 숙박일이 생일이라는 사실을 눈치 챈 예약 담당자가 생일날 당일 샴페인을 선물해 주었다…. 이와 같은 미담 하나하나를 이사회에서 발표하거나 여행 사이트에 고객이 직접 올림으로써 직원의 승인 욕구는 한층 더 충족된다.

이리하여 주아 드 비브르는 2001년에 발생한 미국 동시다발 테러에 따른 호텔 업계의 불황을 극복했다. 그 후 5년간 이 회사의 이직률은 업계 평균의 3분의 1로 떨어졌을 뿐 아니라 매출은 3배로 늘었다. 직원의 의욕이 회사를 부활시킨 셈이다.

"이 호텔에 숙박하는 당신은 멋진 사람입니다"

칩 콘리는 고객 서비스에도 매슬로의 욕구 계층 이론을 활용할 수 있다고 생각했다. 고객이 호텔에 바라는 점은 무엇일까? 수면욕을 채우기 위한 쾌적한 침대와 안전 욕구를 채우기 위한 보안이다. 이 2가지는 고급 호텔에 묵으면 대개 충족된다.

하지만 사회적 욕구를 채우기 위한 친절한 직원, 승인 욕구를 채워주는 듯한 대접, 자아실현한다고 느낄 만한 분위기를 고루 갖춘 호텔은 많지 않다. 주아 드 비브르에서는 고객의 이 3가지 욕구를 채워주고자 다음과 같은 일을 한다.

사회적 욕구

- 프런트, 접객 책임자 등은 겉치레 말이 아니라 한 사람의 인간으로서 고객과 대화한다
- 무료로 와인을 마실 수 있는 시간대를 설정하는 등 고객끼리 또는 직원과 교류할 수 있는 장소를 마련한다

승인 욕구

- 빈방이 있으면 더 좋은 방으로 업그레이드해준다
- 깜짝 선물로 와인이나 과자 등을 객실에 둔다
- 자필 메시지를 놓아둔다

자아실현 욕구

- 호텔마다 독특한 주제를 설정하여 '이 호텔에 머무는 나는 멋진 사람'이라는 생각이 들게 한다
- 주제에 어울리는 행사를 개최한다

대형 호텔 체인이 다섯 번째 자아실현 욕구를 충족하기란 매우 어렵다. 호텔마다 주제를 설정하여 작가가 모일 것만 같은 호텔, 예술가가 모일 것만 같은 호텔, 야외활동 파가 모일 것만 같

은 호텔을 만드는 시도는 소규모 호텔만이 가능하다.

나는 샌프란시스코 근교 팔로알토에 있는 주아 드 비브르 호텔 체인 디 에피파니The Epiphany에 숙박하면서 3가지 욕구를 충족할 수 있었다.

예약 단계에서 놀란 점은 숙박료 문의 메일에 즉시 답장을 보내준 점이다. 체크인 시에는 '팔로알토에 처음 숙박한다'고 하자 주변 레스토랑 정보 등을 자세히 가르쳐 주었고 몇 시간 후에는 '곤란한 일이 있으면 언제든지 연락해주세요.'라는 문자 메시지를 보내주었다.

예약한 방보다 더 좋은 방으로 바꿔 주었을 뿐 아니라 방 안에는 직원의 자필 메시지가 첨부된 과일 바구니까지 놓여 있었다. '모든 고객을 VIP처럼 대한다'는 말이 사실임을 느꼈다.

여행 사이트의 게시판에는 호텔 숙박객이 쓴 칭찬 글이 끝없이 나오는데 모두 직원의 실명을 거론하는 점이 특징이다. 프런트 직원 펠리페는 친절했다, 이런 일을 해주었다, 마음속 깊이 감사한다…. 마치 고객도 '칭찬하는 문화'에 감염된 듯한 느낌이다. 칭찬 글을 읽고 있는 것만으로도 칩 콘리가 고객과 직원 모두 행복하게 해주는 호텔을 만드는 데 성공했다는 사실을 잘 알 수 있다.

로고와 웹사이트에 '하트'를 넣는 이유

주아 드 비브르의 웹사이트에는 '하트 특집'이라는 페이지가 있다.[6] 직원들은 길모퉁이나 자연 속에서 우연히 발견한 '하트 모양'을 사진으로 찍어 이 페이지에 올린다.

주아 드 비브르의 로고에도 하트 마크가 붙어 있고, 경영진의 지침에도 커다란 하트 마크가 그려져 있다.[7]

그곳에 기록된 사항은 다음의 4가지다.

1. 독자적 기업 문화를 만든다
2. 의욕 넘치는 직원을 양성한다
3. '다시 숙박하고 싶다'는 마음이 강하게 들게끔 노력한다
4. 계속해서 이익을 내는 지속적 조직을 유지한다

이 회사는 1 → 2 → 3 → 4 → 1··· 이런 식으로 1부터 4까지로 구성된 원이 끊임없이 돌아가는 조직을 이상적으로 여기며, 그 중심에는 반드시 '하트 = 배려'가 있다.

칩 콘리는 2010년 주아 드 비브르의 CEO에서 물러난 후 에어비앤비의 임원으로 자리를 옮겼다. 현재는 이 회사의 고문을 맡고 있다. 자신이 창업한 회사를 매각한 이유도 '이렇게 해야만

직원이 더 행복해지기 때문'이라고 한다. 콘리가 퇴임한 후에도 주아 드 비브르는 독자적 기업 문화를 계속해서 유지 중이다.

기업 문화를 바꿔 파산 직전에서 10조 원 기업으로

다비타^{DaVita}는 찰스 오레일리 교수가 '경영인의 시점'이란 리더십 수업에서 반드시 거론하는 회사다.

"다비타는 사람에게 투자하는 회사입니다. 기업이 직원을 소중히 여기고 인재를 양성하여 안심하고 일할 수 있는 환경을 만들면 직원은 회사를 그만두지 않아요. 게다가 주변에도 자신과 가치관이 똑같은 동료가 가득합니다. 공동체의 일원이라는 자부심이 있으므로 다소 임금이 낮아도 만족하고 일하지요."

기업 문화 역시 '주아 드 비브르와 비슷하다'고 한다.

1999년에 창업한 다비타의 예전 이름은 '토털 리널 케어(포괄적 신장 케어의 약자. 이하 TRC)'로 원래는 투석 클리닉을 운영하는 회사였다. TRC는 1999년 여러 건의 주주 소송에 휘말리는 바람에 미국증권거래위원회^{SEC}로부터 조사를 받아 파산 직전에 처했다. 이때 새로운 CEO로 취임한 사람이 대형 경영 컨설팅 회사

출신인 켄트 시리Kent Thiry다. 회사명을 바꾸고 새롭게 출발한 다비타는 이때부터 기적적으로 V자 회복을 이룩한다.

1999년 시리가 CEO로 취임했을 당시는 직원이 1만 2,000명이었지만 2017년에는 7만 명이 되었다. 2000년에 1딜러 밑으로 내려갔던 주가는 2017년에 무려 60달러 이상으로 상승했으며 매출액 역시 14억 8,600만 달러(1조 6,800억 원, 2000년도)에서 147억 4,500만 달러(16조 7,000억 원, 2016년도)로 증가했다.[8]

파산 직전인 회사의 매출을 17년 만에 10배로, 주가는 60배로, 직원 수는 6배로 늘린 비결은 무엇이었을까? 오레일리 교수는 이렇게 설명한다.

"전임자에게 CEO직을 이어받았을 때 시리는 냉정하게 회사를 분석하였고, 그 결과 우선 직원이 즐겁게 일할 수 있는 공동체를 만들기로 했다고 합니다. 회사를 키우려면 이 방법이 가장 바람직하다고 생각한 거지요. 다비타의 직원은 대부분 혼자서 아이를 키우는 여성으로 그들은 고학력자가 아니었습니다. 이런 직원들이 즐겁게 일할 수 있으려면 회사 전체를 마을 같은 공동체로 만들어 소속감을 높이는 방법이 가장 좋다고 생각한 시리 씨는 다양한 직원 이벤트를 개최했습니다."

시리가 매슬로의 욕구 단계 이론을 도입했는지는 확실하지 않지만 그가 처음으로 한 일은 직원의 '사회적 욕구'를 채우는 일이었다.

시리는 '여러분은 공동체의 일원입니다'란 메시지를 직원에게 전달하기 위해서 어떤 일을 했을까? 여기에서는 3가지를 소개하겠다.

(1) 말로 새롭게 정의하기

맨 처음 시리는 회사에서 사용하는 말을 바꿨다. 직원들에게 동료는 '팀 동료'나 '시민'으로, 사장은 '시장'이라 부르게 했다. 더 나아가 'TRC(포괄적인 신장 케어)'라는 무미건조한 회사명을 'DaVita(생명을 주는 이란 뜻)'라는 유기적인 이름으로 변경했다.

이렇게 함으로써 다비타의 직원에게 '나는 다비타라는 마을의 시민이며 사람들에게 생명을 주는 일을 하는 공동체의 일원'이라는 의식이 점점 스며들었다. 그 후에도 시리는 말을 통해 회사가 추구하는 이상을 더욱 깊숙한 곳까지 퍼뜨렸다.

슬로건을 예로 들어 살펴보자. 다비타의 슬로건은 '한 사람은 모두를 위하여 모두는 한 사람을 위하여One for all, all for one'다. 원래는 1844년에 출간된 프랑스 작가 알렉상드르 뒤마Alexandre Dumas의 소설 『삼총사』(1844년)에서 나오는 말로 총사들의 우정을 나타낼 때 사용됨으로써 유명해졌다.

다비타의 신입직원 연수회에서는 시리가 직접 삼총사 같은 의상을 입고 "한 사람은 모두를 위하여, 모두는 한 사람을 위하여!" 하고 큰 소리로 외친다.

또 다비타에서는 직원들과 회의할 때 반드시 3가지 문구를 제창한다. 임원이 "이 회사는 어떤 회사?" 하고 물으면 전 직원이 "새로운!"이라고 대답한다. 그러면 다시 임원이 "이 회사는 누구의 회사?" 하고 묻고, 전 직원은 "우리의!"라고 대답한다. 마지막으로 "이 회사는 어떤 회사를 목표로 하지?"라고 물으면 "특별한!"이라고 외친다. 마치 콘서트장 같은 광경이 펼쳐진다.

게다가 다비타에는 회사 노래도 있다. 다음과 같은 가사의 노래를 기회가 있을 때마다 불러 회의 분위기를 고조시킨다.

"다비타, 다비타, 최고의 치료자이자, 최고의 파트너이자, 최고의 고용주. 이것이 우리의 임무. 다비타, 다비타, 새로운! 우리의! 특별한! 한 사람은 모두를 위하여, 모두는 한 사람을 위하여! 우리는 모두 다비타 팀의 일원!"[9]

이 이야기를 듣고 나면 어떤 사람은 '다비타는 종교 단체인가?'라며 의아해하기도 한다. 그런 의문에 시리는 주저하지 않고 말한다.

"시대와 나라에 상관없이 스포츠팀, 군대, 종교 단체 등에는 노래와 슬로건이 있고 그 단체만의 구호가 있습니다. 다비타의 기업 문화가 특이한 것이 아니라, 무미건조한 기업 문화를 계속 고수하는 회사가 더 이상한 거죠. 그런 분위기 속에서 직원이 의욕적으로 일할 수 있을까요? 사람은 인생의 수많은 시간을 직장에서 보내므로 모두 하나가 되어 즐겁고 보람 있는 직장을 만들

어가야만 합니다."¹⁰

오레일리 교수는 말한다.

"직원들은 '혼자서는 불가능한 큰일을 지금 동료들과 함께 달성하고 있다'고 실감하기를 원합니다. 비록 지금 하는 일이 단순 작업일지라도 '내 일이 다른 사람에게 도움을 준다'고 생각하고 싶은 거죠. 이러한 직원을 더 의욕적으로 만들려면 리더는 어떻게 해야 할까요? '여러분은 가치 있는 일을 한다'는 사실을 회사의 비전과 함께 이해하기 쉬운 말로 제시해야 합니다. 시리는 '아무런 이정표도 없이 우연히 산 정상까지 올라가기란 불가능하다'고 여러 번 말했지요. 그렇습니다. 장래성이 없으면 회사는 성장할 수 없습니다."

(2) 직원이 의욕적으로 일하는 제도 만들기

시리는 마을 주민이 자주적으로 마을을 운명해나가는 제도를 여러 개 마련했다. '마을 주민의 목소리^{Voice of the village}'라는 회사 전체 방송도 그중 하나다. 이 방송에서는 라디오 프로그램처럼 자유롭게 주민이 임원에게 질문할 수 있다.

질문 중에는 물론 '급여를 올려 달라'는 요청도 있다. 이럴 때 임원은 업계 표준 급여나 공동체를 유지해 나가는데 드는 비용을 정중하게 설명한다고 한다. '이 마을을 유지해나가려면 세금이 어느 정도 필요하다'는 식이다.

무엇보다 다비타는 한 번 파산 위기에 몰렸던 회사이므로 직원은 '회사가 망하기보다는 현재의 공동체가 유지되었으면 좋겠다'는 마음이 더 강하다. 대다수 직원은 이 회사를 유지하기 위해서라면 자신들의 급여가 조금 적은 것은 어쩔 수 없는 일이라며 수긍한다고 한다.

두 번째는 주민투표 제도다. 다비타에서는 회사명을 결정할 때, 사훈을 결정할 때, 클리닉에서 할 이벤트를 결정할 때 등 기회가 있을 때마다 주민 투표를 한다. 그야말로 지극히 민주적인 조직이다. 주민 투표를 하면 '나도 참가한다'는 의식이 높아지게 마련이다.

세 번째는 포상제도다. 동료에게 추천받은 직원에게는 우수직원상, 90일간 결근하지 않은 계약 직원에게는 근면상을 주며 모두 포상금과 상장이 수여된다.

(3) 건강 보험, 연금 제도, 복리 후생 제도 충실히 하기

다비타는 미국 기업 중에서 드물게 건강 보험과 연금 제도가 충실한 회사다. 시급 15달러(1만 7,000원) 정도를 받고 육체적으로 고된 일을 하는 직원에게 건강 보험과 연금은 무엇보다 중요하다. 이 제도 덕분에 비로소 직원은 안심하고 일할 수 있다. 그 밖에도 자사 주식 구매 제도, 이익 분배 제도, 교육 보조금, 사내 연수 등 '이 정도라면 세금을 얼마간 다비타 마을에 내도 괜찮다'는 생각이 들 만큼 복리 후생 제도가 탄탄하다.

공동체를 만들면 회사가 성장하는 이유

아무리 직원이 낮은 시급으로 일해 준다고 해도 이처럼 규모가 큰 공동체를 유지해 나가려면 막대한 비용이 들기 마련인데 다비타는 매출과 이익 모두 증가하고 있다. 그 이유는 무엇일까? 우선 매출에 관해서 오레일리 교수는 다음과 같이 설명한다.

"투석이 필요한 환자는 위중한 병을 앓는 사람이 많고, 그중에는 여명이 얼마 남지 않은 사람도 있습니다. 투석을 받으면 '병이 더 나빠지지 않을까?'란 불안감에 울적해지기도 하지요.

그런데 어쩔 수 없이 방문한 투석 클리닉에서 직원이 밝게 맞이해 준다면 어떨까요? 직원이 즐겁게 일하는 모습을 보면 환자는 그 기운을 받아 '투석 시설은 많지만 다비타가 운영하는 클리닉에 다니고 싶다'고 생각할 겁니다. 직원에게 격려를 받으면 '힘을 내 꾸준히 투석을 받아야겠다, 식사 제한도 지켜야겠다'는 마음이 생기므로 환자는 점점 건강해지지요. 그 결과 다비타를 운영하는 클리닉은 나날이 평판이 좋아져 많은 환자가 방문하게 된 것입니다."

다음으로 비용 면을 살펴보자. 다비타는 회사의 기본 방침 중 하나로 '개선 정신'을 내세운다. 다비타 마을 주민의 사명은 '더 나은 방법은 없는지'를 항상 생각하는 일이다. 게다가 직원이 제안한 아이디어는 바로 주민투표를 거쳐 시행된다. 이것이 약 13%에 달하는 다비타의 높은 영업 이익률로 이어진다.

다비타는 인수합병과 국제화를 통해 사업을 더욱 확장해나가려는 전략을 추진 중이다. 2012년에 헬스케어 파트너스사를 인수하였고, 2013년부터는 미국을 포함한 12개국에서 투석 센터를 운영하고 있다.

직원 7만 명, 매출 17조 원짜리 회사로 성장한 지금도 여전히 다비타 마을의 문화를 유지하는 이 회사가 앞으로 어디까지 '마을'을 확장해나갈지 전 세계가 주목하고 있다.

저가 항공사가 제공하는 최고의 서비스

미국의 경영대학원에서는 항공사의 사례를 수없이 공부한다. 항공사는 파산도 잦고 어느 분야보다도 경영인의 수완이 요구되는 까닭이다.

그중에서도 특히 자주 예로 거론되는 항공사가 앞에서 소개한 사우스웨스트 항공과 제트블루 항공이다. 두 회사 모두 미국 국내선이 주요 노선인 저가 항공사이지만 초우량 기업으로 유명한 항공사다. 일반적으로 '항공 업계는 성숙 산업으로 이윤을 내기 힘들다'고 하는데 이 두 항공사는 고객의 새로운 요구를 발굴해내어 성장을 이룩했고 단 한 번도 파산하지 않았다. 어떻게 이렇듯 엄청난 기업이 탄생했는지 여러 경영학자가 그 이유를 분석했다.

성공의 가장 큰 요인은 카리스마 창업주다. 사우스웨스트 항공의 창업주 허브 켈러허Herb Kelleher와 제트블루 항공의 창업주 데이비드 닐먼David Neeleman은 항공 업계에 '인간성'을 가져옴으로써 기존 경쟁 회사와 차별화하는 데 성공했다.

사우스웨스트 항공의 슬로건은 '마음이 담겨있지 않으면 단지 기계 덩어리가 움직이고 있을 뿐이다'이고, 제트블루 항공의 슬로건은 '항공 여행에 인간성을 되돌린다'이다. 두 회사는 사람을 운반하는 일이 아닌 여행객에게 진심으로 서비스하는 일이야말로 항공사의 임무라는 인식을 전 직원에게 스며들게 하여 지금까지 서비스라고는 거의 없었던 미국 국내선에 혁명을 일으켰다.

이 두 항공사 또한 직원을 소중히 여기는 기업 문화로 유명하다. 앞에서 소개한 주아 드 비브르와 다비타처럼 회사 전체가 하나의 공동체이며 깊은 신뢰 관계로 맺어져 있다.

이런 조직을 만든 비결을 무엇일까? 여기에서는 특히 제트블루 항공에 관해서 스탠퍼드대학 경영대학원의 조엘 피터슨Joel C. Peterson 특임 교수의 설명을 중심으로 전달하겠다. 피터슨 교수는

제트블루 항공의 창업 멤버 중 한 사람으로 현재 회장을 맡고
있다.

미국을 놀라게 한 현장 직원의 고객 감동 서비스

제트블루 항공은 북미 에어라인 고객 만족도 조사(LCC 부문, J.
D. 파워사 조사)에서 12년 연속 1위에 빛나는 항공사다.[11] 이러한
눈부신 실적의 원동력은 '고객에게 기쁨을 주기 위해서라면 무
슨 일이든 하겠다'고 생각하는 직원들의 사고방식이다.

회장인 피터슨 교수는 자주 이사회 서두에 승객이 보낸 편지
를 직접 낭독한다.

"고객에게 받은 감사장을 읽는 이유는 고객에게 기쁨을 주는
기업으로 계속 존재하는 것이 우리의 사명이라는 기본을 임원들
에게 다시 한 번 인식시키기 위해서입니다. 임원을 비롯해 파일
럿, 객실 승무원, 지상직 직원, 기술직 직원에 이르기까지 직원이
하나가 되어 고객에게 기쁨을 주는 일이라면 무엇이든 가리지
않고 했을 때 비로소 고객은 회사를 신용해 주리라 생각합니다."

대체 고객은 제트블루 항공에 어떤 편지를 보낼까? 한 예로 피
터슨 교수는 다음과 같은 편지를 이사회에서 낭독했다.

비행기에서 내리자 매우 가까운 곳에 조지 포스 기장님이 있었
습니다. 제가 지친 모습으로 딸 헬레나를 안고 있는 모습을 본

177

기장님은 게이트에 맡겨 놓은 산더미 같은 수화물 속에서 유모차와 카시트를 찾아서 꺼내주었을 뿐 아니라 그 자리에서 유모차를 펼쳐 주었어요. 기장님 덕분에 저는 바로 딸아이를 유모차에 태울 수 있었답니다. 너무나 감격해서 기장님을 꼭 안아드리고 싶을 정도였지만 꾹 참고 그 대신 이 편지를 썼습니다. 제가 제트블루 항공의 열성 팬이 되었다는 사실을 전하고 싶으니까요.[12]

이 편지를 소개한 이유는 무엇일까? 피터슨 교수는 설명한다. "기장이 아기 엄마를 위해 유모차를 찾아주었을 때, 주위에는 아무도 없었다고 합니다. 직원을 평가하는 인사담당자나 고객 만족도를 조사하는 직원도 없었어요. 그는 기장이므로 안전하게 비행을 끝마친 단계에서 그의 임무는 끝입니다. 그러나 비행기에서 내린 후에도 기장은 고객에 커다란 기쁨을 주었습니다. 단 몇 분을 할애했을 뿐인데 말이죠. 이 또한 제트블루 항공이 제공해야 할 서비스 중 하나라고 생각한 것이지요."

2014년에는 자폐증 아들을 둔 어머니가 보낸 편지가 미국에서 큰 화제를 모았다.

제트블루 항공 여러분께
여러분께 고마움을 전하고 싶어서 이 편지를 씁니다. 제 아들은 자폐증입니다. 전 남편과 아이를 만나게 해주려면 일 년에 7~9번 정도 비행기를 타야 합니다만 아들에게는 볼륨이 큰 방송, 혼잡한 대기실, 공항 특유의 냄새 등이 매우 고역인 듯합니다. 아들은 보통 사람보다 청각과 후각이 민감해서 일상생활을 하기가 매우 힘듭니다. 공항이나 기내 환경이 아들이 얼마나 고통스럽게 하는지 충분히 이해하셨겠지요.

다른 항공사를 이용했을 때는 탑승 구역에서 몇 번이나 공황 상태에 빠졌고, 갑자기 벽에 머리를 계속해서 부딪치기도 했습니다. 난처해진 제가 직원에게 '먼저 탑승하게 해 달라'고 간곡히 부탁하자 바로 탑승하게 해 주긴 했지만 '이번에만 특별히 우대해준 것'이라고 차갑게 말하더군요.

그동안 이런 불쾌한 경험만 한 저는 제트블루 항공 직원의 상냥함에 무척 감격했습니다. 우선 온라인 예약 단계에서 '자폐증이라 특별히 배려해주어야 한다'고 요청할 수 있었습니다. 만일을 대비해 전화로도 확인하자 고객 서비스 담당자가 화장실에서 멀리 떨어진 좌석으로 배정해주었을 뿐더러 가장 먼저 탑승할 수 있도록 해주는 등 하나부터 열까지 착착 준비해 주었답니다. 전화를 끊고 나니 너무 기쁜 마음에 그만 눈물이 주르륵 흘렀습니다.

탑승 당일 체크인 카운터 담당자는 보안 검색대까지 모셔다드리겠다며 제게 요청했고, 탑승 구역에서도 약속대로 먼저 탑승하게 해 주었습니다. 아들에게는 헤드폰까지 끼워 주었고요. 그리고 기내에서 아들이 칭얼거리기 시작했을 때도 승무원분이 이성적으로 차분히 대응해주었습니다. 11세 아들과 저는 직원들께 진심으로 고마운 마음을 전합니다. 저희 모자는 앞으로도 계속 제트블루 항공을 이용할 생각입니다.[13]

2012년에는 다음과 같은 내용의 마음이 훈훈해지는 뉴스가 미국 전체로 빠르게 퍼져나갔다.

2012년 12월 14일 미국 코네티컷주 샌디훅 초등학교에서 총기 난사 사건이 발생해 초등학생 20명을 포함한 26명이 사망했다. 이 희생자 중 한 명이 고작 6세밖에 안 된 노아 포즈너였다.

노아의 장례식은 12월 17일에 미국 동부의 코네티컷 주에서 치러질 예정이었는데, 서부의 시애틀에 사는 5세짜리 사촌 동생이 '관 속에 직접 쓴 편지를 넣고 싶다'고 엄마에게 간곡히 부탁했다. 아이 아빠는 이미 코네티컷으로 떠났으므로 아이 엄마는 '아빠에게 이메일을 보낸 다음 인쇄해서 관에 넣어 달라고 하자'고 말했지만, 소년은 '꼭 직접 쓴 편지를 넣고 싶다'며 고집을 피웠다. 우체국은 문을 닫았고 페덱스FedEx의 특급 배송을 이용해도 제시간에 도착할 수 없었다. 난처해진 엄마는 트위터에 "어떤 방법이라도 좋으니, 시애틀에서 코네티컷까지 지금 바로 편지를 보낼 방법은 없을까요?"라고 올렸다.

그러자 곧바로 트위터를 본 제트블루 항공 담당자가 '우리가 배달해주겠다'며 요청해왔다. 엄마는 편지를 제트블루 항공의 승무원에게 전달했고 승무원이 뉴욕에서 대기 중이던 엄마의 친구에게 전해주었다. 이리하여 무사히 소년의 자필 편지를 관 속에 넣을 수 있었다.

이 상황은 트위터에서 실시간으로 빠르게 퍼져나갔고 제트블루 항공의 '고객 감동 서비스'를 칭찬하는 목소리가 쏟아졌다.

임원이 현장에 나가 미담을 찾다

제트블루 항공의 직원이 이토록 고객에게 커다란 감동을 주는 이유는 무엇일까? 미국 대기업 항공사의 서비스가 전체적으로 워낙 형편없는 탓에 제트블루 항공의 서비스가 더욱 특별해 보이는 면도 물론 있지만, 더 큰 이유는 고객의 '기대에 부응하는' 것이 아니라 고객의 '기대를 뛰어넘는' 서비스를 제공하는 덕분이다.

이는 'Go The Extra Mile'이라고 하는데 정해진 마일보다 더 멀리 간다, 즉 요구받은 일에 추가로 무언가를 더 한다는 뜻이다.

초우량 기업이라 불리는 호텔이나 항공사 직원에게는 'Go

The Extra Mile'이라는 인식이 명확하게 박혀 있다. 직원이 저마다 그 의미를 이해하고 실천하므로 일부러 지침 따위를 만들 필요조차 없다. 피터슨 교수는 말한다.

"제트블루 항공에는 지침 따위가 전혀 없습니다. 강한 신뢰 관계로 맺어진 조직에서는 굳이 규율을 만들지도, 강요하지도 않아요. 이러한 조직의 일원이라는 자부심을 느끼게 할 뿐이지요. 지침은 없지만 고객에게 감사의 메시지를 받은 직원을 칭찬하는 제도는 있습니다. 바로 임원이 매주 전 직원에게 보내는 소식지입니다. 제트블루의 임원은 자주 현장에 나가 현장에서 일하는 직원에게 이야기를 듣는데, 이때 들은 이야기를 소식지에 싣는 것이지요."

이 소식지에서 다루는 내용은 일과 삶의 균형Work-Life Balance, 근로자재산형성 제도, 교육, 복리후생 제도 등 매주 다양하나 이 중에서 직원을 칭찬하는 기사는 반드시 실린다고 한다. 2016년 미국과 쿠바를 잇는 3개 노선 운항을 시작했을 때는 이와 관련된 팀을 노골적으로 칭찬했다.

회장인 피터슨 교수는 직원의 이야기를 찾고자 무조건 자주 현장을 방문한다고 한다.

"우리 임원은 소그룹으로 나누어 현장을 방문하고 만 8,000명쯤 되는 직원을 모두 만나 직접 이야기하려 노력합니다. 그중에서도 나는 직원이 칭찬받은 '미담'을 찾습니다.

미담을 찾기 위해 공항에도 자주 나가고 비행기를 타기도 하지요. 기내에서는 출발 전에 기장에게 인사하거나 승무원에게 말을 겁니다. 자주 타는 비행기의 승무원 이름은 거의 다 기억해요. 때로는 제가 탄 비행기의 기내 청소를 돕기도 하는데 이는 모두 직원과 신뢰 관계를 쌓기 위해서입니다."

과하다 싶을 만큼 보상금을 지급한다

1998년 창업한 이래 순조롭게 실적을 늘려나갔던 제트블루 항공이지만, 회사 존속의 갈림길에 선 적이 딱 한 번 있다. 2007년 2월 14일에 있었던 일이다.

밸런타인데이였던 이날 폭설이 뉴욕의 존 F. 케네디 공항을 덮치는 바람에 공항과 기내 모두 큰 혼란에 빠졌다. 비행이 취소되거나 연착되는 일이 속출하여 몇 시간이나 기내에서 대기하게 된 승객도 있었다.

제트블루 항공에는 고객의 항의가 빗발쳤다. 결국 13만 명이나 되는 승객에게 영향을 끼친 큰 사건이었다. 때마침 장소가 뉴욕이었던 탓에 언론에서는 하루가 멀다고 대대적으로 보도하며 제트블루 항공의 늦장 대응을 비난했다. 제트블루 항공은 이 '밸

런타인데이 위기'를 어떻게 극복했을까?

피터슨 교수에 따르면 다음 2가지 대처가 결과적으로 주효했다고 한다.

한 가지는 이 사건 이후, 신속하게 항공승객 권리장전(비행 취소, 연장, 수화물 분실 등 승객이 불이익을 입었을 경우의 보장 내용을 자세히 명시한 장전)을 발효하고 고객의 예상을 훨씬 뛰어넘을 정도로 후하게 보상한 점이다.

또 하나는 CEO인 데이비드 닐먼이 곧바로 언론에 등장하여 불편을 겪은 승객에게 진심으로 사죄한 점이다. 출연 의뢰가 들어온 뉴스 프로그램이나 토크 쇼에는 모조리 출연했고, NBC 뉴스 프로그램[14] 캐스터가 다음과 같은 질문을 잇달아 했을 때도 하나하나 정중히 대답했다.

"금요일에는 '토요일부터 통상 운행을 재개한다'고 했는데, 월요일에도 비행을 25%나 취소했습니다. 어떻게 된 일입니까?"

"다른 항공사도 똑같이 폭설 피해를 보았지만, 벌써 운행을 재개했습니다. 왜 제트블루 항공만 아직 재개하지 않는 거죠?"

"제트블루 항공은 너무 급속하게 성장한 탓에 인프라가 아직 미흡하다는 비판도 있습니다. 시스템 문제라면 그리 간단하게 복구할 수 없을 텐데요?"

"이 사태를 책임지기 위해서 임원 중 누군가를 해고할 계획은 없나요?"

"'고객 제일주의'를 내세워왔는데, 이번 사건으로 평판도 땅에 떨어지고 말았습니다. 지금 심정이 어떻습니까?"

닐먼은 여전히 원인은 규명 중이며, 통상 운행을 재개하고자 최대한 노력하고 있다고 솔직하게 거듭 이야기했다. 게다가 불편을 끼친 승객에게 최대한 후하게 보상하겠다고 발표했다. 실제로 4시간 이상 어쩔 수 없이 기내에서 대기하게 된 손님에게는 항공권 요금을 전액 환급해 주었을 뿐 아니라, 무료 왕복 항공권까지 제공했다(현재는 보상 내용이 일부 변경되었다).

당시 이 회사의 이사였던 피터슨 교수는 '아무리 그래도 이것은 좀 지나치다'고 생각했다고 한다. 모든 승객에게 보상해주려면 무려 300억 원에 달하는 금액을 회사 측이 부담해야 한다. 그러나 10년쯤 지난 지금은 당시 자신의 생각이 짧았었다고 회상한다.

분명 거액의 보상금을 지급했지만, 이제 와서 돌이켜보면 닐먼이 올바른 판단을 했다고 생각합니다. 지나치게 많이 지급했다고 생각한 제 생각이 짧았지요. 고객의 신뢰를 되돌릴 수 있었던 것은 그가 고객의 예상을 뛰어넘을 정도로 후하게 보상한 덕분으로, 이는 자명한 사실이니까요. 이뿐만이 아닙니다. 닐먼은 고객이 용서해 줄 때까지 진지하게 계속 사죄했습니다. "저희는 큰 실수를 했습니다. 이와 같은 일은 두 번 일어나지 않을 것입니다. 더 좋은 서비스를 제공할 수 있도록 노력하겠으니 부디 제트블루를 신뢰해 주십시오." 하고 말입니다. 그가 해명하지 않고 오로지 사죄했기 때문에 비로소 고객에게 다시 한 번 신뢰받게 된 것이죠.

제트블루 항공은 그 후 고객의 신용을 되찾았고, 2015년도에는 64억 달러(7조 2,000억 원[15])에 이르는 매출을 기록했다. 이는 2007년도의 두 배에 달하는 금액이다. 제트블루 항공의 사례는 전 세계 경영대학원의 교재가 되었는데 '고객에게 기대 이상의 서비스를 제공한다' '기대 이상의 보상을 한다'는 경영 방침은 이 사건 이후 다른 업계에도 퍼져나갔다.

모든 것은 신용에서 비롯되는 법이다.

사람을 소중히 여기는 정신이 기업을 살린다

제트블루 항공 직원에게는 '사람을 소중히 여기는 정신'이 배어 있다. '항공 여행에 인간성을 되돌린다'는 비전을 바탕으로 설립된 회사이므로 직원은 고객과 거래처는 물론, 한발 더 나아가 회사 근처 주민조차 '인간'으로서 배려하는 마음으로 대한다.

제트블루 항공 또한 언어 사용을 중요하게 여긴다.

- 승객 → 손님
- 직원 → 크루
- 상사 → 코치

이처럼 회사에서는 되도록 인간미 넘치는 말을 사용한다. 제트블루 항공의 핵심 가치는 안전, 배려, 고결, 열정, 즐거움으로 고객에게 기분 좋은 경험을 제공하려면 직원도 즐거워야 한다는 발상에서 비롯되었다.

결혼식을 앞둔 커플이 있으면 기내에서 결혼식 예행연습을 하게 해주고, 8세짜리 여자아이에게는 기내 안내 방송을 체험하도록 한다. 또 생일을 맞이한 남성에게 전 승무원이 생일 축하 노래를 불러주기도 하는 등 따분한 기내를 즐겁게 만들려 다양한 시도를 한다.

게다가 제트블루 항공의 직원은 자신이 원하는 업무 방식을 고를 수 있다. 대학 졸업 후 딱 1년만 객실 승무원으로 일해 보고 싶다거나 육아와 병행하기 위해 월급은 반으로 줄어도 좋으니 일주일의 절반만 일하고 싶다거나 돈을 많이 벌고 싶으므로 야근도 적극적으로 하고 싶다는 등 직원들의 요구에 대응하기 위해 다양한 스케줄을 마련해 두었다. 물론 제트블루 항공 역시 건강 보험, 연금, 교육 보조금과 같은 제도가 미국의 일반 기업보다 충실하다.

이 중에서도 특히 유명한 제도는 '제트블루 스콜라스^{JetBlue}

Scholars'란 프로그램이다. 이 회사에서 일하는 직원 중에는 가정 형편으로 대학에 진학하지 못한 사람도 많으므로 회사에서 학비를 보조해 줌으로써 온라인으로 학위를 취득할 수 있는 제도를 마련했다.

이러한 인재 양성 프로그램은 동양권 기업이라면 지극히 당연한 제도지만 미국 기업 중에 이런 제도를 마련한 곳은 극히 적다. 이와 같은 제도는 직원들이 회사에 더욱 충성하는 계기가 되며 이는 제트블루 항공의 낮은 이직률을 보면 잘 알 수 있다.

기업 문화를 만든 회장이 준수하는 10가지 법칙

피터슨 교수는 1999년부터 제트블루 항공에서 이사를 맡았고 창업주인 데이비드 닐먼과 함께 '인간성'을 핵심으로 한 기업 문화를 구축해 왔다.

피터슨 교수가 이와 같은 조직을 만들어낼 수 있었던 비결은 무엇일까? 그의 저서『신뢰의 힘: 조직을 놀라운 효과로 이끄는』(가나 출판사, 2017)에 따르면 다음 10가지 법칙을 마음에 새기고 실천해온 덕분이라고 한다.[16]

1. 먼저 스스로 고결한 인간이 된다
2. 존경을 얻을 수 있는 일에 투자한다
3. 주변 사람을 계몽한다
4. 달성하고자 하는 목표를 명확히 설정한다
5. 공통된 꿈을 형성한다
6. 직원 모두에게 정보를 공유한다
7. 건설적인 의견 차이를 존중한다
8. 겸허하게 행동한다
9. 서로에게 이득이 되는 협상을 한다
10. 신뢰할 수 있는 인물을 꿰뚫어 보고 10가지 법칙을 주의 깊게 실천한다

피터슨 교수는 말한다.

"직원 모두가 세상에 도움이 되는 일을 하고, 함께 성과를 기뻐하며, 서로를 신뢰하고 칭찬하는 기업 문화를 만들 수 있을지는 리더에게 달렸습니다. 이러한 기업 문화를 만들기 위해 리더

가 지켜야 할 덕목이 바로 위의 10가지 법칙입니다. 이 법칙을 지침으로 삼고 지켜나간다면 반드시 강한 신뢰 관계로 결합한 기업을 만들 수 있지요.

여기에서 내가 말하는 '신용'이란 그리 간단히 얻어지는 게 아닙니다. 그 사람의 인격, 신뢰성, 영향력 등이 모두 요구되는 까닭이지요. '이 사람은 마감일을 준수하는 사람인가' '이 사람은 예산을 잘 지키는 사람인가'와 같은 사소한 일이 모두 신용에 영향을 줍니다."

신뢰 관계로 결합한 조직을 만들려면 인재 채용은 생명줄이나 마찬가지다. 무엇보다 제트블루 항공은 어느 대학을 졸업했으니까, 혹은 대학 성적이 좋으니까, 어떤 기술이 있으니까 등 겉으로 드러나는 기준으로 사람을 채용하지 않는다. 고객을 위해 헌신하려는 마음이 있는가, 기업 문화에 적합한가, 신뢰할 수 있는 사람인가와 같은 기준을 훨씬 더 중요하게 생각한다.

다른 항공사에서 해고당한 정비사의 사례를 살펴보자. 정비사는 국제선에서 사용하는 기재의 안전 점검 시 '이래서는 OK를 내릴 수 없다'고 재점검을 요청하고 비행기를 크게 지연시켰다는 이유로 해고당했다. 상사가 불같이 화를 내며 '당신은 회사에 큰 손실을 끼쳤다'고 말했다고 한다.

하지만 제트블루 항공은 '이 사람이야말로 우리 회사가 원하는 인재'라며 정비사를 채용했다. 그의 행동이 이익보다 안전과 고결을 우선하는 제트블루 항공의 가치관과 일치했던 것이다.

제트블루 항공의 급여 수준은 그리 높지 않은데도 직원은 즐겁게 일하며, 휴일에도 단체 활동이나 봉사 활동에 적극적으로 참여한다. 그 이유를 피터슨 교수는 이렇게 설명한다.

"물론 돈은 확실히 동기 부여가 되므로 급여와 보너스는 적어도 업계 평균 수준을 유지해야 합니다. 그런데 대체 인간은 무엇을 위해서 일하는 걸까요? 물론 돈을 위해서는 아니겠지요. 멋진 동료와 함께 무언가를 성취하고 싶다거나 세상에 도움이 되는 일을 하고자 하는 욕망이 있기 때문에 비로소 일하는 게 아닐까요? 보수를 올려주는 것만으로는 진정으로 고객에게 기쁨을 주는 서비스를 제공하기 어렵습니다."

주아 드 비브르, 다비타, 제트블루 항공은 단기간에 이익을 낸다는 기준에서 생각하면 불합리해 보이는 결정을 많이 했다. 제트블루 항공은 항공편 지연 및 취소로 불편을 겪은 고객에게 지금도 충분히 보상해주며, 주아 드 비브르는 3년간 근속한 정직원에게 한 달간의 유급 휴가를 선물한다. 다비타 역시 직원의 복리후생과 사내 행사에 거액의 비용을 들인다.

모두 경영인이 단기 이익보다 장기적 시점에서 본 이익을 중시했기 때문에 가능한 결정이었다.

고객 서비스에 인간성을 되돌리다

이번 장에서 소개한 3사를 포함하여 '고객과 직원 모두 행복하게 해주는 회사'로 유명한 기업에는 특징이 또 하나 있다. 바로 경영진이 현장 직원의 판단을 진심으로 신뢰하고 현장에 커다란 재량권을 부여한다는 점이다. 특히 고객 서비스의 신속한 대응에는 누구나 혀를 내두를 정도이다.

내가 숙박 요금을 문의했을 때, 디 에피파니 호텔 직원이 신속하게 답장을 보내준 것도 누구에게 어느 요율을 적용할지를 결정하는 재량이 현장에 있었던 덕분이다. 제트블루 항공 직원이 남자아이의 편지를 자진해서 운반하겠다고 결정한 것도 고객이 기뻐할 만한 일이라면 현장은 무엇을 해도 괜찮기 때문이다.

미국의 우량 기업에서는 지금 고객 서비스에 인간성을 되돌리려는 움직임이 활발하다. 고객 서비스센터에 전화했을 때 가장 짜증나는 순간은 언제일까? 처음에 녹음된 기계 음성이 흘러나올 때가 아닐까? 고객 번호를 입력하고 비밀번호까지 입력하며 한참 동안 전화기를 붙들고 있어도 사람 목소리와 연결되려면 한참이 걸린다. 심지어 10분 이상 기다리게 한 끝에, 다른 부서로 전화를 계속 돌리거나 상사에게 확인하느라 오랜 시간을 허비하기도 한다.

192

이와 같은 불쾌한 경험은 회사의 평판을 떨어뜨리므로 어쩌면 고객을 잃게 될 수도 있다. 특히 창업한 지 얼마 안 된 벤처 기업이라면 고객 서비스 대응은 회사의 미래까지도 좌우한다.

스탠퍼드의 졸업생인 앤디 던Andy Dunn이 2007년에 창업한 보노보스는 주로 남성 바지를 온라인 판매하는 회사로 '뉴욕에서 가장 보람을 느끼며 일할 수 있는 회사'로 선정되는 등 직원을 소중히 여기는 기업 문화로 유명하다. 보노보스는 창업한 지 10년 만에 급성장해 현재 연 매출이 1억 달러(1,130억 원)를 웃도는데, 이 성장을 견인한 것이 바로 보노보스의 고객 서비스다.

고객 서비스를 담당하는 직원은 '보노보스 닌자'라 불린다. 닌자를 이미지화하여 만든 로고 마크까지 있을 정도로 그 신조는 '이익보다도 사람이 우선'이다. 뉴욕에 있는 '닌자 방'에서 30명쯤 되는 닌자가 전화를 받거나 메일에 답장하는데, 그들의 사명은 단순명쾌하다.

- 신속하게, 알기 쉽게, 인간적으로 대응할 것
- 손님이 고객 서비스의 장점을 실감하여 보노보스에서 다시 사고 싶다고 생각하게 할 것

전화는 30초 이내에 받고, 메일에는 24시간 이내에 답장하는 것이 닌자의 철칙이다[17]. 현장에 재량권이 있으므로 반품도 환급

도 좌우간 신속하게 처리할 수 있다.

보노보스의 조사에 따르면 닌자와 직접 전화한 고객은 재구매할 확률이 높아질 뿐 아니라 모두 닌자의 팬이 되어 닌자와 대화한 내용을 가족이나 친구와 공유한다고 한다. 보노보스의 트위터에는 '채팅을 하다가 닌자에게 고마운 마음을 전했더니 닌자가 로고가 들어간 머그잔과 병따개, 자필 편지를 보내주었다'는 이야기가 많이 실려 있다.

보노보스에서 닌자는 고객 서비스 이상의 존재로서 매우 중요하다. 닌자 방은 이 회사 사무실에서 가장 좋은 모퉁이 자리에 있고, 닌자의 급여는 의류 업계에서도 높은 수준이다. 게다가 자사 주식 또한 받을 수 있다. 현장 직원에게 이토록 많은 권한을 주는 이유는 고객이 어느 기업의 제품이나 서비스를 구매할지는 대부분 현장 직원과의 소통에 달려 있기 때문이다.

펜실베이니아대학의 조나 버거 부교수팀은 조사를 통해 SNS 등에서는 '불쾌한 경험보다 미담이 훨씬 쉽게 퍼진다'는 사실을 밝혀냈다. 이유는 '이 사람은 불평불만이 많은 부정적인 인간'이라고 평가받고 싶지 않아서라고 한다.[18]

대체 인간은 왜 소식이나 근황을 퍼트리려 하는 것일까? 그것은 바로 앞에서 설명한 승인 욕구를 채우기 위해서다. 미국 러트거스대학 연구팀이 조사한 결과를 보면 트위터에 올리는 내용의 80%가 '자신과 관련된 소식'이라고 한다. 인간에게는 타인에게 인정받고자 하는 절대 마르지 않는 욕구가 있다는 사실을 잘 보여준다.

많은 사람에게 공감을 얻으려면(혹은 '좋아요'를 받으려면) '매장에 항의하는 나'와 '매장에서의 멋진 경험을 말하는 나' 중 어느 쪽을 어필해야 할까? 물론 후자 쪽이다. '이 회사의 고객 서비스는 형편없다' '이 레스토랑의 서비스는 최악이다'라는 부정적인 글을 익명으로 고객 평가란에 올리기는 해도 실명으로 친구에게 퍼뜨리지 않는 것도 이 때문이다.

1장에서도 이야기했듯이 고객이 경험한 기분 좋은 서비스는 더할 나위 없는 스토리가 되고, 회사의 브랜드 인지도와 신용도를 높인다.

그러므로 불만을 제기한 손님에게 '100달러분의 쇼핑 포인트'를 적립해주었더라도 이 100달러로 손님이 닌자의 대응에 만족하여 그 이야기를 주위 사람에게 퍼뜨리고, 더 나아가 다음번에도 상품을 구매해준다면 회사에는 큰 이익이 된다.

손해를 보고 이득을 취한 마켓 부점장

미국의 식품 유통업체 홀푸드마켓(이하 홀푸드)에서 일어난 일은 이 말이 사실임을 증명해준다. 홀푸드는 미국의 유기농 식품 소매업계를 대표하는 유통 체인이다. 1978년에 작은 유기농 식품점으로 창업한 홀푸드는 탁월한 고객 서비스로 급성장했고,

현재 매장 수 465개, 직원 수 8만 7,000명, 매출액 157억 달러(17조 7,000억 원)를 자랑하는 대기업이다.[19]

홀푸드에도 보노보스와 비슷한 스토리가 있다.

2007년 미국 코네티컷주 웨스트하트퍼드의 홀푸드에서 갑자기 계산대가 전부 고장 나버리는 사고가 발생했다. 새로 도입한 컴퓨터 시스템이 문제를 일으킨 탓이다. 계산대 앞에 늘어선 긴 줄을 앞에 두고 계산원은 무척 난감했다. 이 광경을 본 테드 도노휴 부점장은 현장에서 즉시 결정을 내린 후, 직원들에게 말했다.

"문제가 해결될 때까지 모든 상품은 무료입니다."

계산원은 "계산대가 고장 났으니 그대로 가지고 가세요." 하고 말하며 봉투에 상품을 담아 일일이 손으로 건네주었다. 고객들은 깜짝 놀랐다.

매장의 손실액은 총 4,000달러(450만 원) 정도[20]였지만, 부점장의 결정을 비난하는 사람은 아무도 없었다. 오히려 홀푸드 측의 대응에 감동한 고객이 보낸 감사 편지가 산더미처럼 쌓였다. 이 일이 지역 신문에 크게 보도되면서 '홀푸드는 고객을 소중히 여기는 회사'라는 평판이 점점 더 퍼져나갔다.

이 스토리의 마케팅 효과는 대략 산출해보아도 수만 달러 이상일 것이다. 450만 원의 비용으로 이처럼 엄청난 효과를 얻을 수 있다면 450만 원쯤은 그리 큰 액수가 아니다. '손해를 보고 이득을 취하라'를 실천한 셈이다.

회사가 파산할지는 고객 서비스의 대응 하나로 알 수 있다. 현장 직원이 재량권을 가지고 보람을 느끼며 일하는 회사는 틀림없이 우량 기업이다.

점점 틀에 박힌 고객 서비스만을 제공하는 기업들에 이 기업의 '감동을 주는 고객 서비스'는 많은 교훈을 준다.

key point of chapter 5

• 일류 리더가 실천하는 점
  1. 부하를 과할 정도로 칭찬한다
  2. 직원의 의욕을 샘솟게 할 제도를 만든다
  3. 마음 편한 공동체를 만든다
  4. 직원의 '미담'을 찾는다
  5. 현장에 재량권을 준다
  6. 웃는다

유머의 힘이 출세를 결정한다

상사의 짜증은
왜 아랫 직원에게 전염되나

글로벌 기업의 경영인들이 '기업 문화 만들기'에 이토록 심혈을
기울이는 이유는 무엇일까? 의욕 넘치는 직원들로 구성된 회사
는 생산성이 높기 때문이다.

　하버드대학 경영대학원의 존 코터[John P. Kotter] 명예 교수팀은 기
업 문화를 중시하는 회사(12개 사)와 중시하지 않는 회사(20개 사)
의 실적이 11년간 각각 얼마나 늘었는지를 조사했다. 그 결과 기
업 문화를 중시하는 회사는 매출이 7배, 이익은 8배, 주가는 9배

나 상승했지만 기업 문화를 중시하지 않는 회사는 매출이 1.7배 늘었고 이익과 주가는 약간 상승하는 데 그쳤다.[21]

앞에서 사례로 언급한 제트블루 항공의 조엘 피터슨 회장은 '부정적인 사람이 단 한 명만 있어도 주위 사람까지 나쁜 영향을 받는다. 기업 문화와 맞지 않는 사람을 해고하기도 한다'고 이야기했다. 이 사람이 관리직이라면 '검은 얼룩'은 점점 커진다.

그동안 심리학 및 의학 분야에서는 인간의 감정이 주변 사람에게 전염되는 현상(감정 전염)을 활발하게 연구해왔다. TV 코미디 프로그램을 보다가 관객의 웃음소리에 따라 웃거나, 결혼식에서 신부의 아버지가 눈물을 흘리면 덩달아 눈시울이 붉어지거나, 심기가 언짢은 사람을 보기만 해도 짜증이 나는 현상 등이 감정 전염의 대표적 사례다.

감정이 전염되는 이유는 인간의 뇌에 있는 '거울 뉴런'이라는 특수한 세포 탓이다. 거울 뉴런은 타인의 경험이나 감정을 시뮬레이션하기 위한 세포로 무의식중에 타인의 감정에 반응하여 자기 안에서 재현하는 특성이 있다. 이 세포는 주변 사람의 즐거운 감정은 물론 분노나 스트레스, 불안 등도 전부 거두어들인다.

기분이 언짢은 상사나 권력을 마구 휘두르는 상사가 한 명 있다고 하자. 그 상사의 짜증은 부서 전체에 전염되어 부하의 업무 능력을 떨어뜨린다.

만일 상사에게 "이런 일도 제대로 처리 못 하나? 다음번에도 똑같은 실수를 하면 가만두지 않겠네"라는 말을 들었다면 어떨까? 우선 부하는 강한 스트레스를 받을 것이다. 스트레스를 받으면 체내에 아드레날린과 코르티솔(스트레스로부터 우리 몸을 지키기 위해 분비되는 호르몬)이 다량 분비되므로 기억력, 기획력, 창조성과 같은 능력이 떨어져 새로운 일에 도전할 의욕이 사라진다. 사람에 따라서는 상사를 보기만 해도 공포감을 느끼게 된다.

스트레스에 시달리는 사람이 한 명 있으면 이 스트레스는 더 나아가 주위 동료들에게 전염된다. 부서 전체에 어색한 분위기가 감돌고 동료를 배려할 여유조차 사라져버린다. 질책당하지 않으려 명령받은 일을 열심히 해내려고 할수록 더욱더 스트레스를 받는다.

상사에게 '반드시 목표를 달성하라'는 명령을 받고 숫자를 위조하거나, 자회사를 이용해 이익이 증가한 것처럼 조작하는 사건은 대개 이러한 직장에서 일어난다. 마침내 공포와 짜증이 회사 전체로 퍼지면 회사는 내리막길을 걷게 된다.

실적이 부진한 회사를 방문하면 잔뜩 겁에 질린 직원 또는 거만한 관리직이 많다는 사실을 알 수 있다. 나는 취재나 채용 면접 건으로 수많은 글로벌 기업을 방문했는데, 그때 '좋지 않은 분위기가 감돈다'고 느꼈던 회사는 이미 파산했든가 다른 회사에 매각되었다.

공포가 회사를 지배하면 그것으로 끝이다. 일류 경영인이 직원이 즐겁게 일할 수 있는 기업 문화 만들기에 무엇보다 힘을 쏟는 이유는 여기에 있다.

보너스를 많이 받을수록
유머를 자주 구사한다

감정 전염에 관한 연구가 활발해짐에 따라 유머의 힘이 주목받고 있다. 상사가 얼마나 아랫 직원의 마음을 편안하게 하는가, 웃게 하는가가 부서 전체의 생산력에 영향을 미친다는 사실이 밝혀졌다.

인사 컨설팅회사 헤이그룹에서 근무했던 파비오 살라Fabio Sala 박사의 연구에 따르면, 일반 관리직과 비교했을 때 엘리트 관리직은 대화 시 유머를 두 배나 많이 구사한다고 한다.

살라 박사는 대기업 음료 제조사의 중역 20명을 대상으로 2~3시간 동안 인터뷰를 하며 대화 속에서 몇 번이나 유머를 구사했는지를 조사했다. 그 결과 엘리트 관리직은 한 시간에 평균 17.8회나 유쾌한 표현을 사용했다[22]고 한다(일반 관리직은 평균 7.5회).

보너스 금액과 유머 횟수의 상관관계를 조사해 보니, 보너스가 많은 사람일수록 유머를 구사하는 횟수가 많았다. 즉 유머 능력이 높은 사람일수록 리더십 능력도 뛰어났다.

저명한 심리학자, 다니엘 골먼^{Daniel Goleman} 박사팀은 부하를 웃게 하는 능력은 출세까지도 좌우한다는 사실을 밝혀냈다.[23] 하물며 임원이나 사장급이 되고자 한다면 이 능력이 얼마나 중요한지는 두말할 나위가 없다.

보스턴의 어느 병원에 CEO 후보가 두 명 있었다. 두 사람 모두 의사로서나 연구자로서나 그 역량에는 부족함이 없었지만 성격은 정반대였다. A의사는 타인에게 엄격했으며 완벽주의자였다. 한 마리 늑대 같은 존재로 그가 수장을 맡은 부문에는 후계자도 없었다. 한편 B의사는 언제나 싱글벙글 웃는 사람으로 직원들과의 관계도 원만했을뿐더러 훌륭한 의사를 키워내는 데도 열심이었다.

이사회가 CEO로 선택한 사람은 물론 B의사였다. 두 의사 밑에서 부서 사람들이 '얼마나 즐겁게 일하느냐'가 선정에 결정적인 영향을 미쳤다.

STANFORD UNIVERSITY

2부

인간의 힘을
단련하는
수업

제6장

스탠퍼드식 대화술

: 일류 리더는
배려를 잊지 않는다

스탠퍼드 스타 교수가 가르치는
극한 상황 속 커뮤니케이션

스탠퍼드대학 경영대학원에는 커뮤니케이션을 공부할 수 있는 수업이 많다. 그중에서 경영인이 경험하는 극한 상황 속 커뮤니케이션을 가르치는 사람이 바로 어빙 그로스벡H. Irving Grousbeck 특임 교수다. 그는 스탠퍼드에서 30년 넘게 교편을 잡았다. 스탠퍼드 학생에게 "어느 교수의 수업이 가장 인기가 많습니까?" 하고 물으면 빠지지 않고 거론되는 스타 교수다.

그로그벡 교수는 1960년대 케이블TV의 여명기에 콘티넨털 케이블비전을 설립해 크게 성공한 창업가이자 NBA의 프로농구 팀 보스턴 셀틱스의 전 구단주로 미국에서 유명하다.

그로스벡 교수는 경영대학원뿐 아니라 의과대학 수업도 맡고 있다. 이처럼 경험과 지식이 풍부한 교수가 '대화술'을 가르치는 이유는 무엇일까. 그로스벡 교수는 말한다.

"경영대학원과 의과대학 모두 지식을 익히고 분석력을 갈고닦는 수업은 많지만 '대화술'을 가르치는 수업은 없습니다. 경영대학원 학생, 의과대학 학생이 졸업 후 직면하는 어려운 상황은 저마다 다르나, 저는 두 학과에 공통되는 본질적인 부분, 즉 리더로서 활약하기 위한 '라스트 원 마일Last One Mile(마지막 과정)'을 가르칩니다."

스탠퍼드대학 경영대학원의 졸업생 중에는 창업가가 많은데 회사를 스스로 만드는 과정에서는 해고, 소송, 배신 등 상상을 초월하는 극한 상황을 경험하게 된다. 『하드씽: 경영의 난제, 어떻게 풀 것인가?』(벤 호로위츠 저, 36.5, 2014)나 『제로 투 원: 스탠퍼드대학교 스타트업 최고 명강의』(피터 틸·블레이크 매스터스 저, 한국경제신문, 2014), 혹은 『스티브 잡스』(월터 아이작슨 저, 민음사, 2015)를 읽은 분이라면 어지간한 각오 없이는 창업가로 성공하기 힘들다는 사실을 이해할 수 있으리라. 실제로 스탠퍼드 학생 중에도 '스스로 창업가가 되기는 힘들겠다는 확신이 들었다'며 대기업에 취직하는 사람도 많다.

그로스벡 교수 역시 창업가로서 온갖 실패를 경험했는데 그 발단은 라스트 원 마일, 즉 '대화'에서 실패했기 때문이라고 이야기한다.

대화에서 실패하지 않으려면 어떻게 해야 할까? 그로스벡 교수가 재현해주는 인기 수업 '경영인의 대화술'의 일부를 들으며 스탠퍼드식 대화술을 공부해보자.

약속을 잡기 위한 전화는 위험하다

관리직이라면 한 번쯤 '야심 많은 부하에게 압박받은 경험'이 있으리라. 상사가 해야 할 일까지 침범해 상사의 무능함을 지적하고, 그 후 부뚜막에 앉으려는 부하를 다루느라 상당히 애를 먹는다. 골치가 아픈 것은 부하와의 관계만이 아니다. 비슷한 직책에 있는 경쟁자가 세력을 확장하고자 이쪽 부서의 일까지 침범하기도 한다.

미국 기업에서는 이러한 일이 일상적으로 일어난다. 그로스벡 교수의 수업에서도 다음과 같은 사례를 다룬다.

사례 ① 사사건건 회장 일에 개입하는 이사장

콜로라도주의 NPO 단체 회장(여성)은 이사장(남성)이 사사건건 회장 일에 개입하는 바람에 골치가 아프다. 어떻게 해서든 개입을 막고 싶지만 이사장은 고액 기부자이기도 하다. 상황을 개선하려면 어떤 식으로 대화를 풀어가야 할까?[1]

'경영인의 대화술' 수업은 역할극 놀이로 진행되므로 여학생이 회장 역을, 남학생이 이사장을 맡게 되었다.

맨 처음 여학생은 '이러한 섬세한 문제는 일대일로 만나서 이야기해야겠다'고 생각했다. 여기까지는 좋았으나 이사장과 면담하려 전화를 건 시점에서 그만 실패로 끝났다고 한다.

〈대화 수업〉

회 장: 가까운 시일 내에 직접 만나서 이야기를 좀 했으면 하는데 일정이 어떻게 되세요?

이사장: 지금까지 직접 전화를 거신 적은 한 번도 없으셨죠. 무언가 문제라도 있습니까?

회 장: 그다지 중요한 일은 아니지만 직접 만나서 이야기하고 싶군요.

이사장: 중요한 일이 아니라니 무슨 뜻입니까? 무언가 문제가 있으니 만나서 이야기를 하고 싶으신 거 아닙니까? 대체 문제가 뭡니까?

회장: 사실은 당신이 나를 대신해 일부 업부를 맡아서 치리하는 건에 관해 조금 이야기를 나누고 싶은데요…. (어색한 분위기가 감돈다)

이 상황에서 여학생의 실수는 '전화로 약속을 잡으려 한 점'이다. 그로스벡 교수는 설명한다.

"전화로 약속을 잡으면 결국 전화로 전달하기 껄끄러운 내용을 말해야 하는 상황이 됩니다. 이래서는 순조롭게 풀릴 일도 잘 풀리지 않아요. 저라면 무조건 전화는 하지 않을 겁니다. "구체적인 내용을 몇 가지 상의하고 싶으니, 잠깐 만날 수 있을까요?"라고 전화로 말하는 방법도 나쁘지는 않지만, 조금 전 상황과 비슷하게 전개될 가능성이 높습니다. 저라면 전화를 하지 않고 직접 이사장의 방으로 찾아가 얼굴을 보고 이야기하겠습니다. 이렇게 해야만 상대방의 반응도 알고 진심도 전달할 수 있으니까요."

직장 내에서
협상을 해서는 안 된다

그 후 이사장과 만난 회장 역할의 여학생은 좀처럼 상대를 설득하지 못해 상당히 오랜 시간 이사장과 이야기를 나누었다.

〈대화 수업〉

회 장: 당신의 공헌과 조언에는 정말로 고마운 마음뿐입니다. 하지만 오늘은 이사장과 사장의 역할에 관해 본질적인 이야기를 나누고 싶군요.

이사장: 저는 이사장으로서 자신의 역할을 제대로 수행하고 있다고 생각합니다만 무언가 불만이라도 있으십니까?

회 장: 문제는 내가 마땅히 해야 할 집행 업무에 당신이 지나치게 관여하는 점이에요. 구체적으로는 2가지입니다. 하나는 직원에게 직접 지시를 내리는 것, 또 하나는 내가 자리를 비웠을 때 내 사무실을 자기 방처럼 사용하는 겁니다.

이사장: 그건 필요하기 때문에 한 행동입니다. 그럼 회장님께서 생각하시는 이사장의 역할은 무엇입니까?

회 장: 그야 이 단체의 커다란 전략과 방향성을 검토하는 일이죠. 평상시 업무를 총괄하는 것은 내 역할이니 이 일에는 개입하지 않았으면 해요.

이사장: 제가 주제넘다는 말씀이시군요. 직원들과 일절 말하지 말라고 요구하시는 겁니까?

회 장: 아니, 그런 뜻이 아니라 이사장과 나 둘 다 지시하면 직원들이 혼란스러워하지 않겠어요?

이사장: 그럼 회장님이 직원들에게 지시힐 사항을 저와 미리 상의해 주세요. 저는 큰일을 결정하는 이사장이니까요.

이런 대화가 계속되어 험악한 분위기가 연출되었다. 마지막에는 이사장에게 자주 상의하는 것으로 어떻게든 결론이 났지만 여기에서도 회장 역할을 맡은 여학생은 2가지 큰 실수를 했다고 그로스벡 교수는 설명한다. 첫 번째 실수는 어조다.

"가장 큰 실수는 공격적인 분위기를 만든 점입니다. 여학생은 강한 어조로 '나는 회장, 당신은 이사장이다. 회장과 이사장에게는 저마다 역할이 있으니, 내 영역을 침범하지 말라'고 했습니다. 이런 식으로 말하면 상대방은 자신을 방어하게 되지요. 같은 말을 차분한 어조로 했더라면 결과는 분명 달라졌을 것입니다.

다른 하나는 대화 중간부터 '나는 이 점을 타협할 테니 당신도 이 점을 양보하라'며 협상을 시작한 점입니다.

협상은 상거래에서 사용하는 기술입니다. 가령 자동차를 살 때 가격이나 옵션을 넣을지 말지를 협상하지요. 이럴 때는 협상해도 괜찮습니다. 상거래가 끝나면 관계도 끝이니까요.

상거래에는 끝이 있지만 인간관계에는 끝이 없습니다. 이사장과는 앞으로도 계속 함께 일해야 하므로 '협상'을 해서는 안 됩니다. 면담의 목적은 서로 간에 오해를 푸는 일이지 관계를 악화시키는 일이 아니기 때문입니다. 당신이 회장인 나대신 직원에게 지시하거나 내 사무실을 자기 사무실처럼 사용하는 일을 나는 문제라고 생각한다는 내용을 꼭 전달해야 합니다. 다만 이 말은 앞으로도 양호한 관계를 유지하겠다는 사실을 전제로 해야 하지요."

간결한 말에는 권위가 깃든다

이날 그로스벡 교수는 수업 시간에 다음과 같은 설정으로 또 다른 역할극을 했다.

사례: 어떻게 기부금을 약속대로 받을 수 있을까?

앞서 등장한 NPO 단체 회장(여성)은 지역 기업의 사장(남성)에게 어떤 식으로 기부를 촉구할까 고민 중이다. 사장은 머지않아 자사 주식을 대기업에 매각할 예정으로 그 수익의 일부를 재단에 기부하고 싶다고 말했지만, 시간이 지나도 주식을 매각하지 않는다. 회장은 이사장에게 기부금이 들어올 예정이라고 보고했으므로 이른 시일 내에 기부금을 받지 않으면 처지가 난처해진다. 어떤 식으로 이야기를 풀어가야 할까?[2]

회장 역을 맡은 학생은 다음과 같은 말로 미팅을 시작했다.

<대화 수업>

회 장: 바쁘신 와중에 방문해주셔서 고맙습니다. 귀중한 시간을 내주셔서 감사할 따름입니다. 오늘은 주식의 매각 건에 관해 의논을 좀 했으면 합니다. 저희 쪽에서는 바로 주식을 매각하여 재단에 기부한다는 절차를 밟아주셨으면 해요. 앞으로도 오래도록 좋은 관계를 유지해나가고자 하는 마음에는 변함이 없으니, 쌍방을 위해서도 좋은 해결책을 찾고 싶습니다. 시간이 많지 않으므로 본론으로 들어가죠. 실제로 주식을 언제쯤 매각할 계획입니까? 상황을 알려주실 수는 없나요?

여기에서 그로스벡 교수가 끼어들었다. "지금 한 말을 3분의 1로 줄여서 다시 한 번 말해 보세요." 그러자 학생은 다음과 같이 수정해서 말했다.

<수정한 대답>

회 장: 바쁘신 와중에 방문해주셔서 고맙습니다. 앞으로 귀사와 좋은 관계를 유지하기 위해서라도 주식 매각 건에 관해 좋은 해결책을 찾고 싶군요. 우선, 주식은 언제쯤 매각할 계획입니까? 상황을 알려주실 수는 없나요?

그로스벡 교수는 수정한 대답이 처음에 한 대답보다 열 배나 더 좋았다고 평가했다. 교수가 이렇게 지시한 이유는 무엇일까?

"'간결한 말'에는 권위가 깃들기 때문입니다. 장황하게 설명하지 않는 것은 당신이 그러한 위치에 있다는 뜻이죠. 또 '간결한 말'은 상대를 존경한다는 뜻을 나타냅니다.

만일 제가 '잠깐 할 말이 있으니 교실로 오라'며 당신을 호출했다고 합시다. 그런데 제가 장황하게 자신의 이야기를 늘어놓는다면 어떨까요? 제 앞에 앉은 당신은 '이 사람은 왜 주저리주저리 잡담을 하는 거지? 대체 무슨 말을 하고 싶은 걸까? 빨리 용건을 말해주면 좋겠는데….'라며 불안해지겠지요.

말을 장황하게 늘어놓으면 상대는 필요 이상으로 긴장하게 됩니다. 장황한 말 대신 간결하게 이런 식으로 말하면 어떨까요? "요즘 수업 시간에 통 집중을 하지 않는군요. 교실 안을 두리번거리기도 하고, 계속 고개를 숙이고 무언가를 쓰기도 하고, 멍하게 있기도 하고 말이죠. 무슨 일이 있나요? 내가 도울 수 있는 일이 있으면 말해 보세요."

그로스벡 교수는 하고 싶은 말을 할 때는 우선 본론부터 말하고, 그 후에 상대의 의견을 듣는 것이 상대를 존중하는 행위라고 말한다.

아시아계 사람들은 친한 사이일수록 여담으로 대화를 시작하는 경향이 있다. 바로 상대를 배려하는 행동이라고 믿기 때문이다. 하지만 하고 싶은 말을 처음부터 말하지 않으면 도리어 역효과가 날 수 있다. 사람을 불러놓고 장황하게 이야기하면 상대방은 점점 불안해진다.

간결하게 이야기하는 능력은 자신이 일류라는 증거이므로 권위 있는 위치에 오를수록 이 기술을 의식하고 익혀야 한다.

일방적으로 말하는 사람은 이류다

그로스벡 교수는 침묵을 능숙하게 활용하는 법 또한 '간결한 말'만큼 중요하다고 한다. 여기에서 말하는 침묵은 대화를 어색하게 만드는 긴 침묵이 아니라 '잠깐 대화를 중단하는 행위'를 의미한다.

나는 그로스벡 교수와 대화하면서 각각의 질문에 대한 대답이 거의 1~2분 이내라는 사실을 깨달았다. 간결하게 요점을 전부 말한 후에 잠시 침묵하므로 추가로 질문하기가 쉽다. 그로스벡 교수는 각각의 이야기를 적절한 길이에서 끝낼뿐더러 이야기 도중에 "이 이야기가 당신이 듣고 싶은 이야기인가요?" 하고 확인해주므로 대화가 탄력을 받아 이야기가 끊이질 않았다.

이것이 바로 일류와 이류의 차이다. 일방적으로 말하는 이류인 사람은 대단한 사람인 양 행동해도 마음속에 여유가 없는 탓에 상대방을 신경 쓰지 못한다. 반면 일류인 사람은 어떤 질문을 받아도 침착하게 대답할 수 있으므로 상대방을 신경 쓸 여유가 있다. 그로스벡 교수는 말한다.

"인간은 긴장하거나 불안을 느끼면 말이 많아집니다. 자신감 없는 사람은 흔히 쉼 없이 이야기를 계속하고 똑같은 말을 여러 번 반복하지만, 자신감이 넘치는 사람은 어느 정도 자기 이야기를 하고 나면 침묵하고 상대의 반응을 기다립니다. 하고 싶은 말을 간결하게 끝냈다면 거기에서 잠시 이야기를 멈추세요. 이쪽에서 말을 하지 않으면 상대방은 '무슨 말인가 해야겠다'고 생각하므로 건설적인 대화를 나눌 수 있습니다."

관리직 직원의 상담 의뢰

이제부터는 관리직 직원이 보내온 상담 내용을 바탕으로, 5장에서 만났던 조엘 피터슨 교수와 어빙 그로스벡 교수에게 '어려운 상황 속에서 어떻게 대화하고 행동하는 것이 올바른 방법인지'를 살펴보자.

이 상담을 통해 글로벌 대기업의 수장을 맡았던 두 교수가 얼마나 세심하게 부하와 상사를 배려하는지 안다면 놀랄 것이다. 일류 경영인은 어떤 때라도 상대에 대한 존경과 배려의 마음을 잊지 않는 법이다.

사례① 상사에게 불만을 토로하고 싶다

제 상사는 해외 출장을 매우 좋아합니다. 별다른 용무도 없으면서 해외에 나가 거래처와 갑작스럽게 계약을 맺는 바람에 부하 직원을 혼란스럽게 합니다.

즐기고 싶어서인지 마일리지를 쌓고 싶어서인지 잘 모를 정도입니다. 어찌 됐든 해외에 출장 가 있는 자기 자신을 무척 좋아하는 듯합니다. 툭하면 공항 라운지에서 부하 직원에게 메일을 보내지요. 불필요한 해외 출장이 너무 많다고 한마디 하고 싶은데, 어떻게 하면 좋을까요?

〈피터슨 교수의 답변〉

당신과 상사는 서로 얼마나 신뢰합니까? 상사는 당신이 보내는 피드백을 고마워할 만큼 당신을 신뢰합니까? 만일 그렇다면 솔직하게 불만을 말해도 괜찮습니다. 하지만 그런 관계가 아니라면 함부로 불만을 말하는 것은 위험합니다.

상사에게 불만을 토로하기 전에 먼저 상사의 진심을 알아야합니다. 어떤 목적으로 해외 출장을 가는지, 어째서 그런 계약을 맺는지, 상사 나름대로 이유가 있을 테니까요.

가능성은 2가지입니다. 하나는 출장이 정말로 회사에 이익이 되리라 믿기 때문입니다. 장기적인 관계를 맺으려면 자신이 직접 가는 것이 중요하다고 진심으로 생각하는지도 모릅니다. 다른 하나는 스스로 즐기고 자기 권력을 과시하고 싶어서 회삿돈을 낭비하는 것입니다.

만일 전자라면 '매년 이렇게 자주 해외 출장을 가서 이만큼 계약을 맺고 오지만, 그럴 때마다 우리 팀은 곤란하다'고 구체적으로 의논해도 괜찮습니다. 만일 후자라면 직접 불만을 말하지 말고 회사 내 민원실 등을 이용하는 편이 좋겠지요.

그러나 조금 전에도 이야기했듯이 함부로 상사에게 불만을 토로하는 행위는 매우 위험합니다. 신뢰 관계가 아직 구축되지 않은 상황에서 부정적인 말을 들으면 상사는 오로지 방어 태세만을 취할 테니까요. '부하가 나를 공격한다' '부하가 내 결점을 찾아내려 한다'고 오해하여 관계가 악화할 우려가 있습니다.

사례② 야심만만한 부하에게 주의를 주고 싶다

제 직속 부하는 과장인 제가 없는 사이에 팀원과 회의를 하기도 하고, 거래처에 '자신이 회사의 창구'라고 말하는 것도 모자라 제멋대로 갖가지 사항을 결정합니다. 부하에게 어떤 식으로 주의를 주면 좋을까요?

<피터슨 교수의 답변>

부하에게 주의를 주는 일은 상사에게 불만을 제기하는 일보다는 쉬우나, 그래도 세심한 주의를 기울여야 합니다. 만일 부하와 나 사이에 확고한 신뢰 관계가 구축되었다면 솔직하게 주의를 주면 되겠지요.

이럴 때 저라면 다음 3가지 점을 부하에게 말하겠습니다. 우선 첫 번째, "언제나 솔선수범하여 일해 주어서 고맙네"라며 감사의 마음을 전하겠습니다. 두 번째 "과장인 나에게 보고하지 않고 재량껏 일을 추진해 우리 팀 전체에 어떤 영향을 끼쳤는지를 알고 있나?" 하고 묻겠습니다. 마지막으로 "팀원과 회의할 때는 사전에 의제와 목적을 보고하도록"이라는 식으로 문제마다 지침을 제시하겠습니다.

이를 제대로 하지 않으면 부하는 점점 당신에게 반발하게 되어 상사와 부하 간의 신뢰 관계가 점차 약해질 것입니다.

사례③ 계약 직원에게 계약 종료를 고한다

저희 회사 계약 직원은 근무 태도가 좋지 않은 문제 직원입니다. 다른 직원에게 실례되는 행동을 하므로 회사에서 평판이 좋지 않고, 지각도 잦은 데다가 복장 또한 불량합니다. 몇 개월 후에 계약이 갱신되는데 그 사람의 직속 상사에게 '계약을 종료하고 싶다'는 상담을 받았습니다. 인사 담당인 저는 어떤 식으로 계약이 종료된다는 사실을 전해야 할까요?

〈그로스벡 교수의 답변〉

우선 첫 번째 면담 때 갑자기 계약이 종료된다고 말해서는 안됩니다. 만일 계약 직원의 직속 상사가 인사부장인 당신에게 '근무 태도가 나쁘기 때문에 계약을 연장하고 싶지 않다'고 말했다고 칩시다. 저라면 먼저 "그런 점을 개선하면 다시 한 번 기회를 주시겠습니까?" 하고 묻겠습니다. 그러면 상사는 '다른 직원에게 실례되는 행동을 한다, 지각을 자주한다, 불량한 복장으로 회사에 온다는 3가지 점을 개선한다면 연장해도 좋다'는 등 고쳐야 할 점을 구체적으로 지적하겠지요.

그러면 당신은 계약 직원과 면담을 해 "다른 직원에게 실례되는 행동을 하는 것, 잦은 지각, 불량한 복장으로 회사에 오는 것은 문제입니다. 계속 이 회사에서 활약하기 위해서라도 이러한 근무 태도를 개선하지 않겠습니까?" 하고 부탁하는 겁니다. 본인이 개선한다면 계약을 연장하고, 몇 번이나 말해도 개선하려는 의지가 보이지 않는다면 "안타깝지만 계약 종료입니다"라고 말합니다.

갑자기 계약 직원을 호출해 "해고입니다"라고는 말하지 않겠습니다. 이는 공정하지 않으니까요. 갑자기 해고를 고하는 상황은 회사 물건을 훔쳤거나, 회사의 명예를 심각하게 훼손했거나,

범법 행위를 저지르는 등 말도 안 되는 잘못을 저질렀을 때뿐입니다. 인사 평가를 토대로 '회사를 그만두라'고 말할 때는 이러한 결론에 이르기까지 합리적인 과정을 거쳐야 합니다. 저는 어떤 상황 속에서도 직원과 부하를 존경하는 마음을 잊어서는 안 된다고 생각합니다.

사례④ 해고를 통보한다

금융 기관의 뉴욕 지점에 근무 중입니다. 성과를 내지 못하는 부하를 해고하고 싶은데 어떤 식으로 전하는 것이 올바른 방법일까요?

〈피터슨 교수의 답변〉

몇 차례 면담을 한 후에 내린 결론이라는 전제 하에서 저는 이렇게 말하겠습니다.

"이 회사에서 당신이 할 일은 이제 끝났네. 나 또한 자네가 새로운 일자리를 찾을 수 있게 도울 것이며, 재취업 지원센터 서비스도 이용할 수 있게 하겠네. 물론 건강 보험이나 퇴직금도 충분히 지급할 걸세. 이직을 통해 멋진 경력을 쌓아 더욱더 발전하기를 바라네. 곤란한 일이 있을 때는 언제든지 연락하게."

〈그로스벡 교수의 답변〉

저는 언제나 학생들에게 '아무런 예고나 경고 없이 부하를 해고해서는 안 된다'고 가르칩니다. 문제 직원이 있더라도 '함께 개선해나가자'는 긍정적인 면담을 통해 기회를 주어야만 합니다. 이것이 부하를 존중하는 행동이니까요.

채용한 사람을 해고해야만 하는 이유는 무엇일까요? 해고된 사람에게만 문제가 있는 것이 아니라, 경영인 자신에게도 책임이 있습니다. 처음부터 고용해서는 안 될 사람이었거나, 훌륭한 인재였는데 자신의 관리 방법이 서툴러 능력을 제대로 발휘하지 못했는지도 모릅니다. 해고란 해고하는 측과 당하는 측 모두의 실패입니다.

몇 번이나 주의를 주었는데도 전혀 개선하지 않는다면 이때 해고라는 결론을 내립니다. 그리고 이렇게 말합니다.

"함께 노력했지만 뜻대로 되지는 않았군요. 더는 회사에 나오지 않아도 됩니다."

"나는 당신이 능력을 펼칠 수 있게 노력해왔고 당신도 문제점을 개선하고자 노력했다고 생각합니다. 하지만 유감스럽게도 긍정적인 결과로 이어지지는 못했군요."

서로에게 껄끄러운 상황이 되겠지만 상대방도 어느 정도 각오하고 있을 테니 트라우마가 될 정도로 정신적인 충격을 받지는 않습니다.

사례⑤ 해고를 통보받는다면

외국계 기업에서 근무 중입니다. 사업을 철수하기로 하여 인원이 크게 감축될 예정입니다. 만일 상사에게 해고를 통보받는다면 어떻게 말해야 가장 좋은 결과로 이어질까요?

〈피터슨 교수의 답변〉

가장 좋은 결과로 이어지려면 다음과 같이 말해야 합니다.

"인수인계와 관련해 지시를 내려주셨으면 합니다. 제 지식과 경험이 앞으로도 회사에 도움이 된다면 기쁠 것 같습니다. 다음 직장을 찾으려면 당신의 추천장이 필요합니다. 되도록 호의적인 추천장을 받을 수 있을까요?"

이렇게 말하면 해고한 상사 쪽도 '그는 회사를 떠날 때도 훌륭했고 인수인계도 완벽했으니 최고의 칭찬을 써 주어야겠다, 그의 우수한 점은 이러이러한 면이므로 이런 부분을 강조해야겠다'고 생각하겠지요. 또 '더 나은 직장을 찾을 수 있게 노력하겠다, 그동안 발생하는 각종 보험이나 비용 등은 걱정하지 않아도 된다, 최대한 당신을 지원할 테니 당신도 노력하기를 바란다'는 결론에 이를 것입니다.

근무하던 회사에서 해고당하는 것은 누구에게나 괴로운 경험이지만, 이럴 때 감정적으로 대처하면 도리어 역효과가 납니다. 미국에서는 사활을 걸고 회사를 고소하는 사람도 많은데, 거액의 배상금을 받는 사람은 극히 적습니다. 변호사만 돈을 벌게 되므로 고발하지 않는 편이 금전 면에서 이득인 사례도 있습니다. 재판 기간은 정신적으로도 힘들고 다음 직장을 찾을 때 역시 추천장이 없으면 구직 활동을 하기 어렵습니다. 따라서 긍정적으로 금전이나 처우 등을 협상하는 편이 좋은 결과로 이어집니다.

사례⑥ 선배가 부하 직원이 되었다면

금년도 인사이동 때 부장으로 승진하는 바람에 여태껏 선배였던 사람이 제 부하 직원이 되었습니다. 연공서열에 익숙한 탓인지 함께 일하기가 너무 불편합니다. 어떤 식으로 대처해야 부장으로서 성공할까요?

〈피터슨 교수의 답변〉

자신보다 연장자이거나 경력이 더 많은 사람이 부하 직원이 됐다면, 우선 그분들이 축적해온 깊은 지식에 최대한 경의를 표하고 오로지 의견을 경청하세요. 당신보다 연장자라는 사실은 경험이 풍부하다는 뜻이므로 이를 전제로 그들의 지식을 최대한 흡수하려고 노력하세요. 만일 당신이 연장자인 사람을 진심으로 존중하고 배려한다면 나이가 어리더라도 반드시 리더로서 성공할 것입니다.

제가 29살 때 어느 회사의 CFO로 취임했을 당시 92명이나 되는 부하 직원은 모두 저보다 나이가 많았습니나. 그들은 대부분 공인회계사로 나보다 훨씬 경험이 풍부했지요.

취임 후 저는 시간을 들여 부하 직원의 의견을 경청하는 일을 가장 먼저 했습니다. 그들을 중요하게 생각한다는 사실을 전하고, 그들의 의견을 존중하며, 전문적인 지식을 한층 갈고닦을 수 있는 환경도 만들었지요. 일에서 성공했을 때는 '여러분 덕분'이라며 고마운 마음을 전했고요. 그러자 부하 직원들은 비로소 저를 리더로 신뢰하고 받아들였습니다.

만일 제가 상사인 제 말을 따르라고 고압적인 태도를 취하거나, 공적을 전부 제 몫으로 돌리려는 태도를 보였더라면 어떻게 됐을까요? 분명 일이 뜻대로 풀리지 않았겠지요. 그들은 제게 비판적으로 되어 '리더로서 부적합하다'며 제 험담을 늘어놓을 뿐 협력해주지 않았을 것입니다.

사례⑦ 젊은 직원의 의욕을 끌어내고 싶다면

40대 중간 관리직입니다. 20대 신입 직원의 의욕을 끌어내려면 어떻게 해야 할까요? 지시받은 일은 빈틈없이 처리하지만 동료와 함께 하는 술자리에도 참석하지 않고, 회의 때는 언제나 스마트폰을 만지작거립니다.

〈피터슨 교수의 답변〉

밀레니엄 세대(1980년대 초반~2000년대 초반에 태어난 젊은이)와 어떻게 소통할지는 세계적인 문제입니다. 밀레니엄 세대는 사고 방식 및 습관이 이전 세대와 전혀 다릅니다. 철이 들기 시작했을 무렵에 이미 인터넷이 존재했거든요. 따라서 그들은 오랜 시간 똑같은 일을 잘 하지 못합니다. 고작 몇 분간 영상을 보았을 뿐인데도 지루해하고 책도 그다지 읽지 않지만, 그 대신 전자기기를 이용한 커뮤니케이션에는 뛰어난 능력을 발휘합니다. 그들은 항상 누군가와 연결되어 있어요.

그리고 한 그룹에 깊게 관여하기를 꺼려서 특정 종교나 정당과도 오랜 기간 관계를 맺으려 하지 않습니다. 그들은 매우 조심성이 많습니다.

우선은 그들을 이해하는 일이 중요합니다. 그들이 어떤 가치관을 지니고 살아가는지를 직접 물어보면 어떨까요? '왜 그렇게 하는 게 중요한가?' '어떤 일에 불안감을 느끼나?' '일과 사생활은 각각 얼마만큼 중요한가?' 등을 질문해보세요.

사람에게는 누구나 '타협할 수 없는 무언가'가 있습니다. 예를 들어 충분한 수면을 무엇보다 중요하게 여기는 사람이 아침 일찍 일어나 6시 비행기에서 승무원으로 일할 확률은 낮을 것입니다. 그들을 의욕적으로 만드는 일과 그렇지 않은 일이 무엇인지를 이해하는 것이 중요합니다.

그들은 주변 사람에게 현명한 사람이라고 평가받거나 신뢰를 받으면 갑자기 의욕이 생기고, 스스로 성장하려는 의식이 높으며, 모든 일에서 의미를 찾으려 합니다. 또 잘 알지 못하는 사람과도 간단히 연결되지요. 이는 모두 젊은 세대의 강점입니다. 이점을 상사가 이해하고 제대로 활용한다면 그들은 점차 눈부신 활약을 보여주리라 생각합니다.

key point of chapter 6

• 일류 리더의 대화술
  1. 중요한 일은 직접 만나 이야기한다
  2. 공격적인 어조로 이야기하지 않는다
  3. 간결하게 이야기한다
  4. 적절하게 '짧은 침묵'을 넣는다
  5. 상대를 배려하는 마음을 잊지 않는다

어려운 대화를 풀어나가는 법

,

생이 얼마 남지 않았다는 사실을
환자 가족에게 어떻게 전할까?

그로스백 교수는 스탠퍼드의 의과대학에서도 '어려운 대화 매니
지먼트'란 수업을 한다. 경영인이 수많은 직원의 인생과 얽혀있
듯이 의사 또한 수많은 환자의 생명과 얽혀있다. 따라서 의사야
말로 어떤 극한 상황 속에서도 환자를 배려하는 대화술을 공부
해야 한다고 말한다.

"의사는 병을 진단하는 법을 압니다. 의대생에게 '이 환자의
병명이 무엇인가?'라고 물으면 분명 올바른 병명을 말할 겁니다.

하지만 '이 환자가 앞으로 2, 3일밖에 살지 못한다는 사실을 어떤 식으로 가족에게 말할 것인가?'란 질문에는 쉽사리 대답하지 못합니다. 어떤 말로 전해야 하는지, 어떤 식으로 가족에게 말을 꺼내야 하는지, 어떤 식으로 대화를 풀어가야 하는지를 내 수업을 통해 익혔으면 좋겠습니다."

소송이 많은 미국에서 '과거에 고소당한 적이 있다'고 대답한 의사는 전체의 40%를 넘으며, 2005년부터 2015년까지 11년간 60만 건이나 되는 의료 소송이 발생했다.[3] 미국 의사가 얼마나 소송과 밀접한 관계인지를 보여준다. 일리노이주 의사회의 조사(2010년)에 따르면, 회원 중 82%가 '모든 환자가 자신을 고소할지도 모르는 소송 예비군으로 보인다'[4]고 대답했다고 한다.

이와 같은 소송을 방지하려면 반드시 환자는 물론 그 가족과도 신뢰 관계를 구축하고, 적절하게 커뮤니케이션을 해야 한다. 스탠퍼드 의과대학 학생들은 바로 이와 같은 훈련을 받는다.

그로그백 교수는 수업 시간에 '여명을 선고할 때' '병이 완치되지 않는다는 사실을 말할 때'처럼 환자의 일생을 좌우할 만한 사실을 고하는 극한 상황을 자주 예로 든다.

풀장에 빠진 3세짜리 남자아이, 옷장에서 목을 매 자살을 기도한 14세 소년, 48세에 알츠하이머 진단을 받은 남성, 심장에 치명적 결함이 있는 다운증후군 아기, 목과 머리에 생긴 종양 탓에 얼굴이 일그러지고 눈을 뜰 수조차 없는 환자 등 이러한 환자나 환자 가족을 눈앞에 두고 어떻게 진실을 전할지를 임상 사례와 실전 연습을 통해 익혀나간다.

2016년 10월 수업에서 그로스벡 교수는 다음과 같은 상황을 예로 들었다.

사례①: 의사가 아버지를 치료하는 방법에 항의하는 아들에게 말할 때

81세 남성 환자는 말기 암으로 생이 얼마 남지 않았다. 51세인 아들은 하루하루 죽음이 가까워지고 있는 아버지에게 의사가 아무런 치료도 하지 않는다며 분노하고 있다. 이때 의사는 아들에게 어떤 식으로 말해야 할까?

의대 학생은 의사 역을, 그로스벡 교수는 아들 역을 맡았다. 아들은 의사에게 이렇게 대들었다.

〈대화 수업〉

아들: 당신들 의사는 살인자나 다름없어! 아버지가 살든지 죽든지 아무렇지도 않겠지! 아버지가 아무리 연세가 많아도 그렇지 아무런 처치조차 하지 않다니, 정말 너무한 거 아닙니까?

의사: 아버님은 최악의 상황에서 조금 회복했습니다. 계속 치료 중이니 걱정하지 마세요.

이러한 의사의 말은 마치 상대방을 배려하는 듯하다. 이런 말을 들으면 아들도 '아버지는 점점 좋아지고 있어'라며 안심하고 안정을 되찾게 된다. 그러나 이와 같은 말하기 방식은 옳지 않다고 그로스벡 교수는 말한다.

"학생은 현실을 그대로 전하지 않고 일부만을 전달하거나 훨씬 완곡하게 약간 부풀려서 전달했습니다. 하지만 이는 진실이 아닙니다. 진실을 전하지 않는 것은 잘못이지요. 학생이 작은 거짓말을 하는 이유는 상대의 마음에 다가가면서 잔혹한 현실을 전할 방법을 모르기 때문입니다. 거짓말을 하지 않으면서 가족들이 실낱같은 희망을 품을 수 있는 말로 진실을 전하면 됩니다.

위의 사례에서 현실을 왜곡하지 않고 전달하면서도 희망적인 말을 덧붙이고 싶다면 '고통 없이 평온한 최후를 맞이하실 수 있도록 최선을 다하겠다'는 말밖에 없다.

그로스벡 교수가 생각하는 모범 답안은 아래와 같다.

〈그로스벡 교수식 전달법〉

의사: 아드님의 마음은 충분히 이해합니다. 의료진은 최선을 다하고 있으니 부디 저희가 내린 진단을 신뢰해 주시기를 바랍니다. 어제부터 집중 치료실에서 아버님을 치료 중이나 병세가 악화하여 현재 생이 며칠밖에 남지 않은 상황입니다. 이런 말씀을 드리게 되어 대단히 안타깝습니다만, 지금 저희가 할 수 있는 일은 고통 없이 편안한 최후를 맞이하게 해드리는 것뿐입니다. 아

버님께서 남은 시간을 평온하게 보내셨으면 합니다.

　아버지가 곧 세상을 떠난다는 사실은 바뀌지 않으며 어떤 식으로 최후를 맞이할지는 본인밖에 모른다. 가족은 '울부짖을 정도로 아프지 않을까, 고통스럽지 않을까'라며 걱정한다. 의사의 사명은 이와 같은 불안감을 누그러뜨려 주는 일이다. 아버지가 통증으로 고통받지 않고 편안하게 최후를 맞이할 수 있다고 말이다.

　흔히 '대화술에는 정답이 없다'고들 하지만 그로스벡 교수는 고집스럽게 '의사가 환자나 그 가족에게 괴로운 현실을 전할 때는 올바른 표현법이 있다'고 믿는다. 그로스벡 교수의 수업에서는 숙련된 전문의 또한 초청 연사로 참가하여 올바른 대화술을 철저하게 가르친다. 이때도 반드시 기억해두어야 할 점은 상대를 배려하는 마음이다.

현직 의사의 상담 의뢰

그로스벡 교수는 현직 의사가 보내온 상담에도 특별히 답변해 주었다. 의과대학에서도 환자와의 커뮤니케이션을 공부한다고 하는데, 의사에게 물어보면 여전히 매일 어떤 식으로 말하는 것이 가장 바람직한 방법인지 갈등의 연속이라고 한다. 또 의사 중에는 의학을 탐구하는 일에만 흥미를 느끼는 부류도 있어서 환자에게 냉정하게 말해 문제를 일으키는 사례도 적지 않다.

병원에서 실제로 있었던 3가지 상황을 살펴보며, 그로스벡 교수에게 올바른 전달법에 관한 설명을 들어보자.

사례①: 말기 대장암 환자에게 임신 중절 수술을 제안해야 하는 상황

30대 여성은 말기 대장암 환자로 암이 폐와 간에 전이된 상태입니다. 환자에게는 2세 된 딸이 있고요. 장폐색을 치료하기 위해 외과 수술을 하게 되었는데 환자 본인이 임신 중이라고 제게 털어놓았습니다. 하지만 생명을 유지하려면 임신 중절 수술을 해야만 합니다. 외과의로서 이 사실을 어떻게 전해야 할까요?

〈그로스벡 교수식 전달법〉

"남편분, 따님과 함께 남은 시간을 최대한 평온하고 쾌적하게 보내시도록 저희 의료진은 최선을 다해 노력할 것입니다. 현재 환자분의 병세를 고려했을 때, 신체적으로 임신을 유지하기란 불가능합니다. 따라서 이번 수술 때는 태아 중절 및 장폐색 수술을 하겠습니다. 수술 후에는 QOL(생활의 질)이 향상되므로 가족과 즐겁게 지내실 수 있겠지요. 물론 통증이 생기지 않도록 최선을 다해 치료할 테니, 부디 협조해주시기를 바랍니다."

그로스벡 교수는 일부러 '아기' '자녀'와 같은 말을 사용하지 않고 '태아'라는 객관적인 말을 사용했다. 냉혹한 현실을 전달할 때는 가능한 한 객관적으로 정확하게 전달한 다음 최대한 상대를 배려하는 것, 이것이 바로 스탠퍼드식 전달법이다.

사례②: 1년밖에 남은 생이 없는 대장암 환자에게 수술 결과를 말해야 하는 상황

30대 남성은 대장암 환자입니다. 암 적출 수술 후 고통스러운 화학 치료를 받아야 하므로 수술이 끝난 후에 "나쁜 암 덩어리는 떼어냈으니 앞으로 화학 치료를 받으면 더욱 좋아질 겁니다" 하고 말하며 격려했습니다. 하지만 실제로 환자의 남은 생은 반년에서 길어야 1년입니다. 사실을 솔직하게 말하면 고통스러운 화학 치료에 견디지 못하리라는 생각에 무심코 '더욱 좋아질 것'이라는 표현을 쓰고 말았습니다. 이럴 때는 어떤 식으로 말해야 좋을까요?

〈그로스벡 교수식 전달법〉

"수술로 눈에 보이는 암 덩어리는 전부 떼어냈습니다만 눈에 보이지 않는 작은 암세포가 몸속에 남아있을 가능성이 있으니 화학 치료를 받으셔야 합니다. 화학 치료 기간에는 담당 내과의인 ○○선생님이 화학 치료의 효과를 살펴보고, 상태에 따라 필요하다면 치료법을 수정할 겁니다. 오늘 받은 수술에 관해서 궁금하신 점이 있으시면 언제든지 연락해주세요.

그로스벡 교수는 이번에도 전반부에 사실만을 담담하게 전달했고, 희망적인 말은 하지 않았다. 화학 치료를 반드시 받아야 하는 이유를 설명했을 뿐이다. 하지만 후반부에는 당신 곁에 내과의와 외과의가 대기하고 있다는 사실을 전달했다.

사례③: 우울증에 빠져 치료를 거부하는 유방암 4기 환자에게 말해야 하는 상황

40대 여성 환자는 유방암 4기라고 선고받은 후 삶의 희망을 잃고 우울 상태에 빠졌습니다. 화학 치료도 거부할 정도입니다. 환자를 담당하는 유방외과 전문의는 '화학 치료를 받든 말든 그것은 환자 마음이니 나와는 아무런 상관이 없지만, 치료를 받지 않으면 죽게 된다'고 퉁명스럽게 말했습니다. 이 말은 들은 환자는 펑펑 눈물을 쏟고 말았지요. 이럴 때 의사는 어떤 식으로 전달해야 좋을까요?

〈그로스벡 교수식 전달법〉

"남은 시간을 의미 있게 보내기 위해서 화학 치료를 받지 않는 것도 환자분의 선택지 중 하나로 존중하는 바입니다만, 그 전에 화학 치료를 받았을 때의 장단점을 간단히 설명해드리겠습니다. 화학 치료의 장점은 무엇보다 오래 살 가능성이 높아진다는 점, 단점은 부작용으로 불쾌한 경험을 하게 된다는 점입니다. 그러나 이 부분은 환자분께서 불쾌한 경험을 하지 않도록 최대한 노력하겠습니다.

한편 화학 치료를 받지 않았을 때의 장점은 고통스러운 일을 겪지 않아도 된다는 점입니다. 이쪽을 선택하신다면 통증이 완화되도록 최선을 다해 치료하겠습니다.”

의사 중에는 '환자를 단지 연구나 수술 대상으로만 생각하는 거 아닌가?'란 생각이 들 만큼 말과 행동을 함부로 하는 사람도 있다. '치료를 받지 않으면 죽게 된다'고 말한 의사와 그로스벡 교수가 한 말의 차이는 환자에 대한 존중이다. '당신의 의견을 존중한다'고 말한 다음 장단점을 다시 한 번 설명하여 환자 본인이 냉정하게 판단하게끔 유도하는 것이 바로 올바른 전달법이라고 그로스벡 교수는 말한다.

스탠퍼드 의과대학에서 그로스벡 교수가 대화술을 가르치는 데에는 물론 '졸업 후 환자에게 고소당하지 않게 하려는 뜻'도 있다. 하지만 그보다 의사의 역할은 눈앞의 환자에게 도움을 주는 일이란 본질을 전달하기 위해서다.

제7장

스탠퍼드식 협상술

: 싸우지 않는다,
타협하지 않는다,
손해 보지 않는다

협상은 귀찮다

'협상'이란 말을 들으면 어떤 이미지가 떠오르는가?

매장에서 점원과 가격을 협상한다, 거래처에서 납품 가격을 협상한다, 항공사와 보상에 관해 협상한다, 이직한 회사에서 연봉을 협상한다…. '아수라장' '싸움' '타협' '흥정'과 같은 부정적인 이미지를 떠올리는 사람도 많으리라.

중고 명품 판매점에서 이루어지는 협상을 한번 살펴보자. 여기에서는 매입 가격을 둘러싸고 파는 사람과 사는 사람 사이에 그야말로 공방전이 펼쳐진다.

> **여성:** 이 주황색 에르메스 버킨백이요, 한 번도 사용하지 않은 새 건데 얼마나 받을 수 있을까요?
>
> **직원:** 이 가방은 상태가 매우 훌륭하군요. 산 지 얼마 안 됐는데 벌써 파시게요?
>
> **여성:** 들고 다닐 일이 별로 없어서요.
>
> **직원:** 1,200만 원에 어떠세요?
>
> **여성:** 네? 1,200만 원이라고요? 이거 새 가방이에요! 너무 싼 거 아니에요? 다른 매장에 물어봤더니 더 높은 가격을 쳐주겠다고 했어요. 한 번 더 생각해보세요.
>
> **직원:** (계산기를 두드리며) 1,300만 원은 어떠세요? 더 이상은 안 됩니다.
>
> **여성:** 그럼, 팔게요.

명품을 팔러 오는 손님에는 2가지 유형이 있다. '협상해서 무조건 높은 가격에 팔고 싶은 사람'과 '얼마라도 좋으니 빨리 팔고 싶은 사람'이다. 전자는 집요할 정도로 계속해서 가격 협상을 하고, 후자는 '헤어진 남자 친구에게 받은 물건이라서 혹은 싫어하는 손님에게 받은 물건이니 최대한 빨리 처분하고 싶다'며 직원이 제시하는 가격에 판다.

후자인 사람은 어째서 협상을 하지 않는 걸까? "조금 더 가격을 쳐주실 수 없나요?" 이 말 한마디만 해도 100만 원이나 200만 원쯤 이득을 볼 텐데 말이다.

협상해도 된다는 사실을 모르거나 협상 따위는 귀찮다고 생각하거나 둘 중 하나겠지만, 세상에는 협상하지 않아 손해를 보는 사람이 많다.

협상을 피하고 싶어 하는 이유

우리는 왜 '되도록 협상을 피하고 싶어 하는' 것일까. 협상을 해서 불쾌한 경험을 하고 싶지 않기 때문이다. 협상에서 진 경험, 손해 본 경험은 잊기 힘들다.

스탠퍼드대학 경영대학원에서 협상술을 가르치는 마거릿 닐 Margaret Ann Neale 교수는 '협상에서 지기 싫다'는 생각을 재고해야 한다고 말한다.

"협상을 피하려는 이유는 협상은 곧 전투라는 선입견 탓입니다. 내가 협상 상대에게 최대한 많은 것을 빼앗으려 하는 만큼 상대도 나에게 최대한 많은 것을 빼앗으려 하고, 내가 협상 상대에게 자신의 몫을 빼앗기지 않으려 방어하는 만큼 상대 역시 나에게 빼앗기지 않으려 방어하는 행위를 협상이라고 생각하지요."

협상에 져서 손해 보기 싫다는 마음은 앞장에서 설명한 본래부터 인간에게 내재한 '손실 회피성'에서 비롯된다. 인간에게는 무릇 '이익에서 얻는 만족보다 같은 액수의 손실에서 얻는 고통을 더 크게 느끼는 습성'이 있다. 즉 10만 원을 받은 경험보다도 10만 원을 손해 본 경험이 두 배나 더 강하게 기억에 남는다. 따라서 섣불리 협상해서 질 바에야 차라리 협상하지 않는 편이 이득이라고 생각한다.

게다가 아시아계 사람들은 '욕심 많은 인간으로 비치고 싶지 않다'는 마음이 서양인보다 강하다. 동양에는 물질 지상주의를 저속하게 여기는 문화가 있고, 무엇보다도 체면을 중시하는 문화가 있어서 다른 민족보다 협상을 꺼리는 경향이 강하다. 닐 교수는 말한다.

"아시아계 중역은 '까탈스러운 사람으로 비치기를 원하지 않는' 성향이 있어서 가능한 한 협상으로 끌고 가지 않으려 합니다. 수업 시간에 실제로 역할극을 해보아도 적극적으로 협상하려는 사람이 적지요.

하지만 글로벌 기업에 취업해 승진하고 싶다면 상사 또는 회사와 협상해야만 합니다. 아시아계는 일반 직원으로서는 우수하나 리더로서는 그다지 우수하지 않다고 평가받는 탓에, 승진하기까지 매우 고전합니다. 이래저래 아시아계가 협상을 잘하지 못하는 탓에 겪는 문제이지요.

　미국 기업 특히 IT 기업에서 아시아계 직원은 서로 데려가려 경쟁합니다. 하지만 배타적이고 계층적인 기업 문화 속에서 차근차근 출세의 계단을 밟아 나가기 위해서는 남보다 훨씬 뛰어난 실적을 올려서 주목받아야만 합니다. 상사가 곤경에 처했다면 '내가 그 문제를 해결해 보이겠다'며 해결 방안을 제시하고, 그 성과를 어필하여 승진 협상을 하는 것이 미국의 기업 문화이지요. 성공하기 위해서는 반드시 협상술을 익혀야 합니다."

　닐 교수가 강조하는 내용은 협상은 전투가 아니며, 협상으로 당신의 체면은 손상되지 않고, 탐욕적인 인간이란 인상을 주지도 않는다는 사실이다. 닐 교수는 협상에 대한 편견을 개선해야 한다고 주장한다.

　협상은 상대와 함께 문제를 해결하는 수단으로, 그 목적은 참가자 모두 더 나은 결과를 얻는 데에 있다. 상대와 열정을 공유함으로써 생각지도 못한 해결책이나 자신에게 더욱 이득이 되는 해결책을 발견하기도 한다.

　'협상 = 전투'가 아니라, '협상 = 상대와 문제를 해결하는 자리'라 생각하고 협상에 임한다면 탐욕스럽거나 까탈스러운 사람이라는 인상을 주지는 않으리라.

상대를 흔드는
'심리 전술'에 빠지지 마라

협상을 하면 어째서 피로가 한꺼번에 밀려오는 것일까? 그 이유는 주로 3가지다.

첫째, 무릇 돈과 관련된 결정에는 에너지가 소비되기 마련이다. 2장에서도 설명했듯이, 다양한 사항을 결정해야만 하는 금전 협상 자리에서는 '결정 피로'를 일으키기 쉽다.

둘째, 협상 그 자체에 익숙하지 않아서다. 협상에 익숙한 변호사는 아무리 협상해도 녹초가 되지는 않겠지만, 평범한 직원이 협상할 기회는 의외로 적다. 익숙하지 않은 일을 하면 당연히 피로해지므로, 닐 교수는 무조건 협상에 익숙해지라고 말한다. 백화점이나 가전제품 대리점에서 반복해서 연습하면 협상 자체에 점차 익숙해져서 요령을 터득하게 된다고 한다.

셋째, 상대의 심리 전술에 빠진 탓이다. 일부러 상대를 정신적으로 지치게 해 협상을 유리하게 끌고 가려는 전술이 있다. 전술이란 사실을 알면 침착하게 대처할 수도 있으나 알지 못하면 단지 상대에게 휘둘리게 된다.

컬럼비아대학 경영대학원에서 가르치는 심리 전술을 참고로 소개한다.[1]

심리전술 1. 좋은 경찰, 나쁜 경찰

같은 편끼리 '선량한 사람' '악독한 사람'을 연기하는 전술이다. 의도적으로 악당을 설정하고 자신은 협상 상대와 말이 잘 통하는 인물처럼 행동함으로써, 상대가 자신에게 타협하도록 만든다. 형사 드라마에서 범인에게 자백을 받아낼 때 자주 사용되는 이 기술은 비즈니스 상황에서도 빈번히 사용된다.

심리전술 2. 개인 공격

쉽게 설명하면 말끝마다 빈정대는 전술이다. "이런 것도 모르시나 봐요" "당신과는 말이 안 통하는군요" 등 상대를 깎아내리는 듯한 말을 해 심리적으로 흔든다.

심리전술 3. 협박

"이 문제가 언론에 알려진다면 어떻게 될까요?" "필요하다면 법적으로 조처하겠습니다"란 식으로 경고한다.

심리전술 4. 협상 거절

"이런 조건에서는 더는 협상을 진행할 수 없어요"라며 자리를 뜨는 전술이다.

심리전술 5. 강경한 파트너

"저는 이 조건에 동의하지만 상사가 한사코 안 된다고 해서요"라며 일부러 그 자리에 없는 권위자의 이름을 꺼낸다.

심리전술 6. 극단적인 요구

상대가 어느 선까지 타협할 수 있는지를 파악하고자 일부러 극단적으로 높은 금액과 낮은 금액을 제시하는 전술이다. 만일 상대가 1억 원에 집을 팔고 싶어 한다는 사실을 안다면 일부러 "2,000만 원은 어떠십니까?" 하고 제시한다.

심리전술 7. 일부러 지연시키기

협상에 들어가지 않아 상대를 초조하게 하는 전술이다.

심리전술 8. 양자택일 강요하기

"제안을 받아들이든 거절하든 모두 당신에게 달렸습니다"라고 말해 양자택일을 강요함으로써 신속한 결정을 촉구한다.

경영대학원에서는 이와 같은 심리 전술을 '계획적 전술'로서 소개하며 상대가 이런 전술을 써도 냉정하게 대처하라고 가르친다. 하지만 일부러 상대를 피로하게 하는 심리 작전이 있다는 사실을 아는 것은 매우 중요하다.

심리전이 있다는 사실을 알면 '이 사람은 좋은 경찰, 나쁜 경찰

전술을 구사하고 있군' '이 사람은 강경한 파트너 전술을 사용해서 교란하려 하는군'라며 냉정하게 대처할 수 있으나 알지 못하면 정신적으로 피폐해져 상대의 구슬림에 넘어가고 만다.

이처럼 협상은 사람을 피로하게 하지만, 실전에서 훈련할수록 능숙해진다고 닐 교수는 말한다. 그러려면 반드시 서구식 법칙과 전술을 미리 머릿속에 넣어 두어야 한다.

협상에 성공하는 4단계

'협상' 자체를 체계적인 학문으로 정립해 '협상이 꼭 싸우는 것은 아니다'란 새로운 견해를 제시한 사람은 하버드대학 협상학 연구소의 로저 피셔Roger Fisher 박사(당시)와 윌리엄 유리William Ury 박사다. 두 사람이 1981년에 출간한 『Yes를 이끌어내는 협상법Getting to Yes』[2]은 획기적인 비즈니스서로 칭송받아, 전 세계에서 베스트셀러에 올랐다. 이 책은 여전히 전 세계 경영대학원에서 교과서로 사용된다.

닐 교수가 스탠퍼드에서 가르치는 내용은 『Yes를 이끌어내는 협상법』을 더욱 발전시킨 『기대 이상의 결과를 얻을 수 있는 협상술Getting (More of) What You Want』[3]이다.

닐 교수는 스탠퍼드식 협상술을 성공적으로 구사하려면 반드시 다음의 '4가지 단계'를 밟아야 한다고 말한다.

1. 협상 여부 산정하기^{ASSESS}
2. 정보를 모아서 준비하기^{PREPARE}
3. 상대방 의견 물어보기^{ASK}
4. 한꺼번에 제안하기^{PACKAGE}

1. 산정하기

협상했을 때와 하지 않았을 때의 이득과 손실을 산정한다. '협상하면 정말로 기대 이상의 결과를 얻을 수 있나' '협상하지 않고 이 상황을 개선할 수 있나' '협상하지 않았을 경우, 희생을 감수할 각오는 얼마나 되어 있나' 등 현재 상황을 분석하여 협상 여부를 결정한다.

2. 준비하기

먼저 협상 전에 다음 사항을 생각해본다.

'결국 내가 이 협상에서 얻고자 하는 것은 무엇인가?' '반드시 획득하고 싶은 것은 무엇인가?' '가장 희망하는 안건이 통과되지 않았을 경우 대체 방안은 무엇인가?' '어떤 안건을 제시하여 협상할 것인가?' '서로에게 이득이 되는 결과란 무엇인가?'

이러한 사항들을 명확히 한 다음 상내의 정보를 모아 자세히 조사한다.

3. 물어보기

상대가 꼭 알아야 할 정보를 스스로 공유하는 동시에 상대에게 질문하고 상대방 의견을 경청한다. 협상의 목적은 '서로 질문함으로써 정보를 공유하고 서로에게 이로운 해결 방안을 찾는 것'이란 사실을 염두에 둔다. 특히 회사에는 상사나 동료가 모르는 '나만 아는 정보'가 의외로 많아서, 그 정보를 공유하기만 해도 문제가 상당 부분 해결되기도 있다.

4. 한꺼번에 제안하기

여러 안건을 상정하고 한꺼번에 해결책을 제안한다. 이렇게 하면 쉽게 교환할 수 있으므로, 이 안건을 받아들이고 이 안건을 양보한다면 나와 상대방 모두 이득을 보겠다는 등 한 가지 안건이었을 때는 생각지도 못했던 해결책이 떠오른다. 제안할 때는 '만일 ~하다면, 이렇게 합시다.'라는 말을 많이 사용한다.

이 4가지 단계를 구체적으로 어떻게 활용해야 할까? 닐 교수가 실천한 모범 답안의 예를 바탕으로 살펴보자.

상사와 근무 형태를 협상한다

몇 해 전 여름, 닐 교수는 학부장에게 '교무국장이 새로운 규정을 도입했으니 올해부터 교원은 연간 6과목을 가르쳐야 한다'는 메일을 받았다. 6과목은 너무 많다고 생각한 닐 교수는 어떻게 해야만 지금처럼 5과목을 유지할 수 있을지 고민했다.

1. 산정하기

닐 교수는 협상했을 때의 이득과 손실을 산정한 다음, 이 경우에는 학부장과 협상해서 실패한다고 해도 '6과목을 가르쳐달라'는 말을 듣게 될 뿐 손해 볼 것이 없다는 사실을 확인했다.

2. 준비하기

'어떤 정보를 공유해야 할까?' '학부장이 가장 신경 쓰는 점은 무엇인가?' 등에 관한 정보를 모은 결과 2가지 사실을 알아냈다.

우선 학부장은 교무국장이 정한 규정(학생에게 가르치는 총시간 수)만 지킨다면, 과목 수는 크게 신경 쓰지 않는다는 점, 그리고 닐 교수가 매회 3시간짜리 수업을 3시간 반 동안 가르친다는 사실을 모른다는 점이었다. 닐 교수는 항상 수업을 정시에 끝내지 않고 15분에서 30분 정도 늦게 끝냈다.

이와 같은 사항을 고려한 후, 실제 협상에서는 다음 2가지 점을 제시하기로 했다.

(1) 자신이 평소 3.5시간 가르친다는 새로운 정보를 전달한다.

(2) '3시간×6과목이 아니라 3.5시간×5과목은 어떤지'를 제안한다.

3. 물어보기

학부장과 협상할 때, 처음에 "좀 도와주셨으면 하는 일이 있는데요…"하고 말해 먼저 도움을 요청한다. 그러면 상대방은 "내가 도와줄 만한 일이 있나요?"라고 대답하게 되므로 이 순간, 협조적인 분위기가 만들어진다.

닐 교수는 설명한다.

"이처럼 '좀 도와주셨으면 하는 일이 있는데요…'란 말로 대화의 문을 여는 행위는 상대방 의견을 존중한다는 사실을 보여주므로, 서로 협력해 문제를 해결해나가는 데 매우 중요합니다. 만일 내가 '6과목 가르치는 건 싫으니 5과목으로 줄여주실 수는 없는지 협상하러 왔습니다'란 말로 대화를 시작했다면, 학부장이 전투태세에 들어가 협상은 원활하게 이루어지지 않았겠지요."

4. 한꺼번에 제안하기

우호적 분위기가 만들어졌을 즈음 "3시간짜리 수업을 6과목 가르치지 않고, 3시간 반짜리 수업을 5과목 가르치면 어떨까요? 지금 가르치는 과목을 3시간에서 3시간 반으로 늘리겠습니다" 하고 제안한다.

그 후 어떻게 됐을까? 다른 교수들은 모두 6과목씩 가르치는 상황 속에서 오직 닐 교수만 5과목을 가르치고 있다. 아무도 협상의 여지가 있다고 생각하지 않았기 때문이다.

협상해도 아무런 손실이 없다면 무조건 상대에게 가능성을 타진해보라고 닐 교수는 강하게 주장한다.

[사례 2]
백화점 세일 상품의 가격을 더 깎는다

닐 교수가 세일 중인 백화점에 들렀을 때의 일이다. 닐 교수가 평소에 신을 신발을 고르기 위해 구두 매장에서 구두 세 켤레 정도를 들고 어슬렁거리던 중 멋진 하이힐 한 켤레가 눈에 들어왔다. 그러나 그 하이힐은 정가보다 약간 저렴하다고는 해도 여전히 고가였다. 어떻게 해서든 이 하이힐을 손에 넣고 싶었던 닐 교수는 직원과 협상하기로 했다.

세일 중인 제품의 가격을 더 할인해서 구매한다는 어려운 협상에 닐 교수는 어떻게 성공했을까? 닐 교수는 아래 4가지 단계를 밟았다.

1. 산정하기 = 협상했을 때의 이득과 손실을 산정

협상에서 실패하더라도 최악의 경우 "이 가격 밑으로는 절대 안 돼요."란 말을 듣게 될 뿐 아무런 손실이 없으므로 협상하기로 했다.

2. 준비하기 = 상대방 정보를 수집

미리 직원에 관한 정보를 수집할 수는 없었지만 미국의 백화점 직원이 실적제로 일한다는 사실은 알고 있었으므로 다음과 같은 점을 강조하기로 했다.

(1) 나는 반드시 구두를 세 켤레 산다.

(2) 네 켤레째를 지금 당장 싸게 해준다면 네 켤레 전부 사겠다. 그러면 당신에게는 그만큼의 인센티브가 들어온다.

3. 물어보기 · 4. 한꺼번에 제안하기

이 사례에서는 3, 4단계가 동시에 이루어졌다.

→ '조금 더 깎아주실 수는 없나요?' '다른 방법은 없나요?'(질문하기)

→ 만일 당신이 네 켤레째를 조금 더 할인해 준다면, 네 켤레 전부 사겠습니다(한꺼번에 제안하기)

다음은 실제로 닐 교수와 직원이 주고받은 대화 내용이다.

〈교수와 직원의 실제 대화〉

교수: 이 세 켤레는 반드시 살 거예요. 가능하다면 이 멋진 하이힐도 추가로 사고 싶은데 예산을 초과해서요. 조금 더 싸게는 안 될까요?

직원: 일주일 후에 오세요. 50% 세일 중일 테니까요.

교수: 이렇게 멋진 구두가 일주일간이나 팔리지 않는다는 건 말이 안 되죠. 분명 팔리고 없을 거예요. 게다가 당신이 아니라 다른 직원이 팔아버릴지도 모르잖아요? (이 기회를 놓친다면 그는 인센티브를 받을 수 없다는 사실을 강조)

직원: 그럼 이렇게 하면 어떨까요? 지금 이 구두를 가격표에 표시된 가격으로 구매하신 다음, 신지 말고 일주일 후에 반품하세요. 일단 환급 처리를 해드릴 테니 그 후에 구두를 다시 50% 할인된 가격으로 구매하시면 됩니다.

교수: 여기에서 한 시간이나 떨어진 곳에 살아서 왕복 두 시간

을 허비해 반품하러 오고 싶지는 않아요. 오늘 사고 싶은데 다른 방법은 없을까요?

직원: 잠시만 기다려주세요. 매니저에게 확인해 보겠습니다.

결과는 어떻게 됐을까? 잠시 후 뒷문에서 나온 직원이 "현재 가격에서 75달러 빼 드리겠습니다" 하고 말하며 네 켤레째를 할인해주었다.

성공의 가장 큰 요인은 무엇이었을까? '직원에게 할인 가능성이 있는지를 곧장 물어본 덕분'이다.

일반적으로 소비자는 '세일 상품은 절대 깎기 힘들다'고 당연하게 생각하지만 일주일 후에 있을 마지막 세일 때 50% 할인해주는 상품을 지금 할인해달라고 협상해볼 수는 있다. 닐 교수는 협상의 달인이 되려면 무조건 연습을 많이 해야 한다고 이야기한다.

"끊임없이 연습하세요. 온갖 상황에서 다양한 방법을 시도해본 다음 성공한 협상, 실패한 협상을 기록해 두면 좋아요. 백화점에서 직원과 아무리 가격 협상을 많이 해도 위험 부담이 전혀 없습니다. 실패해보았자 단지 제 가격에 살 뿐이지 상품은 살 수 있거든요."

휴가 신청이나 임금 협상에서
실패하는 이유

아시아의 많은 기업에서는 장시간 노동과 휴일 근무를 근면의 상징으로 여기는 탓에 직원은 여전히 유급 휴가나 장기 휴가를 내기가 힘들다.

그래서 장기 휴가를 신청했는데 상사가 승인해주지 않았다거나, "아무쪼록 부탁하네"란 상사의 말에 휴일 출근을 거절하지 못했다거나, 어차피 신청해도 안 될 것 같아서 포기하는 직원이 많다.

게다가 승진 협상에서 실패하는 사례도 많다. 흔히 저지르는 실수는 다음과 같은 말로 상사와 협상을 시작하는 것이다.

"저는 매일 3시간씩 야근을 하고 휴일 근무까지 하지만 야근 수당을 지급하지 않는다는 조건으로 계약해서 수당을 받지 못합니다. 그러니 대신에 기본급을 올려주실 수 없습니까?"

닐 교수에 따르면 이 협상자는 2가지 실수를 저질렀다.

첫 번째는 '요구 사항'으로 대화의 문을 연 점이다. 이러한 말을 들으면 상사는 '예스'나 '노' 외에 다른 말을 하기 힘들다. 위의 사례는 야근 수당을 지급하지 않는다는 계약이므로 '노'라고 대답할 수밖에 없다.

두 번째는 한꺼번에 제안하시 않은 점이다. 자신의 기본금을 올려주면 상사에게는 어떤 이득이 있는지, 그 근거를 제시하지 않았다. 야근 시간 외의 다른 근거를 제시하지 않은 탓에 긍정적으로 검토하기가 어렵다.

닐 교수의 남편도 예전에 이와 똑같은 실수를 저질렀다고 한다. "예전에 제 남편은 요리사였어요. 그이는 하루에 10~12시간이나 일했지만 급여는 8시간분밖에 받지 못했죠. 이 점이 늘 불만스러웠던 남편은 어느 날 '시간 외 수당을 지급해 달라'는 협상을 하러 주방장을 찾아갔습니다. 그러자 주방장이 '나라면 지금 당신이 하는 일을 8시간 안에 빈틈없이 끝낼 수 있다. 왜 쓸데없이 돈을 지급해야만 하는가?'라고 반문하는 바람에 아무 말도 못 했다고 합니다."

기본급을 인상해주기를 원한다면 우선 최대한 많은 정보를 제공해야 한다. 능력이 엇비슷한 사람의 평균 급여, 목표 달성 실적, 실제 회사나 부서에 공헌한 사례 등의 객관적인 데이터는 강력한 무기가 된다. 무엇보다 설득력이 있는 것은 회사의 수익 향상에 공헌한 금액이다. 이와 같은 정보를 제시한 후, 먼저 상사의 의견을 들어보아야 한다.

그러나 임금 협상이란 좀처럼 생각대로 흘러가지 않는 법이다. 그러므로 임금 인상뿐 아니라 다른 조건을 협상 테이블에 올리는 일이 중요하다. 재택근무, 유급휴가 획득 등 "임금 인상이 어렵다면 대신 ○○은 어떨까요?"라며 대안을 마련해둔다.

무엇보다 '자신이 상사라면 부하가 어떤 식으로 말했을 때 예스라고 대답할지'를 철저하게 분석한 다음 협상에 임해야 한다. '상대가 예스라고 대답할 만한 이유를 찾지 못했다면 섣불리 협상하지 말라'고 닐 교수는 조언한다.

타협하지 않고도
합의에 이르는 방법

닐 교수가 '한꺼번에 제안하라'고 반복해서 말하는 이유는 이렇게 하지 않으면 서로 타협해야만 하는 상황이 되기 때문이다. '타협으로 끝나는 협상'은 좋은 협상이 아니다. 협상의 목적은 서로 이득을 얻는 데 있지 '어쩐지 손해 본 느낌'을 받는 데 있지 않다. 닐 교수는 말한다.

"서로 타협하지 않고 합의하는 방법을 생각해야 하지만, 서로 희생하여 합의에 이르는 과정을 협상이라고 생각하는 사람이 너무 많은 듯합니다.

타협은 매우 간단한 해결 방법이에요. '나는 10달러를 갖고 싶지만 당신은 5달러밖에 줄 수 없다. 그러니 7.5달러에서 합의하자.' 이것이 타협입니다. 그러나 이 해결책은 아무도 불행해지지 않는 대신 아무도 행복해지지 않아요. 오직 돈과 관련된 문제라면 타협도 괜찮은 방법일지 모르나 타협은 때때로 후회를 낳습니다.

예를 들면 이런 사례입니다. 합의점에 도달하는 일만을 최우선으로 여겨 자신이 가장 원했던 것을 포기하고, 두 번째로 원했던 것을 획득했다고 합시다. 그런데 나중에 물어보니 자신이 가장 원했던 무언가가 상대에게는 '공짜로 주어도 괜찮은 것'이었다는 사실을 알게 되었습니다. 협상 시에 이쪽에서 다른 제안을 했더라면 가장 원했던 것을 간단히 손에 넣을 수 있었겠지요.

몇 가지 안건을 동시에 협상하면 '이것들은 그다지 필요가 없으니 그쪽에 전부 주겠다, 그러니 이만큼은 나에게 양보해 달라'며 거래할 수 있습니다. 그리하여 타협했을 때보다 훨씬 바람직한 결과를 얻게 됩니다."

화내도 괜찮은 상대, 화내면 안 되는 상대

감정을 표현하는 방식도 훌륭한 협상술이다. '화를 내면 끝이다'

'감정적이 되는 쪽이 진다'고 생각하지만, '화내는 행위' 또한 협상술이 될 수 있다. 닐 교수는 말한다.

"협상 자리에서 전략적으로 화를 내는 사람도 있습니다. 그다지 화가 나지 않는데도 협상을 유리하게 끌고 가려 일부러 화를 내는 행위는 어엿한 협상술이죠. 화가 난 척을 하면 상대방은 '정말 화가 났구나. 무언가 양보해야겠어'라고 생각할 겁니다."

이때 중요한 점은 감정에 맡겨 화를 내지 않고 전략적으로 화내는 일이다. 심하게 화를 내며 자리를 뜨면 나중에 다시 협상해야 하지만, 어조를 강하게 하는 정도로 약하게 화를 내면 협상을 자신에게 유리한 방향으로 유도하는 데 효과적이다.

유리하게 협상을 끌고 나가기 위해서는 어떤 협상에서 살짝 화를 드러내야 할까? 닐 교수는 협상 시에 화를 내도 괜찮은 상대와 화를 내서는 안 되는 상대가 있다고 한다.

"매장 직원에게는 화난 척을 하기도 하나, 상사나 가족에게는 화내지 않습니다. 직원과의 관계는 그 자리에서 끝이 나지만 상사나 남편, 아내와의 관계는 그 후로도 계속됩니다. 관계의 계속성이 다르지요. 매일 얼굴을 마주치는 사람과 크게 다투면 쭉 어색한 관계로 지내야 하므로 나라면 감정 표출을 참고 상대와 함께 문제를 해결하겠어요. 그편이 좋은 결과로 이어질 테니까요."

가까운 상대와 무턱대고 협상을 해 '화난 척'을 하면 상대와의 관계는 분명 악화한다. 예를 들어 남편이 가사를 분담해주기를 원하는 아내가 남편과 협상했다고 하자. '당신은 쓰레기 버리기, 나는 화장실 청소' 등 방침을 정해도 결국 남편이 약속을 어기는 횟수가 조금씩 늘어날 가능성이 크다.

이런 상황에서는 '결국 당신은 아무 일도 하지 않는다'며 화를 내지 말고 '비용이 조금 들더라도 청소는 다른 사람에게 맡기자'는 식으로 냉정하게 제안하는 편이 좋다.

감정을 능숙하게 조절해서 협상한다면 상거래는 물론 가족이나 친구 사이의 소소한 협상에서도 자신에게 이득이 되는 결과를 얻을 수 있다.

key point of chapter 7

• 8가지 심리 전술에는 반드시 주의할 것
  1. 좋은 경찰, 나쁜 경찰
  2. 개인 공격
  3. 협박
  4. 협상 거절
  5. 강경한 파트너
  6. 극단적인 요구
  7. 일부러 지연시키기
  8. 양자택일 강요하기

• 스탠퍼드식 협상술 4단계
  1. 협상 여부를 산정한다(ASSESS)
  2. 정보를 모아서 준비한다(PREPARE)
  3. 상대방 의견을 물어본다(ASK)
  4. 한꺼번에 제안한다(PACKAGE)

인공지능은 완벽한 협상가가 될 수 있을까?

[협상 능력 실험]
AI는 윈-윈으로 이끌 것인가

컴퓨터도 인간처럼 협상할 수 있을까? 인공지능은 이제 체스, 장기, 바둑의 세계 챔피언을 이길 정도로 진화했다. 인간 대 인간의 협상 또한 협상 게임이라고 인식하면 인공지능이 더 생산적으로 협상하지 않을까? 전 세계 경영대학원에서는 현재 인공지능을 사용한 협상술이 활발하게 연구되고 있다.

프랑스의 경영대학원 인시아드INSEAD의 오라시오 팔카오Horacio Falcão 교수팀은 '컴퓨터는 인간을 상대로 협상할 수 있을뿐더러 결과적으로 서로 이득이 되는 길을 제시해 준다'는 사실을 연구를 통해 밝혀냈다. 팔카오 교수팀의 실험은 다음과 같다.[4]

컴퓨터는 판매원, 인간은 고객이라는 설정으로 협상하며 판매할 물건은 개인용 PC다. 컴퓨터는 가격, 양, 서비스, 배달 조건의 4가지 항목을 인간과 협상할 수 있다.

팔카오 교수팀은 다음 2가지 상황에서 '컴퓨터(파는 쪽)와 인간(사는 쪽) 사이에 협상이 어느 정도 성립하는지'를 실험했다.

Ⓐ 컴퓨터가 자신의 우선순위를 최대한 제시한 경우(가격이 가장 중요하고 배달 조건은 그다지 중요하지 않다 등)

Ⓑ 컴퓨터가 자신의 우선순위를 제시하지 않은 경우

실험 결과 Ⓐ에서는 27명 중 22명의 고객(인간)이 상품을 사겠다고 결정했지만 Ⓑ에서는 14명밖에 사지 않았다. 사는 쪽 역시 자신의 우선순위를 컴퓨터에 더 많이 제시한 사람일수록 만족스러운 결과를 얻었다. 이 결과는 인간과 컴퓨터 사이에 공유하는 정보가 많을수록 컴퓨터가 서로에게 가장 좋은 결과로 이끌어준다는 사실을 의미한다.

협상이나 게임 이론에 특화한 인공지능은 과거 20년이 넘는 기간 동안 꾸준히 계발됐는데, 체스나 장기 챔피언은 만들어냈어도 아직 '완벽한 협상자'를 만들어내지는 못했다. 협상에는 불

확정 요소가 지나치게 많은 탓이다.[5]

이번 장의 서두에서 이야기한 중고 명품 판매점에서의 협상 시 가방을 파는 쪽을 컴퓨터가 맡았다면 어떨까? 컴퓨터는 매장 직원에게 최대한 비싸게 팔려 하겠지만 '명품 가방을 팔러 온 사람이 내가 좋아하는 타입의 사람이니까' '항상 신세 지고 있는 단골이 소개한 손님이니까' 등의 이유로 직원이 더 비싼 가격에 매입하기도 한다는 것까지는 예상할 수 없다. 협상에 관한 모든 정보를 인공지능에 기억시키기란 불가능하다.

게다가 인간은 때때로 불합리한 결정을 내린다. 이번에는 컴퓨터가 가방을 사는 쪽을 맡았다고 해보자. '비싼 값에 팔고 싶다'는 고객의 마음은 이해해도 '이 가방을 준 옛 애인을 빨리 잊고 싶으니 금액에 상관없이 얼른 팔고 싶다'는 사람의 생각까지는 이해하기 힘들다. 이러한 까닭에 현 단계에서 인공지능 소프트웨어는 대개 협상을 위한 보조 기구로 사용된다.

하지만 협상에 특화한 인공지능은 나날이 진화하는 중이다. 인간이 인공지능과 협상할 기회는 점점 늘어날 것이며 가까운 미래에 인공지능 대 인공지능이 협상하는 시대가 올지도 모른다.

제8장

전략적
커뮤니케이션

: 전달에는
전략이 필요하다

story
marketing
innovation
politics
leadership
conversation
negotiation
communication
mind control

모든 커뮤니케이션 기본은 'AIM'

상사나 부하에게 보내는 메일, 거래처에 거는 전화, 회의 때 하는 프레젠테이션, 회사 행사에서의 발표 등 회사 업무는 대부분 커뮤니케이션'으로 이루어지지만, 커뮤니케이션을 어렵게 생각하는 사람이 많다. 프레젠테이션을 망쳤다거나, 괜찮다고 생각한 기획서가 통과되지 못했다거나, 서툰 문장력 탓에 메일을 받은 상대를 화나게 한 적이 누구에게나 있다.

대체 우리는 왜 커뮤니케이션에 실패하는 것일까?

한 가지 요인은 커뮤니케이션을 전략적으로 하지 않아서다. 그동안의 경험에 비추어보아 이렇게 이야기하면 일이 잘 풀리리라는 사실을 알지만 그 이유는 알지 못한다. 이유를 모르니 다음 번에 응용할 수 없다.

스탠퍼드대학 경영대학원에서는 어느 수업을 들어도 상대방의 처지를 생각하는 것이 커뮤니케이션의 기본이라 가르친다. 어찌 보면 당연한 말이지만 이를 실천하기란 쉽지 않다. 따라서 리더십, 사내 정치, 협상술 등 여러 수업을 통해 상대를 생각하고 배려하는 커뮤니케이션 방법을 계속해서 가르친다.

스탠퍼드대학 경영대학원에서 '전략적 커뮤니케이션'을 가르치는 J. D. 슈람J. D. Schramm 박사는 '모든 커뮤니케이션의 기본은 AIM'이라고 말한다. AIM이란 다트머스대학의 메리 문터Mary Munter 명예 교수팀이 소개한 프레임워크다[1]. 커뮤니케이션 전략에는 프레임워크가 수없이 많으나 이 AIM이 가장 이해하기 쉬우므로 슈람 교수는 수업 시간에 이를 철저하게 활용한다. 영어 단어 AIM은 '목적'이란 뜻이다.

- A=Audience(청중): 어떤 속성을 가진 사람에게 전하는가?
- I=Intent(목적): 전달함으로써 상대가 무엇을 하기를 원하는가?
- M=Message(메시지): 어떤 메시지를 전해야 상대가 움직일

까?

이 프레임워크는 다양한 커뮤니케이션 상황에서 사용 가능하다. 기획서를 쓸 때, SNS에 글을 올릴 때, 메일을 보낼 때, 전화할 때, 그리고 발표를 할 때도 미리 AIM을 생각한 다음 상대에게 전달하면 성공할 확률이 훨씬 높아진다.

자신의 열정보다 상대의 이익을 강조하라

AIM을 어떤 식으로 사용하면 좋을까? 회사원이라면 누구나 한 번쯤 기획서를 작성하고 프레젠테이션을 한다. 이를 잘하느냐 못하느냐로 회사 내 평가도 달라지기도 한다. 여기에서는 우선 TV 방송국 프로듀서의 사례를 바탕으로 슈람 교수의 설명을 들어보자.

사례: 효율적인 기획 프레젠테이션을 어떻게 할까?

어느 TV 방송국의 프로듀서는 예산 10억 원짜리 단발성 드라마를 제작하고 싶은 마음에 프로그램 기획 회의에서 의견을 묻기로 했다. 어떤 기획서를 어떤 식으로 프레젠테이션해야 할까?

<슈람 교수의 설명>

우선 청중을 분석해야 합니다. 기획서를 심의하는 사람은 어떤 프로그램에 끌릴지, 그들 입에서 '예스'라는 말이 나오게 하려면 무엇을 제안해야 좋을지를 철저하게 고민해 보세요.

심의하는 사람이 중요하게 여기는 점은 TV 방송국의 브랜드 이미지 향상일까요, 경비 절감일까요, 균형 잡힌 방송 편성일까요, 아니면 인재를 양성하기 위해 젊은 프로듀서가 활약할 기회를 주는 일일까요?

다음으로 목적을 분석합니다. 프로듀서가 이 회의에서 달성하려는 목적은 무엇일까요? 그 자리에서 10억 원의 예산을 획득하고 싶은 건지, 맛보기 프로그램을 제작하는 데 필요한 예산 1억 원을 받기를 원하는지, 아니면 개발 프로젝트를 본격적으로 시작하기 전에 세부 내용을 결정하기 위한 다음 회의를 날짜만 정해지면 되는지를 분명히 해두어야 합니다.

청중과 목적을 완벽하게 분석했다면 다음은 메시지 작성으로 넘어갑니다. 여기에서 반드시 기억해두어야 할 점은 어떤 기획서를 써야 상대가 흥미를 보일지를 곰곰이 생각하고, 상대의 이점을 강조한 기획서를 작성하는 일입니다. 자신이 하고 싶은 일만을 강조하면 목적을 달성하기 어렵습니다.

만일 기획 회의에 8명이 참석했다고 하면, 8명 모두의 속성과 이해관계를 미리 파악해야겠지요. 그리고 어떤 식으로 의사를 결정할지도 알아두어야 합니다. 다수결인지, 수장 한 사람이 최종 결정을 내리는지에 따라 호소할 대상이 달라지니까요.

나는 NHK에 일하면서 기획 회의를 많이 했다. 기획 회의를 하다 보면 오로지 자기 생각만을 열정적으로 이야기하는 사람을 많이 만난다. '내 생각에 이 기획은 이러한 사회적 의의가 있고, 나는 취재를 하면서 이와 같은 사실에 감동했다. 그러므로 반드시 해야 한다'는 식이다. 혹은 '원작만화는 이렇게 감동적인 이야기'라며 줄거리를 장황하게 늘어놓는 사람도 있다.

물론 자기 생각을 전달하는 일은 매우 중요하며, 한때 나 역시 이런 식으로 말했지만, 이러한 말은 기획안을 통과시키기 위해 마지막에 덧붙일 수도 있어도 결정적 방법은 되지 못한다.

프로그램 기획에 예산을 분배하는 자리에 있다면 '이 기획이 통과되었을 때 결과적으로 자신과 회사에 어떤 이득이 있는지'를 알고 싶지 않을까? 슈람 교수는 말한다.

"많은 사람이 AIM의 A, I는 생각하지 않고 M(메시지)부터 만드는 실수를 저지릅니다. 아무리 열정적으로 프레젠테이션한들 자신이 하고 싶은 말만 쓰여 있을 뿐 상대에게 도움이 되지 않는 기획안은 통과되지 않습니다."

기획서를 쓰고 있으면 자신의 메시지를 전달하고 싶다는 욕구가 점점 커져서 자신도 모르게 형식이나 글씨체 같은 사소한 항목에만 주의를 기울이게 되므로 '상대의 처지에서 생각해야 한다'는 사실을 잊기 쉽다. 이러한 사실을 떠오르게 해주는 것이 바로 AIM이다.

회사에서 메일을 쉽게 보내면 안 되는 이유

AIM은 기획안을 통과시킬 때뿐 아니라 메일로 커뮤니케이션을 할 때도 매우 효과적이다. 여기에서는 슈람 교수가 수업에서 자주 소개하는 '사무적 연락'의 잘못된 예를 바탕으로 살펴보자.

사례: 전 직원에게 보내는 상세 메일

어느 회사가 7월 1일부터 출장 및 경비정산서의 서식과 제출 방법을 변경하기로 했다. 이 회사의 담당 임원은 1,000명이나 되는 전 직원 앞으로 "7월 1일부터 출장 및 경비정산서의 작성 방법과 제출 방법이 다음과 같이 변경됩니다…"라며, 길고 상세한 메일을 보냈다.

이는 회사에서 흔히 볼 수 있는 전체 메일이다. 대체 어디가 잘못된 것일까?

〈슈람 교수의 설명〉

이 메일을 1,000명에게 보낼 필요가 있었을까요? 실제로 이 회사에서 출장 업무와 관련된 사람은 100명, 출장 및 경비정산서 작성 업무를 담당하는 사람은 단 10명입니다. 즉 남은 890명에게는 전혀 필요가 없는 메일인데도 경영진은 전체 메일을 보냈어요.

이 사례에서는 10명과 100명에게 별도 메일을 보내 필요한 정보만을 전달해야 했습니다. 사무를 맡은 보조 직원 10명에게는 상세한 장문 메일과 본보기 서류를 보내고, 출장을 가는 100명에게는 '출장 및 경비정산서의 작성 방법과 제출 방법이 변경되었으므로 그 자세한 내용을 담당 직원에게 전달했다'는 단 몇 줄의 메일만 보내도 충분합니다.

경영진이 이런 일을 반복한다면 어떻게 될까요? 경영진이 메일을 보낼 때마다 직원은 '또 불필요한 사무 연락이겠지'라고 생각해 삭제해버릴 것입니다. 그러면 정말 중요한 메시지가 직원들에게 전달되지 않겠지요.

회사에서 일하면서 왜 이렇게 많은 메일이 오는지 생각해본 적은 없는가? 관리직이 될수록 메일 양이 늘어나 회사 전체 메일, 그룹 메일 등 단지 몇 시간 자리를 비웠을 뿐인데도 읽지 않은 메일이 산처럼 쌓인다.

회사의 임원이나 사무 담당자가 전혀 관계없는 사람에게까지 '사내 전체 메일'을 보내는 이유는 무엇일까? 바로 메일을 받는 사람에 대한 배려를 게을리한 탓이다.

'나중에 누군가에게 '처음 듣는 말이다'라고 듣고 싶지 않다, 불필요한 사람을 선별해 메일을 보내는 일은 귀찮아서 하고 싶지 않다, 메일 내용을 수정하기도 귀찮다….' 이와 같은 자기중심적 생각에서 필요하지도 않은 사람에게까지 메일을 보내버린다. 배려를 게을리하면 점점 메일 양이 늘어나 회사 전체가 비효율적으로 될뿐더러 회사의 이익에도 영향을 끼친다.

경리 담당자는 어떤 식으로 생각하고 메일을 보내야 했을까? 다시 한 번 AIM을 바탕으로 살펴보자.

청중

미리 생각해둘 점: 이 변경 사항을 누구에게 전해야 하는가?

→ 출장 업무와 관련된 관리직 100명과 정산서를 작성하는 사무 보조 직원 10명

목적

미리 생각해둘 점: 누가 무엇을 하기를 원하는가?

→ 관리직 100명이 변경된 사실을 알았으면 좋겠다, 사무 보조 직원 10명이 새로운 시스템으로 정산서를 작성하고 제출해

주었으면 좋겠다

메시지

미리 생각해둘 점: 100명과 10명에게 같은 메시지를 보내도 괜찮은가?

→ 직접 출장을 가는 100명에게는 '출장 및 경비정산서의 작성 방법과 제출 방법이 변경되므로 자세한 내용을 담당 직원에게 전달했다'는 간략한 메일을 보낸다

→ 사무 보조 직원 10명에게는 상세한 장문 메일과 본보기 서류를 보낸다

제안서 돌려쓰기는 실패의 근원

사내 전체 메일과 마찬가지로 '기획서 돌려쓰기와 고쳐 쓰기'는 커뮤니케이션에서 실패하는 근본 원인이다.

누구나 한 번쯤은 기획서 표지의 '○○회사 귀중' 부분만 바꾸었을 뿐 예전 기획서와 똑같은 내용을 프레젠테이션하거나 메일을 보낸 적이 있으리라. 하지만 이는 상당히 위험천만한 행위라고 슈람 교수는 경고한다.

"기획서 돌려쓰기와 고쳐 쓰기는 실패의 근원입니다. 나는 창업가의 실패담을 자주 예로 들어 설명하는데, 창업가는 여러 조직으로부터 자금을 조달해야 합니다. 하지만 매번 똑같은 기획서를 사용해서 프레젠테이션하는 바람에 실패하는 사례가 많습니다.

신생기업 투자자, 벤처캐피털리스트, 사업 경연대회의 심사위원은 저마다 '투자하려는 포인트'가 다릅니다. 신생기업 투자자는 젊은이를 지도하고 싶다거나, 전 세계에 강렬한 인상을 줄 만한 사업에 투자하고 싶다는 의식이 높습니다. 반면에 벤처캐피털리스트는 미래에 세상을 크게 바꿀 만한 기술에 투자하고 싶어 하며 사업 경연대회 심사위원은 청년 창업가를 지원하려는 마음이 강하지요.

그런데 많은 창업가가 프레젠테이션 자료를 각각의 청중에게 맞게끔 수정하지 않습니다. 강조해야 할 점을 강조하지 않으니, 어느 투자자에게도 강한 인상을 주지 못해 결국 실패로 끝나고 맙니다.

기업에서는 영업 담당자가 같은 업종의 거래처에 똑같은 프레젠테이션 자료를 가져가는 일이 흔하다.

어느 빵 제조 회사의 영업 직원이 세븐일레븐, 로손, 훼미리마트 등의 편의점에 신제품을 팔러 갔다고 가정해보자. 편의점 체인이라도 회사마다 요구 사항이 전혀 다를 경우도 있다. 하지만 이를 고려하지 않고 똑같은 자료로 똑같은 빵을 팔려 한다.

혹은 드라마 제작 회사의 프로듀서가 A방송국과 B방송국에 똑같은 기획서를 제출하기도 한다. 같은 민영 방송사라도 저마다 주력 시간대나 시청자층이 다를 텐데 이를 고려하지 않고 똑같은 기획서로 프레젠테이션한다. 이런 프레젠테이션은 아무리 상품이 훌륭해도 상대의 마음에 꽂히지 않는다.

AIM의 프레임워크를 바탕으로 각 회사의 요구에 맞게 기획서를 작성하는 수고를 아끼지 않는 것만이 영업에서 성공하는 비결이다.

최우수 교수상을 받은 회계학 교수의 커뮤니케이션 방법

스탠퍼드대학 경영대학원에서 회계학을 가르치는 엘리자베스 블란케스포르Elizabeth Blankespoor 조교수로 말하자면 2016년도에 최우수 교수상을 받은 스탠퍼드를 대표하는 인기 교수다.

'입학 전 가장 불안했던 과목이 회계였는데 지금은 회계 수업이 가장 기다려진다' 블란케스포르 교수님은 스탠퍼드에서도 으뜸인 교수다. 나 같은 사람도 회계를 이해할 수 있다는 희망을 주셨다'[2]며, 학생들로부터 칭찬이 자자하다.

경영대학원의 회계 수업은 굳이 말하자면 따분한 수업이 많아 대개 학생에게 인기가 없다. '반드시 공부해야 하는 과목이란 사실은 알지만 빨리 끝났으면 좋겠다'는 것이 솔직한 심정이다. 그러니 '스탠퍼드에서 회계학 수업이 큰 인기'라는 사실을 알면 사람들은 대개 놀란다. 어떻게 하면 무미건조한 회계학을 재미있을 가르칠 수 있단 말인가?

블란케스포르 교수의 인기 비결은 바로 회계학을 지극히 인간적인 학문으로 가르친다는 점이다. 블란케스포르 교수는 이렇게 말한다.

"'회계는 수학, 회계 기준, 논리가 전부'라고 말하기란 쉽습니다. 데이터를 추출하여 이를 엑셀에 입력한 다음, 그 결과로부터 정보를 파악해내는 작업이 바로 회계라고 말이지요. 하지만 오로지 숫자를 사용해서 기계적으로 정보를 얻는 일만이 회계의 목적은 아닙니다. 회계상의 온갖 숫자는 인간이 한 행동이나 결정의 결과라는 사실까지도 파악해내는 것이 회계학입니다.

저는 수업 시간에 항상 이야기합니다. '회계는 커뮤니케이션 도구'라고요. 재무 정보를 주고받는 데 이보다 의미 있는 수단은 없지요. 숫자는 방대한 정보를 상징적으로 정리하여 전달해주는데, 이때 명심해야 할 점은 그 배경에 깔린 인간의 존재입니다. 회계란 지극히 인간적인 학문이니까요."

블란케스포르 교수의 수업은 회계에 대한 편견을 깨준다. 우선 회계 수업에서 빠질 수 없는 두꺼운 교과서나 참고서를 사용하지 않는다. 그 이유는 무엇일까?

"이유는 2가지입니다. 첫째, 교과서에 나오지 않는 최신 사례나 회계 기준을 예로 들어 설명하기 때문입니다. 2016년에는 새로운 기준이 많이 발표되었으므로 이를 주제로 학생들과 자주 토론했습니다.

둘째, 방대하고 난해한 회계 기준을 이해하는 데 그다지 시간을 할애하고 싶지 않아서입니다. 회계 기준 자체는 회계 전문가가 읽는다는 가정에서 쓰였으므로, 당연히 보통 사람은 읽기가 힘들지요. 나는 학생들이 회계 기준을 열심히 읽기보다 경영인으로서 알아두어야 할 지식을 습득하는 일에 집중하길 바랍니다. 이렇게 하는 편이 미래에 훨씬 도움이 될 테니까요."

다음으로 블란케스포르 교수의 수업에서는 공인회계사시험에 합격하기 위한 지식과 기술을 가르치지 않는다. 경영인을 목표로 하는 스탠퍼드의 학생에게 이러한 지식과 기술은 그다지 쓸모가 없는 탓이다. 그보다는 회계 정보를 어떻게 해석하여 어떤 식으로 전달할지에 초점을 둔다.

블란케스포르 교수의 진가는 어려운 전문 용어를 알기 쉽게 전달하는 기술에 있다. '회계 전문가가 아닌 사람도 이해할 수 있게끔 전달하려면 어떻게 해야 할지'를 항상 고민한다고 한다.

그리하여 교수는 수업 시간에 비유법을 자주 사용한다.

'자산 증권화'를 예로 어떤 이야기를 들려주는지, 블란케스포르 교수의 설명을 들어보자. 자산 증권화는 기업이 특정 자산을 증권으로 만들어 투자자에게 판매함으로써 자금을 조달하는 방법이다. 어째서 이러한 자금 조달법이 생겨났는지를 설명하기 위해 다음과 같은 이야기를 들려준다.

"저에게는 아들과 딸이 있습니다. 세 살배기 아들은 건포도가 들어간 시리얼 속의 건포도를 매우 좋아해서, 일반 건포도가 아닌 '시리얼 속에 든 건포도'를 먹고 싶다고 말합니다. 그래서 저는 언제나 시리얼에서 건포도를 하나하나 꺼내는 작업을 맡아서 하지요. 이처럼 세상에는 '전부가 아닌 그 속에 든 일부만을 원하는 사람'이 많습니다. 우리 아들처럼 시리얼은 필요 없지만, 시리얼 속에 든 건포도만 먹고 싶어 하는 사람이 있는데, 이는 투자자의 경우에도 마찬가지입니다.

예를 들어 회사의 자산을 시리얼과 건포도로 나눠서 각각 시장에 팔면 어떨까요? 세트로 팔 때보다 높은 가격에 팔 수 있을지도 모릅니다. '건포도가 든 시리얼' 속의 시리얼만 원하는 사람, 건포도만 원하는 사람이 반드시 있기 마련이니까요. 딸은 시리얼만 먹고 싶어 하고, 아들은 건포도만 먹고 싶어 하는 것과 마찬가지입니다. 양쪽의 요구를 충족하려면 시리얼과 건포도를 나눔으로써 각각 다른 가치를 창출해낼 수 있습니다."

즉 이 회사 자체에 투자하기에는 위험 부담이 커서 조금 꺼려 지지만, 이 회사의 어떤 자산이라면 투자하겠다는 사람이 있다. 이리하여 '자산 증권화'라는 방식이 탄생했다는 말인데, '건포도 가 든 시리얼'에 빗댄 설명을 들으면 훨씬 친근하게 느껴진다.

블란케스포르 교수가 이처럼 회계학을 쉽게 전달하려 노력하 는 이유는 '회계의 인간적인 재미를 학생에게 전하고 싶다' '회 계를 이유 없이 싫어하지 않았으면 좋겠다'는 강한 열망이 있어 서이다. 이러한 회계 수업이라면 누구나 듣고 싶어 하지 않을까?

회의 자료에 숫자를 활용하는 3가지 방법

기업의 회의 시간이 길어지는 요인 중 하나는 회의에서 지나치 게 많은 자료가 배부되는 탓이다. '이런 질문을 받았을 때 자료 가 없으면 곤란하니 만일에 대비해 준비해두어야겠다'는 마음으 로 나눠주지만 대부분 불필요한 자료다. 그중에는 작은 폰트의 숫자가 빽빽하게 채워진 스프레드시트를 몇십 장이나 그대로 출 력해서 가져오는 사람도 있다.

현재 글로벌 기업에서는 '종이 자료를 최대한 줄이자'는 추세라서 자료를 산더미만큼 가져오는 사람은 오히려 무능한 사람으로 취급받는다.

더욱 효율적으로 커뮤니케이션을 하려면 어떤 자료로 설명해야 할까? 숫자를 사용한 커뮤니케이션의 달인, 블란케스포르 교수는 다음의 3가지 점을 조언한다.

(1) 참석자의 목적을 파악해 둔다

참석자가 어떤 입장에서 회의에 참석했으며 무엇을 알고 싶어 하는지를 사전에 파악한 후에 자료를 만든다. 숫자로 빼곡히 채워진 스프레드시트를 몇 십 장이나 출력해서 보여주면 지나치게 많은 정보 탓에 도리어 말하고 싶은 내용이 참석자에게 제대로 전달되지 않을 수도 있다.

(2) 숫자를 사용하여 간결하게 전달할 방법을 생각한다

서두에 요약을 넣고 그다음에 자세한 내용을 설명하는 식으로 구성하는 것이 바람직하다. 그래프 또는 표를 만들거나 숫자를 적절하게 사용하면 훨씬 간결하고 이해하기 쉬운 자료가 된다. 숫자에는 추상적인 내용을 구체적으로 만들고 많은 정보를 집약하는 효과가 있다.

(3) 불확정 요소가 많은 숫자는 융통성 있게 제시한다

숫자는 인간의 판단과 재량의 결과라는 사실을 이해하고 불확정 요소가 많은 숫자는 융통성 있게 제시하거나 대체 방안을 제시한다.

회계 정보에는 불확정 요소가 많은 숫자도 있고 거의 없는 숫자도 있다. 이 점을 제대로 설명하면 듣는 사람은 '그렇군. 이 숫자는 융통성 있게 파악해야 하니 이 숫자가 이 정도 움직였을 때, 전체는 이만큼 영향을 받겠구나'라고 예측할 수 있다.

회계를 '커뮤니케이션 도구'로 생각하면, 숫자나 재무 정보를 보는 눈도 점차 바뀐다고 블란케스포르 교수는 말한다. 숫자를 만들고 해석하는 일 모두 인간이 한다는 본질을 잊어서는 안 된다는 것이다.

미국인이 연설을 잘하는 이유

회사에서 출세한 정도와 사람들 앞에서 이야기하는 시간은 거의 비례한다고 한다. 즉 과장보다는 부장, 부장보다는 임원이 사람들 앞에서 이야기할 기회가 훨씬 많다.

맥킨지 앤드 컴퍼니의 조사에 따르면 '유능한 중역은 자기 시간의 70% 이상을 커뮤니케이션에 소비한다'[3]고 하는데, 출세하기 위해서는 회사 안에서나 밖에서나 많은 사람 앞에서 능숙하게 이야기하는 기술을 익혀 두어야만 한다.

관리직은 부서 내 회의, 상사에게 프레젠테이션할 때, 거래처에 영업할 때, 조례 등 다양한 상황 속에서 자신이 말하려는 내용을 여러 사람에게 논리적으로 전달해야 한다. 하지만 막상 사람들 앞에서 이야기하려고 하면 긴장이 되어 어쩐지 능숙하게 말하지 못하거나 가능한 일이라면 부하가 대신해주었으면 좋겠다고 생각하는 사람도 있으리라.

동료끼리 이야기하는 능력은 뛰어나지만 공식적인 자리에서 프레젠테이션하거나 의견을 말하는 능력은 부족한 사람들이 많다. 하지만 처음부터 다른 사람 앞에서 이야기하는 데 능숙한 사람은 많지 않다. 누구나 '서툰 시기'가 있다.

나는 컬럼비아대학 경영대학원에 다닐 때 '내로라하는 사람들도 이렇게 긴장하는구나' 생각했다. 스탠퍼드대학 경영대학원 수업에서도 마찬가지다. 시뻘게진 얼굴로 발표하는 학생들이 더러 있다.

그럼에도 대체로 회사에서 일을 하다 보면 미국 출신의 관리직이나 경영인은 사람들 앞에서 이야기를 비교적 더 잘한다. 여기에는 2가지 이유가 있다.

첫 번째는 철저하게 훈련한 덕분이다. 전 골드만삭스 부회장으로 현재 댈러스 연방 준비은행의 총재인 로버트 스티븐 캐플런Robert Steven Kaplan은 하버드대학 교수 시절 강연을 잘하기로 유명했다. 학생과 교원들은 캐플런의 강의를 두고 논리정연하고 군더더기가 없을뿐더러 친근한 화제나 사례를 들어 이야기하므로, 머릿속에 쏙쏙 들어온다고 칭송했다.

그런데 캐플런은 한때 '연설 공포증'에 시달렸다고 한다.[4] 사람들 앞에서 이야기하는 일이 고역이라 승진을 거절했을 정도였다. 하지만 어느 날 이래서는 안 되겠다며 마음을 고쳐먹고 용기를 내어 동료에서 상담하였고, 혹독한 훈련을 거듭한 끝에 강연의 달인이 될 정도로 능숙해졌다고 한다.

대중 앞에서 능숙하게 대처하기까지 보이지 않는 곳에서 엄청난 시간을 연습하는 데 투자한다. 회사 중역은 물론이거니와 TV 방송국 기자 또한 카메라가 돌아가지 않을 때는 계속해서 코멘트를 연습하고, 변호사 역시 재판 전에 몇십 번이나 예행연습을 한다. 자신의 분야에서 두각을 드러내는 중요한 한 요소로 다른 사람 앞에서 제대로 자신의 의사를 전달할 수 있는 능력이 있다.

미국인이 사람들 앞에서 이야기를 잘하는 두 번째 이유는 '연설 형식'에 따라서 이야기하기 때문이다. 연설에는 몇 가지 기본 유형이 있으므로 이에 맞춰서 발표하면 어렵지 않게 논리적으로 이야기할 수 있다. 이러한 형식을 대학이나 대학원에서 배우는 덕분에 '능숙하게 보여주기'가 가능하다.

그렇다면 비즈니스에서 통하는 연설 형식은 무엇일까?

백악관 연설관이 말하는
마음이 전해지는 5가지 형식

스탠퍼드 경영대학원에서 '정치 커뮤니케이션'을 가르치는 데이비드 디마레스트[David F. Demarest] 교수는 1989년부터 1992년까지 4년간 부시 정권하에서 백악관의 공보 담당 수석 비서를 맡은 커뮤니케이션의 달인이다. 세계 최고 수준의 연설이 무엇인지를 하나부터 열까지 모두 꿰뚫고 있는 인물로 백악관에서는 대통령의 연설문 작성을 지휘하였으며, 직접 원고를 쓴 적도 수차례라고 한다.

이런 디마레스트 교수가 학생들에게 특히 힘주어 가르치는 내용은 다름 아닌 연설 형식이다.

"수업 초기에는 대개 무척 긴장합니다. 자기 생각을 청중에게 전달하기 위한 '형식'이 아직 머릿속에 마련되지 않은 탓이죠. 내 수업에서는 형식을 철저하게 익히므로 청중들 앞에 서더라도 전혀 동요하지 않습니다."

디마레스트 교수에 따르면 모든 연설은 '도입, 본론, 정리[Preview,

Talk, Recap의 3부 구성이 기본이라고 한다.

이 중에서 가장 중요한 부분은 도입부다.

"특히 중요한 곳은 연설의 도입부입니다. 수업 시간에도 여러 번 강조하는 내용이지만 서두에 '청중이 놓인 상황'을 확실하게 설명하는 일은 매우 중요합니다.

강연자가 '지금 여러분이 놓인 상황은 이러하다'는 내용으로 말문을 열면 청중의 공감을 얻을 수 있으므로 청중은 연설을 진지하게 들어야겠다고 생각하게 되지요. 예를 들어 회사가 위기에 처했다는 사실을 직원에게 전할 때는 회사의 미래를 불안해하게 여기는 직원을 배려하는 말로 이야기를 시작하는 것이 중요합니다."

많은 사람 앞에서 이야기할 때는 아무래도 일방통행이 되기 쉽다. 따라서 우선 상대가 어떤 말을 듣고 싶어 하는지를 생각하는 일부터 시작해야 한다. 옛 격언에도 있듯이 인간에게는 '보고 싶은 것만 보고, 듣고 싶은 것만 듣는' 습성이 있으므로 이야기를 시작할 때는 반드시 이러한 습성을 먼저 이해해야 한다. 도입부에서 청중을 배려하는 말을 한다면 그 후에 펼쳐질 이야기를 청중이 진지하게 들어줄 가능성이 한층 커진다.

도입, 본론, 정리 중 '본론' 부분을 논리적으로 전달하는 형식에는 5가지가 있다고 디마레스트 교수는 말한다. 모두 백악관에서 근무하던 시절부터 사용해온 형식이다.

백악관 연설관의 말하기 형식 1

: ABC 형식

자신이 말하고 싶은 내용을 3가지로 정리하는 형식이다.

- **도입:** "오늘 초청해주셔서 고맙습니다" 등의 말로 주최자 및 청중에게 고마운 마음을 전한다.
- **본론:** "오늘 이야기하고자 하는 내용은 다음의 A, B, C입니다" 하고 내용을 소개한 다음 각각의 주제로 들어간다.
  - A를 설명하겠습니다
  - B를 설명하겠습니다
  - C를 설명하겠습니다
- **정리:** "오늘은 A, B, C에 관해서 이야기했습니다만 제 이야기가 도움이 되기를 바랍니다"라며 본론 내용을 다시 한 번 요약해서 말한다.

이처럼 말하고 싶은 내용을 3가지로 간추리는 이유는 2장에서 설명했듯이 인간의 작업 기억에 한계가 있기 때문이다. 하지만 단 3가지라면 청중이 내용을 기억할 가능성이 높다.

'ABC' 형식을 사용하면 자신이 말하려는 내용을 아래와 같이 간결하게 전달할 수 있다.

- **도입:** 오늘은 '일하는 여성과 다이어트'에 관한 강연회에 초청해주셔서 고맙습니다. 여러분 중에도 힘들게 다이어트를 했지만 결국 실패하신 분이 계시겠지요(청중이 공감할 만한 말을 계속한다).
- **본론:** 지금부터 여러분께 들려드릴 내용은 체중이 100킬로그램이었던 제가 30킬로그램이나 감량한 방법입니다. (A) 식사 제한, (B) 운동, (C) 동기 부여 유지의 3가지로 나눠서 설명하겠습니다.

  (A) 식사 제한에 관해서는….

  (B) 운동에 관해서는….

  (C) 동기 부여를 유지하기 위해서 제가 한 일은….
- **정리:** 오늘은 30킬로그램이나 감량한 제 다이어트 방법을 설명했습니다만…, 이 3가지 점을 기억하셔서 여러분도 꼭 다이어트에 성공하시기를 바랍니다.

'ABC 형식'의 응용판 '목록'

디마레스트 교수가 사생활에서 자주 사용하는 방법은 'ABC 형식'의 응용판인 '목록'이다.

"저녁 식사 모임에서 인사를 하거나 사람들 앞에서 포부를 이야기할 때는 이 방법을 자주 사용합니다. 하고 싶은 말을 목록으로 정리한 다음 하나하나 설명하기도 하고 에피소드를 들려주기도 하는데, 이때는 서두에 숫자를 사용해 청중에게 밑그림을 제시하는 일이 매우 중요합니다."

즉 ABC 부분을 3개가 아니라 5개, 또는 10개로 늘리는 방법이다.

> "마흔을 맞이한 오늘, 제가 앞부터 1년간 실천하고 싶은 목표를 7가지 발표하겠습니다."(생일 파티)
>
> "어째서 우리 아내가 최고의 아내인지 10가지 이유를 소개하겠습니다."(은혼식 축하 파티)
>
> "결혼 축하합니다. 저만 아는 신랑의 어린 시절 비밀을 5가지 들려드리고자 합니다."(결혼식)

비교적 긴 시간 동안 이야기해야 할 때도 '목록'은 매우 훌륭한 지침이 된다고 한다.

백악관 연설관의 말하기 형식 2

: 문제 제기, 원인, 해결 방법, 해결책 Problem, Cause, Option, Solution

이 형식은 주로 연구 성과 등을 발표하거나 컨설팅 결과를 프레젠테이션할 때 사용된다. 여기에서는 심리학자가 수면장애에 관해 발표한 내용을 예로 들어 설명해보겠다.

- **도입:** 오늘은 '수면 심포지엄'에 초청해주셔서 고맙습니다. (중략) 여러분 중에 불면증으로 불편함을 겪는 분은 어느 정도일까요?
- **본론:** 오늘 들려드릴 이야기는 불면증의 원인과 그 해결 방법입니다.

  ① **문제 제기:** 미국에는 수면 장애로 고통받는 사람이 7,000만 명에 이릅니다. 수면장애는 집중력 및 기억력 저하, 불안, 우울증, 고혈압, 비만 등을 일으킬 우려가 있습니다.

  ② **원인:** 수면장애의 주된 요인은 업무나 육아에서 비롯된 스트레스입니다.

  ③ **해결 방법:** 이 문제를 해결하려면 1, 2, 3이라는 3가지 방법이 있습니다.

  해결법 1은 인지행동치료입니다. 이 방법은….

  해결법 2는 꾸준한 운동입니다. 운동은 스트레스를 해소하여 수면장애에 효과적이라는 사실이 ○○나 ××의 연구로 밝혀졌습니다.

  해결법 3은 명상입니다. 명상에는 스트레스 완화 효과가 있다는 사실이 입증되었습니다.

  ④ **해결책:** 이 자리에 모인 여러분께 제가 가장 권하고 싶은 방법은 명상입니다. 왜냐하면 …때문입니다.

- **정리**: "오늘은 불면증의 원인과 그 해결 방법을 설명했습니다만…"하고 본론 내용을 다시 한 번 요약해서 말한다.

백악관 연설관의 말하기 형식 3
: 과거, 현재, 미래 Past, Present, Future

'과거, 현재, 미래'는 곧잘 사용되는 형식이다. 시간의 순서에 따라 이야기를 펼쳐나가므로 화자와 청자 모두 이해하기 쉽다. 정년퇴임을 맞이하는 밥의 송별회에서 연설할 때 아래와 같이 이야기할 수 있다.

- **도입**: "오늘은 밥의 송별회에 초청해주셔서 고맙습니다." 등의 말로 고마운 마음을 전한다.
- **본론**: 간단하게 자기소개를 한 후 밥과의 추억을 시간 순으로 소개한다.
  ① **과거**: 제가 밥과 처음으로 만난 것은 지금으로부터 20년 전입니다. 처음 만났을 때의 인상은…. 그 후, 밥과 △△ 업무를 함께 하게 됐죠(밥과의 에피소드를 몇 가지 소개한다).
  ② **현재**: 저희에게 밥은 무엇이든 상담할 수 있는 아버지 같은 존재입니다(에피소드를 몇 가지 소개한다).
  ③ **미래**: 이제부터 밥이 자선 단체에서 활동한다는 말을 들었습니다. 앞으로 더욱더 활약하시기를 바랍니다.

- **정리:** 이 사례에서는 굳이 다시 정리하지 않아도 된다.

'과거, 현재, 미래'는 자기소개를 할 때 자주 사용되는 형식이다. 글로벌 기업의 채용 면접이나 입사 시에 인사를 할 때도 다음과 같이 시간 순으로 이야기하면 '논리적인 사람'이라는 인상을 주어 호감을 얻을 수 있다.

① **과거:** 저는 OO대학을 졸업한 후 A사에서 홍보 관련 일을 해왔습니다.
② **현재:** 몇 년 전에 이직하여 지금은 외국계 기업 B사의 일본 지사에서 브랜드 마케팅 부문을 총괄하고 있습니다.
③ **미래:** 앞으로는 저 자신의 더 큰 발전을 위해 C사에서 경영 쪽에 참여해보고 싶습니다.

백악관 연설관의 말하기 형식 4
: 장점, 단점, 추천^{Pros, Cons, Recommendation}

이 방법은 정치인이 법안을 통과시키고자 할 때나 사업가가 신규 사업을 시작하려 할 때 등 다수의 지지를 얻기 위한 연설에서 주로 사용된다. 예를 들어 카지노를 포함한 IR·통합형 리조트 시설 정비를 추진하는 법안(IR 추진 법안)에 관해서 자기 생각을 발표하게 되었다고 하자.

- **도입:** 오늘은 'IR 추진 법안을 생각하는 모임'에 초청해 주셔서 고맙습니다.
- **본론:** 오늘 이야기하고자 하는 내용은 이 법안의 장단점입니다.
  - ① **장점:** 장점은 고용 촉진과 경제 효과입니다. 구체적으로는 연간 수만 명의 고용을 창출하여 연간 수십조 원이나 되는 경제 효과를 가져다줍니다….
  - ② **단점:** 단점으로는 치안 악화, 도박 의존증 환자 급증, 반사회 세력의 대두 등을 들 수 있습니다….
  - ③ **추천:** 장단점을 모두 고려한 결과, 저는 IR 추진 법안을 지지합니다. 그 이유는….
- **정리:** "오늘은 IR 추진 법안의 장단점을 이야기했습니다만…." 하고, 본론의 내용을 요약해서 말한다.

이 형식은 '여러 거래처에서 같은 조건으로 받은 견적을 비교한 결과'를 논의할 때도 자주 사용된다. 미국 TV 방송국이 해외 프로그램 제작 회사를 선정할 때를 예로 들어 설명하겠다.

① **장점:** A사를 거래처로 선택할 시의 장점은 3사 중에서 제작비가 가장 저렴하다는 점입니다….

② **단점:** 이 제작비로는 우수한 제작진이 담당하기 어려우므로,

프로그램의 품질이 낮아질 우려가 있습니다….

① **장점:** B사를 거래처로 선택할 경우 모회사인 TV 방송국이 여러모로 협조해 줄 가능성이 있으며, 제작진 또한 우수합니다.

② **단점:** 3사 중에서 제작비가 가장 많이 듭니다….

① **장점:** 예전부터 거래해왔던 C사를 거래처로 선택할 경우, 미국 TV 방송국의 제작 기법을 잘 아는 연출가를 파견해 준다고 합니다. 제작비는 B사보다도 적게 듭니다….

② **단점:** 그 연출가가 지금 다른 프로그램을 담당 중이므로, 납품기일을 넘길 우려가 있습니다.

③ **추천:** 장단점을 모두 고려한 결과 저는 B사가 좋다고 생각합니다. 그 이유는….

백악관 연설관의 말하기 형식 5

: 상황, 문제 제기, 해결책 Situation, Complication, Resolution

맥킨지 앤드 컴퍼니의 전 직원이 제창한 형식으로, 주로 컨설팅 업계에서 사용된다.

- **도입:** "오늘은 초청해주셔서 고맙습니다." 등의 말로, 주최

자와 청중에게 고마운 마음을 전한다.

- **본론:** "오늘 들려드릴 이야기는 불량률과 제조 수량에 관해서입니다."라는 식으로 내용을 소개한 다음, 각 항목으로 들어간다.

  ① **상황:** 작년 자동차 부품의 불량률은 1%였습니다.

  ② **문제 제기:** 하지만 자동차 수요가 증가하여 부품을 더 많이 제조해야 하는데, 한정된 인원으로 제조 수량을 늘리면 불량률이 높아집니다.

  ③ **해결책:** 그러므로 불량률과 인원을 변경하지 않고도 제조 수량을 늘리는 방법을 몇 가지 제안합니다. 예를 들면…… 이렇게 한다면, 문제를 일으키지 않고 원만하게 해결될 것입니다.

- **정리:** "오늘은 불량률과 제조 수량에 관해서 이야기했습니다만…" 하고 본론 내용을 다시 한 번 요약하여 말한다.

'형식+스토리'로 확실하게 마음을 움직여라

사실을 이해하기 쉽게 전달하기 위해 프레젠테이션할 때는 형식에 따라 논리적으로 설명해나가면 되지만 '상대의 마음을 움직이고 싶을 때'는 한 번 더 고민해보아야 한다. 이럴 때 구체적인 스토리는 큰 위력을 발휘한다.

타고난 이야기꾼인 제니퍼 아커 교수는 수업 시간에 '어떤 형태로든 자신의 바람을 이룰 수 있으니 포기하지 말라'는 뜻을 학생들에게 전달하고자 다음과 같은 이야기를 들려준다고 한다. 스토리가 '과거, 현재, 미래' 형식을 토대로 구성되었다는 사실을 알 수 있다.

〈과거〉

제 꿈은 암 전문의였어요. 의사가 되어 암으로 고통받는 사람을 줄이고 싶었지요. 하지만 결국 마케팅 교수가 되는 길을 선택했습니다. 저에게는 일과 사생활 모두 중요했거든요. 현모양처, 좋은 친구가 되는 것과 의사로서 암 치료에 매진하는 것 이 2가지는 양립하기 어렵다고 생각했지요.

멋진 가정을 꾸려나가며 전 세계에 강렬한 인상을 주는 일을 하는 부모의 모습을 보면서 저도 아버지처럼 마케팅 교수가 되고 싶은 소망이 생겼습니다. 제 기술을 행동심리학 분야에서 활용할 수 있다고 확신했으니까요. 의사보다는 마케팅 교수가 되는 편이 훨씬 세상에 강렬한 인상을 줄 수 있다고 말입니다.

무슨 일이 있어도 마케팅 교수가 되고야 말겠다는 열정이 있었던 건 아니에요. 현실적인 선택이었지요.

〈현재〉

마케팅 교수가 된 후에도 어떤 형태로든 암 환자에게 도움이 되고 싶다는 마음에는 변함이 없었어요. 그래서 남편과 함께 『드 래곤플라이 이펙트: 내 생각이 곧 콘텐츠다!』(랜덤하우스코리아, 2010)란 책을 썼고, 2011년 스탠퍼드대학에서 12명의 학생과 함께 '100K Cheeks'라는 골수 기증자 등록 캠페인을 시작했습니다. 그 결과 소셜네트워크와 스토리의 힘으로 1년간 무려 11만 3,000명이나 되는 사람이 골수 은행에 기증자로 등록해주었답니다.

〈미래〉

비록 당신이 열정이나 목표와 다른 일을 하더라도 꿈을 이룰 수는 있습니다. 현재 자신의 직업을 통해 어떻게 하면 꿈을 이룰 수 있을지를 생각하면 됩니다. 포기하지 마세요. 늘 끊임없이 자기 자신을 재정의하기를 바랍니다.

기본 형식에 스토리를 넣을지는 청중의 속성과 강연 목적에 달려있다. 1장에서도 설명했듯이 '상대의 마음을 움직이고 싶을 때'는 스토리를 들려주는 방법이 효과적이다.

좋은 연설과 나쁜 연설의 차이점

남의 이야기는 의외로 기억에 남지 않는다. 사장이 회사 전체 회의에서 말한 내용, 정치인이 정치 집회에서 한 발언, 경제평론가가 강연회에서 이야기한 경제 예측 등은 실제로 거의 생각이 나지 않는다.

나는 컬럼비아대학 경영대학원에서 매일같이 CEO나 국가 수장의 강연을 들었지만, 지금까지 내용을 기억하는 강연은 손에 꼽을 정도다. 버크셔해서웨이의 워런 버핏 CEO, 스타벅스의 하워드 슐츠 CEO, 이스라엘의 베냐민 네타냐후 총리의 연설만이 아직 기억에 남는다.

기억에 남는 이야기를 하는 사람과 그렇지 않은 사람의 차이는 무엇일까? 그것은 오로지 학생을 대상으로 서비스 정신을 가득 담아 재미있는 이야기를 들려주었느냐에 달렸다고 생각한다. 디마레스트 교수는 좋은 연사와 나쁜 연사에는 명확한 차이가 있다고 말한다.

"좋은 연사란 말하는 태도에서부터 성실함, 정직함, 겸허함 그리고 적절한 유머가 느껴지는 화자입니다. 이야기하는 내용도 정확하고, 유익하며, 재미있어요. 나쁜 연사는 이와 정반대로, 오만함과 불성실함이 훤히 들여다보이는 화자입니다. 내용도 오로지 거짓과 자만으로 가득 차 있으므로 따분하고 도저히 신뢰하기 어렵지요.

좋은 연사와 나쁜 연사의 차이는 한마디로 청중에 대한 존중이 느껴지느냐, 그렇지 않으냐입니다. 청중을 소중히 생각한다면 강연을 위해 모인 모두에게 도움이 될 만한 내용을 이야기해야겠다, 재미있는 이야기를 들려주어야겠다며 골똘히 궁리하고 공들여 연설을 준비하겠지요. 연설할 때 무엇보다 중요한 것은 청중에 대한 존중, 그리고 배려입니다. 이를 보여준다면 자연스럽게 좋은 연사가 됩니다."

전달하는 기술에 빠지면 역효과만 부른다

자신이 하고 싶은 말을 알기 쉽게 전달할 때 형식은 분명 중요하다. 형식이 있으면 머릿속이 정리되므로 긴장도 사라지고 이야기가 요점에서 어긋나지도 않는다.

하지만 지나치게 '전달하는 기술'에만 빠지면 도리어 신뢰받지 못한다. 청산유수처럼 말하는 영업 직원, 또는 무턱대고 멋진 비유를 쓰거나 어려운 책을 인용해서 이야기하려는 사장을 어쩐지 '미덥지 못하다'고 생각한 적이 있으리라.

앞장에 등장한 찰스 오레일리 교수는 기술에 빠지기보다 말주변이 조금 서툴러도 열심히 이야기하는 편이 훨씬 낫다고 조언한다.

"우수한 리더가 뛰어난 전달자이어야 한다는 것은 이상론일 뿐입니다. 현실 세계에 그런 리더는 거의 없습니다. '커뮤니케이션 기술만 익히면 우수한 전달자가 될 수 있다'고 말하는 사람도 있지만 저는 회의적입니다. 청자가 '이 사람은 단지 책에 나오는 커뮤니케이션 기술을 구사할 뿐이구나.' '말은 유창하게 해도 그 속에 어쩐지 진심이 담겨있지 않구나. 진심으로 이야기하는 걸까?'라고 생각한다면, 그것으로 끝입니다. 누구에게도 신뢰받지 못하지요.

제 수업 시간에도 언변이 그다지 뛰어나지 않은 경영인이 강연할 때가 있습니다. 약 6,000명쯤 되는 직원을 거느린 어느 대기업 CEO는 학생들에게 그리 좋은 평가를 받지는 못했지만, 직원에게는 '미스터 정직'이라 불리며 존경받고 있었습니다. 비록 사람들 앞에서 유창하게 이야기하지는 못해도 직원은 그가 절대 거짓말을 하지 않는 진실된 사람이라는 사실을 잘 알고 있었으니까요.

사람들 앞에서 말을 유창하게 한다면 더할 나위 없이 좋겠지만, 아무리 리더라 해도 기본적으로 보통 사람은 다른 사람 앞에서 말하는 일에 익숙하지 않습니다. 이럴 때는 서툴러도 좋으니 진심을 담아 진지하게 이야기해야 합니다."

뛰어난 화술에 진심까지 담겨있으면 더할 나위 없겠으나, 자신의 말하기 능력은 아직 발전 중이라고 생각한다면, 무조건 성심성의껏 이야기하기를 바란다.

프레젠테이션과 연설의 핵심은 '3가지 V'

앞서 등장한 J. D. 슈람 교수의 수업에서는 프레젠테이션이나 연설은 3V로 이루어진다고 가르친다. 3가지 V란, Verbal(말), Vocal(목소리), Visual(몸짓)을 말한다. 각각 어떤 점에 주의해야 할까.

Verbal(말): 어떤 말로 전달할 것인가?

자신의 연설을 녹음한 다음 문서로 한 번 만들어보자. 자신의 말버릇을 파악할 수 있으므로 나쁜 버릇을 개선하는 데 도움이 된다.

Vocal(목소리): 어떤 목소리와 어조로 전달할 것인가?

목소리의 강약, 속도, 감정을 넣는 법, 어조 등은 요소요소 바꿔주어야 한다. 무언가 강조하고 싶을 때 일부러 침묵하거나 같은 내용을 또 한 번 반복하는 것도 효과적이다.

Visual(몸짓): 어떤 몸짓과 표정으로 전달할 것인가?

비주얼이란, 파워포인트나 사진이 아닌 화자의 몸짓 언어를 의미한다. 눈을 보고 이야기하는지, 자세는 바른지, 효과적인 몸짓은 무엇인지 등을 확인한다.

3가지 V 중에서 무엇이 가장 청중의 인상에 남을까? 슈람 교수는 말한다.

"무엇이 가장 효과적인지는 청중에 따라 다릅니다. 청자의 말에 마음이 움직였다는 사람이 있는가 하면, 어조나 격렬한 몸짓에 감동했다는 사람도 있지요. 그러므로 3가지 모두 신경 써야 합니다."

'커뮤니케이션에서 중요한 점은 깨달음이지 정보가 아니다'[5]라는 저명한 경제학자 피터 드러커의 명언도 있듯이, 이야기하는 내용과 마찬가지로 비언어적인 부분(어조나 몸짓)에도 주의를 기울여야 한다.

나는 '저서 내용을 토대로 강연해 달라'는 의뢰를 자주 받는다.

그중에는 대부분 청중이 이미 내 책을 읽고 온 강연회일 때도 있어서 '이미 책을 읽으신 분이 많다면 무언가 다른 주제로 이야기하는 편이 낫지 않을까' 제안해보기도 한다. 하지만 대개 담당자는 "책을 읽는 것과 강연을 듣는 것은 전혀 다릅니다. 저자가 직접 이야기해주면 같은 이야기라도 감동의 깊이가 다르죠" 하고 말한다. 즉 청중은 강연회에서 새로운 정보를 얻기보다는 이야기를 느끼고 싶어 한다. 이 말을 들은 후로 논리적으로 이야기를 전하는 강연이 아닌 감정에 호소하는 강연이 되도록 유념하고 있다.

많은 사람들이 연설이나 강연을 할 때 프레젠테이션과 원고 작성에 가장 많은 시간을 할애하지만, 연설을 잘하는 사람들은 사실 이와 맞먹는 시간을 예행연습에 할애한다. 예행연습을 비디오로 촬영한 다음 자신의 어조나 몸짓을 반복해서 보며 철저히 훈련하는 것이다. '화술이 뛰어나다'고 하면 보통 만담가나 코미디언을 떠올리는데, 그들 역시 '보여주기'와 '말하기' 방식을 철저히 연습한다.

즉 상대에게 전하고자 하는 내용을 말, 목소리, 몸짓의 3가지를 사용해서 진심을 담아 전달하는 것이야말로 성공적인 연설의 비결이다.

테드^{TED}식 강연이
반드시 모범은 아니다

테드는 세계 최고 수준의 사람들이 최첨단 지식을 발표하거나 퍼포먼스를 선보이는 자리로 지금까지 빌 게이츠, 셰릴 샌드버그, 앨 고어, 스팅, U2의 멤버 보노와 같은 쟁쟁한 인물들이 등장했다. 푯값이 무려 8,500달러(960만 원, 2017년 4월 개최 기준)[6]에 달하는 테드는 그야말로 지식욕에 목마른 부유층의 사교장이다.

테드의 기본 원칙은 한 가지 주제가 18분 이내라는 점이다. 이 행사에 출연해 멋진 강연을 들려주면 눈 깜짝할 사이에 유명인이 되어 부유층 대열에 합류하는 일도 헛된 꿈은 아니다.

스탠퍼드대학 경영대학원의 커뮤니케이션 수업 때도 종종 테드 강연을 교재로 사용하는데 이때는 주의해야 한다고 슈람 교수는 말한다.

"테드 강연이 모든 연설이나 프레젠테이션의 모범이라는 생각은 옳지 않습니다. 테드의 강연 방식은 어디까지나 특별한 상황에서 효과를 발휘하는 프레젠테이션 방법이니까요.

테드의 강연 방식은 사장 또는 CEO가 기자회견에서 신제품을 발표할 때 가장 효과적입니다. 스티브 잡스가 새로운 아이팟_{iPod}을 발표하는 자리는 그야말로 테드 강연 그 자체였지요. 그러나 발표나 프레젠테이션을 모두 테드 방식으로 하는 것은 잘못입니다.

동요하는 직원들 앞에서 '회사가 매각된다'는 사실을 전할 때 테드 방식이 효과적일까요? 혁신적인 제품을 발표할 때와 똑같은 스타일로 회사가 매각된다는 사실을 발표한다면 실수도 이런 실수가 없지요.

테드 강연은 분명 전 세계에 큰 영향을 미칩니다. 공개된 장소에서 자신의 의견을 주장하고자 할 때 무턱대고 테드 강연을 참고한다는 사람이 많습니다. 저 역시 되도록 매년 테드가 주최하는 강연회에 참가하고, 테드 콘퍼런스의 프레젠테이션 영상도 전부 보려고 노력하지만, 그렇다고는 해도 수업 시간에 활용할 때는 학생들이 오해하지 않도록 '이 프레젠테이션 방법은 특별한 상황에서 사용하는 방식'이라고 강조합니다."

부끄러운 이야기이지만 나도 테드 강연을 흉내 낸 적이 있다. 단상 스크린에 커다란 사진을 띄운 다음 이야기를 풀어나가는 형식에 도전해보았지만 처참하게 실패하고 말았다.

실패의 원인은 당시 청중에게 익숙하지 않은 방식이었다는 점, 테드 방식에 지나치게 집착한 나머지 정작 해야 할 재미있는 내용을 빠뜨린 점이다.

마찬가지로 오바마 전 미국 대통령의 연설과 스티브 잡스의 프레젠테이션 또한 일반적인 회사원이 연설이나 프레젠테이션할 때는 그다지 참고가 되지 않는다. 슈람 교수의 말대로 세계 최고봉 슈퍼 프레젠테이션조차 반드시 만능은 아니다.

---

key point of chapter 8

• 커뮤니케이션의 기본 'AIM'
1. A=Audience(청중): 어떤 속성을 가진 사람에게 전할 것인가?
2. I=Intent(목적): 상대가 어떤 행동을 하길 원하나?
3. M=Message(메시지): 어떤 메시지를 전해야 상대가 움직일까?

• 백악관식 프레젠테이션 · 연설의 '5가지 형식'
1. ABC
2. 문제 제기, 원인, 해결 방법, 해결책
3. 과거, 현재, 미래
4. 장점, 단점, 추천
5. 상황, 문제 제기, 해결책

전 세계를 울린 강연

자살을 시도했던 교수가 말하는 '자살을 예방하는 침묵 깨기'

J. D. 슈람 교수도 테드에서 강연한 적이 있다. 바로 자신의 자살 시도 경험을 이야기한 '자살 생존자를 위한 침묵 깨기Break the silence for suicide attempt survivors'란 테드 강연이다.[7] 이 4분짜리 강연은 공개 되자마자 전 세계에 큰 반향을 불러일으켰다.

　슈람 교수는 39세 때 자살을 기도했다. 당시 뉴욕대학 경영대 학원에서 겸임 교수를 맡고 있던 슈람 교수가 자살을 기도한 계 기는 2가지였다고 한다. 하나는 동성애자라는 이유로 한 교육 관런 회사의 사장에 취임하지 못한 일, 또 하나는 기대했던 것만큼 연봉이 오르지 않아 주택 대출금을 연체한 일이다. 그는 불안감을 이기지 못하고 결국 술과 약물에 의존하게 되었다.

자신의 미래를 비관한 슈람 교수는 2003년 6월 11일 뉴욕의 맨해튼 다리에서 몸을 던졌다. 의식이 몽롱한 채로 이스트강 하류에서 스태튼섬의 페리 항로까지 떠내려갔는데, 여기에서 기적이 일어났다. 페리 승객이 표류하는 슈람 교수를 우연히 발견한 것이다. 그 후 무사히 연안 경비대에게 구출되어 목숨을 건졌지만, 병원에 이송되었을 당시 슈람 교수의 오른팔은 크게 손상되고 치골이 모두 부러져 있었으며, 폐는 납작해져 반쯤 죽은 상태였다.

생사의 갈림길에서 살아 돌아온 슈람 교수는 가족과 친구의 도움으로 삶을 되찾아 제2의 인생을 시작했다. 맨해튼의 멋진 아파트를 팔고 교외에서 단순한 생활을 시작한 것이 의존증 치료에 도움이 되었다고 한다. 그는 이러한 일련의 사건을 누구에게도 말하지 않은 채 뉴욕대학에 복직했고, 그 후 스탠퍼드대학으로 이직했다.

그러던 중 친한 친구의 자살을 계기로 '스스로 목숨을 끊는 사람을 한 사람이라도 줄이고 싶다'는 마음이 강해졌다. 자신의 경험을 공개하기로 한 슈람 교수는 2011년 테드가 주최하는 행사에서 '자살 생존자를 위한 침묵 깨기'라는 제목으로 4분 동안 강연했다.

이 강연이 테드의 웹사이트에 올라오자마자 과거에 자살을 시도한 사람, 자살로 친한 친구나 가족을 잃은 사람들이 수많은 댓글을 달았다.

"이 강연을 만나 정말 다행이다" "우리 마음을 대변해 준 슈람 교수에게 고마운 마음을 전하고 싶다" "두 번 다시 자살을 기도하지 않겠다고 다짐했다" 이 영상을 보고 대체 얼마나 많은 사람이 자살을 단념했을까? 댓글을 읽어보면 슈람 교수의 용기 있는 행동이 수많은 사람의 목숨을 구했다는 사실을 절실히 느낄 수 있다.

과거를 공개한 후에도 스탠퍼드대학의 교수나 학생 중 색안경을 끼고 본 사람은 아무도 없었다고 한다. 오히려 슈람 교수의 커뮤니케이션 수업은 더욱 인기가 높아졌으며 그는 훨씬 다양한 분야에서 활약하게 되었다. 슈람 교수는 말한다.

"스탠퍼드의 교수를 비롯해 직원, 졸업생, 학생들은 일부러 깊게 물어보지 않고 따뜻하게 지켜봐 주었습니다. 게다가 내가 이런 수업을 하고 싶다고 제안하면 모두 수락해주었지요. 자살을 시도해 목숨을 건진 지 벌써 10년 이상이 지났지만, 스탠퍼드대학의 여러분에게는 정말이지 고마운 마음뿐입니다."

우울증으로 고통받는 사람들에게

죽음의 문턱에서 살아 돌아와 제2의 인생을 걷기 시작한 슈람 교수가 지금 우울증에 빠진 사람들에게 들려주고 싶은 말은 무엇일까? 슈람 교수와의 진실된 대화를 그대로 전하는 것이 좋을 것 같아 대담 전문을 옮겨놓았다. 이 대담은 《일본경제신문》에 보도되어 큰 호평을 받은 바 있다.

나: 슈람 선생님께서 자신의 자살 기도 경험을 들려주신 테드 강연 '자살 생존자를 위한 침묵 깨기'는 전 세계에서 엄청난 반향을 일으켰습니다. 4분이라는 짧은 시간에 담긴 깊은 메시지에 용기를 얻어 자살을 단념한 사람이 많았을 것 같은데요.

선생님의 영상을 접하게 된 후 줄곧 만나 뵙고 싶었습니다. 테드에서 자신의 자살 기도 경험을 이야기하기까지는 상당한 용기가 필요하지 않았을까 생각합니다. 현재 스탠퍼드의 인기 교수로 활약 중이신 슈람 교수님을 보고 용기를 얻은 사람이 많지요?

슈람: 자살이 미수에 그친 것에 지금은 그저 고마운 마음뿐입니다. 살아있다는 사실이 얼마나 감사한 일인지 그것만으로도 고맙습니다. 매일 아침 눈을 뜰 때마다 인생에서 두 번째 기회를 부여받았다는 기쁨을 실감합니다.

나: 굳이 괴로운 과거를 공개하신 이유는 무엇인가요?

슈람: 저는 지금 '이런 멋진 인생을 또 한 번 부여받았으니 세상에 무언가 보답을 하고 싶다' '사람들에게 도움이 되는 일을 하고 싶다'는 마음으로 하루하루 살고 있습니다. 제가 스탠퍼드의 교원으로 일하고 아이를 입양해 키우는 이유도 다음 세대를 짊어진 젊은이들에게 도움이 되고자 하는 일념 때문입니다. 테드에서 강연한 것도 자살하는 사람이 한 명이라도 줄어들기를 바라는 마음에서 비롯된 행동이죠.

나: 자살을 기도한 사실은 테드에서 처음 공개하신 건가요?

슈람: 그렇습니다. 저는 2003년에 자살을 기도했다는 사실을 정말 한정된 몇 명에게만 이야기했습니다. 굳이 공개하고 싶지 않았거든요. 그런데 2010년에 이런 생각을 바꾸는 계기가 찾아왔습니다. 테드가 주최하는 강연회에서 어느 여성의 이야기를 듣게 된 거예요. 그 강연회에는 일반인도 참가할 수 있는 '3분 스피치'라는 코너가 있었는데, 그 코너에서 여성은 뇌종양과 함께 살아가는 나날을 적나라하게 이야기했고 다음과 같은 질문으로 이야기를 마쳤습니다.

"3년 후에 아마도 저는 이 세상에 없겠죠. 살아있는 여러분은 3년 후 어디에서 무엇을 하고 있을까요?"

3분이라는 짧은 시간이었지만 정말 감동적인 강연이었습니다. 특히 마지막 질문이 뇌리에서 떠나지 않았어요. '살아있는 나는 무엇을 해야만 할까?' 내가 해야 할 일은 자살을 생각하는 사람에게 도움을 주는 일이 아닐까? 살아 있다는 사실이 얼마나 멋진 일인지를 전달하는 일이 아닐까? 이렇게 생각한 저는 1년 후 테드에서 제 경험을 이야기하기로 결심했습니다. 2011년 '3분 스피치'에 응모했고 200~300명쯤 되는 청중 앞에서 강연했습니다. 그 강연이 바로 '자살 생존자를 위한 침묵 깨기'입니다.

나: 맨 처음에는 청중이 300명뿐이었군요. 그런데 현재는 150만 회 이상 재생되어 전 세계 사람이 슈람 교수님이 자살을 기도했다는 사실을 압니다. 물론 엄청난 각오로 강연하셨겠지요.

슈람: 테드 측에서 강연을 테드 라이브러리에 추가해 공식 웹사이트에서 공개하고 싶다고 의뢰했을 때, 저는 매우 고민했습니다. 300명 정도가 아는 것은 괜찮지만 강연을 공개하면 세상 사람들이 '저 사람은 자살을 기도했다'는 시선으로 저를 볼 텐데 '나는 거기까지 각오가 되어 있는가' 생각했죠. 처음에는 '조금 생각할 시간을 달라'며 제안을 거절했다가, 3개월 정도 고민한 끝에 영상을 공개하기로 했어요. 친한 친구가 자살로 생을 마감한 비극적인 사건이 계기가 되었죠. 영상을 공개하면 자살을 단념하는 사람이 있을지도 모른다는 생각이 강하게 들었습니다.

나: 테드의 공식 웹사이트에 공개한 날이 2011년 6월 11일인데요.

슈람: 이날을 선택한 이유는 2가지입니다. 6월 11일은 제가 자살을 기도한 날로 제2의 인생을 부여받은 지 8년째 되는 기념일

이자, 여름 방학 기간이었다는 점입니다. 제가 아무리 강심장이라도 공개 직후에 학생들 앞에 서서 수업할 용기는 없었죠.

나: 2011년이라면 슈람 교수님은 이미 스탠퍼드의 인기 강사였는데요. 교육자로서 자신의 평판에 흠이 되지 않을까, 학생이나 교원이 색안경을 끼고 보지 않을까, 불안하지는 않았나요?

슈람: 무척 두려웠어요. '어떤 얼굴로 학생에게 커뮤니케이션을 가르쳐야 할까' 불안해서 견딜 수 없었죠. 마침 스탠퍼드대학과 5년짜리 계약 갱신을 앞두고 있던 터라 '영상을 본 학교 담당자가 계약을 연장하지 않겠다고 하면 어떻게 하지?'라며 끙끙 앓았습니다. 게다가 '신세를 진 뉴욕대학의 명성에도 흠집이 나지는 않을까' 걱정스러웠죠. 자살을 기도했을 당시, 뉴욕대학에서 근무했거든요.

이처럼 불안감으로 숨이 막힐 듯한 감정 속에서도 저는 영상을 공개하기로 했습니다. 제 강연 영상을 보고 한 사람이라도 자살을 단념한다면 그것으로 충분하니까요. 수많은 사람이 색안경을 끼고 나를 보든, 내 경력에 좋지 영향을 끼치든, 단 한 사람이라도 구할 수만 있다면 그것만으로 충분히 가치 있는 일이라고 생각했습니다.

나: 테드 강연이 공개된 후, 반응은 어땠나요?

슈람: 그 반응이 놀라우리만큼 호의적이었습니다. 테드 측은 지나치게 우려한 나머지 제 강연 페이지에 달리는 댓글을 검토하

는 특별팀을 만들어 주었습니다. 만약 '자살하려 한다' '더는 살고 싶지 않아요. 살려주세요' 같은 댓글이 달리면 곧바로 답장을 해 자살을 단념하게끔 설득하기 위해서였죠. 결과적으로 이 걱정은 기우로 끝났고, 제가 아는 한 이처럼 위험한 내용의 댓글이 달린 적은 없었습니다.

하지만 안타까운 소식도 있었습니다. 제 강연 영상을 봤는데도 결국 자살을 선택한 젊은이의 이야기입니다. 그는 세상을 떠나기 한 달 전, 페이스북에 제 영상을 올렸습니다. '살려 달라'는 신호였던 셈이죠. 그런데도 아무도 도와주지 못했어요. 이 일은 제게 너무나 슬프고 고통스러운 사건이었습니다. 제 강연 영상을 보았지만 결국 자살을 선택했다는 사실을 알게 될 때마다 저는 스스로 얼마나 무력한 존재인지를 깨닫고는 가슴이 먹먹해집니다. 그래도 저는 가능한 한 많은 사람에게 '자살 따위는 하지 말라'고 호소하고 싶습니다. 제가 자살 예방에 힘쓰는 단체를 지원하고, 전 미국을 돌며 강연을 하는 이유도 여기에 있습니다.

나: 2002~2003년 당시 공사 양면에서 순조로운 인생을 보내셨던 것처럼 보입니다. 뉴욕대학 경영대학원에서 MBA를 취득했고, 뉴욕대학에서 교직을 맡았으며, 아파트를 성공적으로 매각해 번 돈으로 맨해튼에 새로운 아파트를 구매하기도 했죠. 이런 상황 속에서 어째서 자살을 기도하신 건가요?

슈람: 좋은 일과 나쁜 일이 한꺼번에 덮쳐왔기 때문입니다. 말

쓰하신 대로 분명 당시 저는 공사 모두에서 순조로웠는지도 모르지만, 그 이면에는 괴로운 일도 많이 있었습니다.

나: 인생에 온갖 사건이 한꺼번에 몰려왔다는 말씀이군요.

슈람: 그렇습니다. 2002년에 뉴욕대학 경영대학원에서 MBA를 취득한 후, 뉴욕대학의 겸임 교수로 취임했어요. 대학원에서 학생에게 커뮤니케이션을 가르치다니 제게는 감히 바라지도 않았던 기회였죠. 그러나 이런 꿈만 같은 일을 하게 되었는데도 일을 시작한 지 반년쯤 지났을 무렵, 저는 알코올과 약물 의존증으로 고통받게 됩니다. 계기는 두 가지입니다.

하나는 제가 동성애자라는 이유로 어느 교육 관련 회사에 사장으로 취임하지 못하게 된 일입니다. '이 회사에서 사장을 찾고 있다'는 제안을 받았을 때는 정말 기뻤고 이직하겠다는 부푼 마음으로 면접을 보았습니다. 하지만 채용 도중까지는 제가 가장 유력한 후보였는데 마지막의 마지막에 탈락하고 말았어요. 제게는 이 일을 하는데 충분한 자격도 기술도 있는데 어째서일까 그 이유를 알아보니 제가 동성애자라는 사실이 족쇄로 작용해 취임이 보류되었음이 밝혀졌습니다. 부당한 차별로 이직 기회를 빼앗긴 저는 실의의 나락으로 떨어졌죠.

다른 하나는 맨해튼 아파트의 대출금을 연체하기 시작한 일입니다. 예전에 살았던 아파트를 판 돈으로 맨해튼에 호화로운 아파트를 샀지만 매달 대출금을 갚지 못해 압류당하기 직전이었습니다. 지금 압류당하면 큰 손해를 보는 것은 불 보듯 뻔한 일입니다. 게다가 이직 기회도 사라져버렸으니 수입이 늘어나리라는 기대감도 없었고요.

이 두 가지 이유로 미래에 대한 불안감이 점차 커졌습니다. 이대로 두 번 다시 경력을 쌓지 못하는 게 아닐까, 대출금도 갚지 못하고 파산하는 게 아닐까, 불안감을 일시적으로 해소하려면 술과 약물의 힘을 빌릴 수밖에 없었죠. '술과 약물을 산다 → 돈에 더 쪼들린다 → 더욱 자포자기 상태가 된다 → 또다시 술과 약물을 산다'는 악순환에 점점 빠져들었고, 이러한 상황 속에서 급기야 '목숨을 끊는 편이 더 편하지 않을까' 생각하기 시작했습니다.

나: 2003년 6월 11일 자살을 기도했지만 기적적으로 목숨을 건졌습니다. 맨해튼 다리에서 몸을 던진 후 의식이 몽롱한 채로 이스트강 하류에서 스태튼섬의 페리 항로까지 떠내려갔고 운 좋게도 페리 승객이 발견되어 연안 경비대에게 구출됐죠. 구출 당시 매우 위중한 상태였다고 들었는데요, 어떻게 다시 회복하신 건가요?

슈람: 뉴욕 벨뷰병원에 23일간 입원하여 외상 등을 치료한 다음, 캔자스주에 있는 알코올과 약물 의존증 재활 센터에 28일간 입원했습니다. 그 후 콜로라도주의 산골짜기에 있는 요양시설에 한 달간 머물며 정신 건강을 회복했습니다.

자살을 기도해 사회에 복귀하기까지 약 5개월 동안 정말로 많은 분이 버팀목이 되어주었습니다. 가족과 친구는 물론 의사, 심리 치료사를 비롯한 치료 전문가분들 또한 온 힘을 다해 저를 지원해주었죠. 그분들의 치료와 조언이 없었다면 5개월이라는 짧은 기간 안에 이 정도로 회복하기란 불가능했을 겁니다. 그 덕분에 제 내면과 제대로 마주 볼 수도 있었고요.

나: 그 후 어떤 식으로 제2의 인생을 시작하셨나요?

슈람: 2003년 11월에 뉴욕으로 돌아온 뒤로는 허세를 부리지 말고 자신의 분수에 맞게 생활해야겠다고 다짐했습니다. 우선 맨해튼의 아파트를 팔아 남은 빚을 전부 갚고 맨해튼에서 브루클린의 셰어 아파트로 이사했습니다. 뉴욕대학까지 가는 데 전철로 1시간이나 걸렸지만 그런 일은 전혀 고통스럽지 않았어요. 소박하고 검소하며 단순한 하루하루는 정신을 크게 성장시켰고 알코올과 약물에서 완전히 벗어나게 해주었습니다.

나: 학교에는 어떤 식으로 복직하셨나요?

슈람: 뉴욕에 돌아오자마자 뉴욕대학 경영대학원의 상사에게 연락했습니다. 그는 당시 경영 커뮤니케이션 프로그램 부문의 수장이었습니다. 자살을 기도했을 무렵 저는 마침 겸임 교수에서 특임 교수로 승진할 참이었는데, 그 후 장기간 입원하는 바람에 특임 교수로서 가르칠 예정이었던 강좌는 이미 다른 교원이 맡고 있었죠. 저는 상사를 찾아가 장기 휴직으로 폐를 끼쳤다며

송구스러운 마음을 전한 다음 '다시 뉴욕대학에서 학생들을 가르칠 수는 없는지' 부탁해보았습니다. 그러자 상사는 즉시 이렇게 대답했습니다.

"자네에게 무슨 일이 있었는지 물어보지 않을 것이며 알 필요도 없네. 나는 오직 자네가 '학생을 가르치는 데 지장이 없는 건강상태인지'가 궁금하네."

상사는 몇 개월이나 휴직한 이유를 꼬치꼬치 캐묻지 않았습니다. 제가 '건강 상태에는 전혀 문제가 없다'고 대답하자 단지 "그것참 다행이군. 몇 월 며칠에 수업을 시작하게" 하고 말했을 뿐이죠. 이렇게 복직이 결정되었습니다.

그 후에도 상사는 휴직 이유를 절대 알려 하지 않았고, 저 역시 자세한 내용을 이야기하지 않았습니다. 그는 아마 테드 강연을 보고 처음으로 진실을 알았을 겁니다. 그처럼 훌륭한 상사를 만난 건 정말 행운이었어요. 상사가 이유를 전혀 물어보지 않은 덕분에 자살을 기도했던 사실을 아무에게도 들키지 않았거든요. 스탠퍼드대학으로 이직한 2007년까지 뉴욕대학에서 학생들을 가르쳤는데, 상사에게는 정말 고마울 따름입니다.

나: 예전의 슈람 선생님처럼 알코올이나 약물 의존증을 극복하지 못해 우울증으로 고통받는 사람도 많은데요. 이처럼 삶에 절망한 분들께 조언을 부탁해도 될까요?

슈람: 제 경험에서 우러나온 조언입니다만 우울증에서 벗어나

는데 가장 효과적인 방법은 무조건 전문가에게 상담하는 겁니다. 자신의 괴로운 마음을 드러내지 않으면, 좀처럼 우울증에서 빠져나오기 힘들어요. 따라서 의사, 치료 전문가, 사회복지사, 상담 전문가 등 전문가와 대화하는 일이 중요하죠.

흔히 자신의 감정에 공감해주는 사람과 이야기하고 싶은 마음에 온라인에서 우울증을 앓거나 자살하고 싶은 사람을 찾아 서로 상처를 핥아주고는 하는데, 이런 행동을 하면 병이 악화할 뿐입니다. 그들은 "그 마음 이해해" "나도 마찬가지야"라며 동조해줄 뿐 우울증에서 빠져나오는 데는 도움이 되지 않으니까요.

저는 심리 치료와 정신 치료는 물론 의사의 지도로 우울증약까지 복용했습니다. 정말 약을 먹기는 싫었지만 의사가 '현재 당신에게 꼭 필요하다'며 강하게 권유했기 때문에 그 말에 따르기로 했죠. 결과적으로 의사의 지도에 따르기를 잘했다고 생각합니다. 상태가 나날이 호전되었거든요. 투약량이 점차 줄어 1년쯤 지나자 더는 약을 먹지 않아도 되었습니다.

그러니 지금 우울증으로 고통받고 있다면 반드시 신뢰할 수 있는 의사의 지도를 따르기를 바랍니다. 자신만의 방식으로 약을 먹거나 함부로 약을 끊은 탓에 병이 악화하여 결국 자살하는 사례가 끊이질 않는데 이는 정말이지 가슴 아픈 일입니다.

나: 회사에서 일을 하는 사람이 우울증을 앓을 경우, 우울증으로 휴직계를 내도 해고되지는 않지만 현실적으로 복직 후에 괴

로움을 겪습니다. 일단 '저 사람은 우울증 환자'란 사실이 알려지면 주변 사람이 지나치게 신경을 쓰고 마치 손대서는 안 될 것을 만지듯 조심스럽게 대하죠. 한 번 우울증 환자란 딱지가 붙으면 그 상황에서 벗어나기가 매우 어렵습니다.

슈람: 그 괴로운 심정은 충분히 이해합니다. 저는 당시 재직 중이던 뉴욕대학의 상사가 장기간 휴직한 이유를 묻지 않은 덕분에 휴직 이유가 공개되지도 않았고 다른 사람이 저를 의심스러운 눈초리로 쳐다보지도 않았어요. 복직 후에도 마치 아무 일도 없었던 듯 일할 수 있었죠.

부서를 옮기거나 직장을 옮기는 일 또한 현실적이고 긍정적인 해결 방법입니다. 같은 직장에서 불편하게 일하기보다는 가능한 한 새로운 부서, 새로운 직장에서 재출발하는 편이 훨씬 바람직하지 않을까요?

나: 우울증으로 고통받는 분들은 자신감을 잃기 쉽습니다. 일을 통해 자신감을 되찾을 필요가 있다는 말씀이군요.

슈람: '나는 무엇을 위해 존재하는가?' '나는 세상에 도움이 되고 있나?'라는 질문을 스스로 던졌을 때 '내가 가치 있는 사람'이라고 실감하는 순간은 무엇보다 일을 할 때입니다.

우리의 자존감은 일을 통해 점점 높아집니다. 국적과 관계없이 특히 남성 중에는 일이 전부라는 사람이 많죠. 따라서 안타깝게도 우울증을 앓게 된 사람이 자존감을 되찾으려면, 이해심 많은 직장에서 보람을 느낄 만한 일을 하는 것이 제일 좋은 방법이라고 생각합니다.

제9장

마음 챙김

: 몇 살이 되어도 뇌는
단련할 수 있다

마음 챙김으로 자신을 바꾼다

스탠퍼드대학 경영대학원에서 인기 있는 수업 중 하나는 '마음 챙김과 연민의 리더십'이다. 2012년에 개설하자마자 화제가 되었고 학생들이 평가한 수업 순위에서 2위에 올랐다. 매년 정원이 금방 마감되며, 많을 때는 100명이나 되는 학생이 대기자 명단에 이름을 올릴 정도로 큰 인기다.

이 수업이 이토록 큰 인기를 끄는 이유는 무엇일까? 수업을 가르치는 레아 와이스^{Leah Weiss} 박사는 이렇게 설명한다.

"그 이유는 2가지로 추측됩니다. 첫 번째는 마음 챙김, 자기연민, 공감 등을 이론과 실천의 양면에서 공부하는 까닭입니다. 최근 비즈니스 업계에서 '마음 챙김'이란 말을 자주 접하지만 마음 챙김을 제대로 아는 학생은 많지 않습니다. 따라서 수업을 통해 체계적으로 이해하고 싶은 것 같아요. 두 번째는 졸업 후 바로 도움이 되는 실천적인 수업이라고 느끼기 때문입니다. 이 수업에서는 명상 기술은 물론, 실패했을 때의 대처법 등도 배울 수 있으니까요.

스탠퍼드의 학생은 대부분 졸업 후 '세상을 바꾼다'는 사명감으로 다양한 업계에 종사합니다. 세상을 바꾸는 과정에서는 반드시 실패에 견디는 힘을 익혀야 합니다. 변화를 일으킨다는 것은 실로 엄청난 일이어서 불안을 동반하기 마련인데, 이때 어떤 식으로 스스로 대처해나가야 할지도 이 수업을 통해 공부할 수 있습니다. 세상을 바꾸고 싶은 학생이 정신적으로 준비하기 위한 수업이라고 말해도 좋겠네요."

'마음 챙김'은 주로 의학이나 심리학 분야에서 연구되었지만 최근에 비즈니스에도 효과적이라는 사실이 주목을 받으면서 스탠퍼드대학은 물론, 다른 경영대학원에서도 관련 수업이 잇달아 개설되고 있다.

마음 챙김은 영어로 마인드풀니스mindfulness라고 하는데, 이는 불교 정전에 기록된 팔리어 '사티sati'를 번역한 말이다. 불교와 관련된 문헌에서는 '깨달음' '염念'으로 번역된다. 의학과 심리학 분야에서는 흔히 '의도적으로 지금 이 순간에 가치 판단을 하지 않고 주의를 기울이는 일'[1]로 정의된다.

뇌를 마음 챙김 상태(=잡념을 배제하고 지금에 집중한 상태)로 만드는 방법은 매우 다양하다. 대표적인 실천법은 명상이다. 이와 같은 설명을 들으면 혹자는 좌선과 같다고 생각할지 모르나, 마음 챙김 명상과 좌선은 다르다. 와이스 박사는 계속 설명한다.

"경영대학원에서 가르치는 마음 챙김은 분명 불교에서 유래했습니다. 하지만 마음 챙김은 어떤 종교를 가진 사람도 실천할 수 있게끔 종교성을 전부 배제했어요. 실제 제가 맡은 반에는 경건한 이슬람교도, 정통파 유대교도, 복음파 개신교도, 가톨릭교도, 힌두교도 등이 있지만, 종교와 상관없이 누구라도 마음 챙김 명상과 훈련에 참여할 수 있습니다."

의료에서 비즈니스까지, 세계적인 유행으로

인간의 스트레스나 고통을 누그러뜨리는 한 가지 방법으로 의학 분야에서 연구되던 마음 챙김이 주목받게 된 계기는 1980년대 매사추세츠대학 존 카밧진^{Jon Kabat-Zinn} 명예 교수의 실험이다.

카밧진 교수는 만성 통증으로 고통받는 환자 51명에게 마음 챙김 명상을 실천하게 한 다음, 다양한 과학적 지표를 사용해 통증이 가라앉는지를 조사했다. 그리하여 마음 챙김 명상은 두통, 복통 등, 통증의 부위나 종류와 관계없이 통증을 완화하는 데 효과가 있다는 사실을 과학적으로 입증해냈다.[2]

그 후 카밧진 교수가 개발한 마음 챙김을 바탕으로 한 스트레스 저감법^{MBSR}은 암, 만성 통증, 심장병, 섬유근 통증 등의 통증을 완화하는 목적으로 잇달아 임상에 도입되었다.

마음 챙김은 점차 정신질환 분야에도 적용되었다. 1999년, 토론토대학의 진델 시겔^{Zindel Segal} 교수팀은 마음 챙김을 바탕으로 한 인지 치료^{MBCT}가 우울증 재발 예방에 효과적이라는 사실을 실제로 입증했다.[3] 이 결과를 계기로 MBCT는 우울증 예방 프로그램으로 주목받았고, 현재 영국에서는 NICE(국립보건임상연구원)가 이 프로그램을 권장한다.

애초부터 불교 사원이나 암자 등에서 명상을 해본 사람은 누구나 '명상이 몸과 마음에 좋다'는 사실을 느끼고 있었다. 그런데 오늘날에 와서 이처럼 명상이 크게 유행하게 된 이유는 과학 기술이 발전하면서 그 효과가 잇달아 입증된 덕분이다.

사실 와이스 박사가 스탠퍼드의 수업에서 특히 유의하는 점은 첫 수업 때 반드시 과학적 근거를 제시하는 일이다. 그 데이터는 두뇌 변화를 보여주는 fMRI(기능 MRI)의 화상 데이터에서 텔로미어(염색체 말단 부위), 미주신경, 뇌파, 게놈 변화를 보여주는 연구 결과에 이르기까지 매우 다양하다.

마음 챙김이 비즈니스 업계에서 갑자기 주목받게 된 때는 2007년쯤부터다. 2007년 구글의 엔지니어였던 차드-멩 탄Chade-Meng Tan이 회사에서 '서치 인사이드 유어셀프Search Inside Yourself'라는 능력 개발 프로그램을 시작한 것이 계기라고 한다. 마음 챙김 명상을 바탕으로 자기 인식력, 창조성, 인간관계 능력 등을 단련하는 연수는 순식간에 큰 화제를 모았고, 그 후 아메리칸익스프레스, 골드만삭스, SAP, 링크드인을 비롯한 수많은 글로벌 기업과 대학이 이 프로그램을 채택하였다.

2008년에는 스탠퍼드대학에 '연민과 이타심 연구 및 교육 센터CCARE; The Center for Compassion and Altruism Research and Education'가 설립되었다. CCARE에서는 마음 챙김 명상과 더불어 연민(공감)이나 이타심이 인간에게 끼치는 영향을 전문적으로 연구하는데, 이 기관을 설립하는 데 크게 공헌한 사람이 바로 티베트의 정치·종교 지도자인 법왕 달라이 라마다.

달라이 라마는 오랜 기간 과학적 관점에서 불교를 연구해 왔으며 '만일 과학적 분석을 통해 불교 정전의 내용에 오류가 있다는 사실이 경험적으로 입증된다면, 우리는 과학의 발견을 받아들이고 잘못된 주장은 수정하든지 폐기해야만 한다.'⁴고 말했다.

마음 챙김과 마찬가지로 공감, 자비, 연민 같은 개념 또한 불교에서 유래했지만 여기에도 종교성은 배제되어 있다. CCARE에서는 뇌과학, 심리학, 행동과학 등의 관점에서 '자신과 타인을 향한 연민'이 인간의 몸과 마음에 어떠한 과학적 효과를 미치는지를 철저하게 연구한다.

CCARE가 설립되면서 스탠퍼드대학의 각 학부에는 '마음 챙김과 연민'에 관한 수많은 강좌가 새롭게 개설되었다. 본래 CCARE에서 가르쳤던 와이스 박사가 경영대학원에서 강좌를 맡게 된 계기도 졸업생 중 한 명이 '마음 챙김은 미래의 리더에게 매우 중요한 능력이니, 경영대학원 학생에게 가르쳐 보면 어떻겠냐'며 추천했기 때문이라고 한다. 그 수업이 눈 깜짝할 사이에 인기 강좌가 된 것은 앞에서 설명한 대로다.

명상은 스트레스를 가볍게 해준다

마음 챙김은 '의도적으로, 지금 이 순간에, 가치판단을 하지 않고 주의를 기울이는 일'이지만, 자신을 마음 챙김 상태로 만드는 방법은 매우 다양하다. 대표적인 방법은 다음과 같은 명상이다.[5]

1. 발바닥을 바닥에 대고 의자에 앉는다(혹은 책상다리로 바닥에 앉는다)
2. 등을 곧게 펴 자세를 바로잡는다
3. 눈을 감고 조용히 호흡한다
4. 호흡에 의식을 집중한다
5. 잡념이 떠오르면 잡념이 떠올랐음을 깨닫고 그것을 떨쳐낸다
6. 다시 호흡에 의식을 집중한다

처음에는 10분부터 시작하여, 조금씩 시간을 늘려나가 30분 정도까지 할 수 있게 되면 바람직하다.

하버드대학에서 신경과학을 연구하는 사라 라자르^{Sara Lazar} 조교수는 마음 챙김의 효과를 다음과 같이 설명한다.[6]

- 스트레스 감소
- 증상 완화(우울증, 불안장애, 통증, 불면증)
- 집중력 향상
- 행복감 향상

가장 널리 알려진 마음 챙김 명상의 효과는 스트레스 감소다. 명상을 했을 때 스트레스가 해소되는 이유는 쉬지도 않고 끊임

334

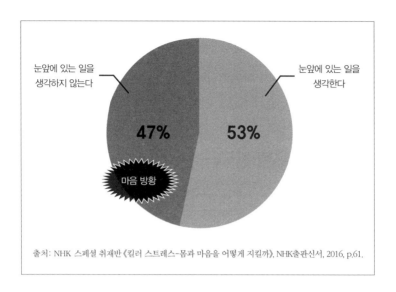

출처: NHK 스페셜 취재반《킬러 스트레스-몸과 마음을 어떻게 지킬까》, NHK출판신서, 2016, p.61.

없이 움직이는 뇌가 초기화되기 때문이다.

하버드대학의 대니얼 길버트Daniel Gilbert 교수와 매튜 킬링스워스Matthew Killingsworth 박사가 2,250명을 대상으로 조사한 결과[7]에 따르면, 피실험자의 뇌는 깨어 있는 시간 중 47%가 '마음 방황mind-wandering' 상태였다고 한다.

마음 방황이란 의식이 다른 곳에 가 있어 눈앞에 있는 일과 전혀 관계없는 무언가를 생각하기 시작하는 상태로, 말하자면 주의 산만 상태다. 누구나 회의 시간에 점심은 무엇을 먹을지 생각하거나 책을 읽는 도중에 몇 분 동안 같은 문장을 바라본 적이 있으리라. 마음 방황은 스트레스의 주요 원인이다. 인간은 무언가에 집중하지 않을 때 부정적으로 생각하는 습성이 있는데, 자신을 위협하는 무언가에 의식을 집중하는 행위는 사람 종種의 특성[8]이다.

마음 방황 중에는 대부분 과거와 미래에 관련된 일을 생각한다. '그때 이렇게 했더라면 좋았을 텐데'라는 후회, '그 사람에게 이런 일을 당했다'는 나쁜 추억, '저금이 다 떨어지면 어쩌지?' '이대로 결혼을 못 하면 어떡하지?'와 같은 미래에 대한 걱정, 지금은 아무 문제가 없는데도 일부러 불쾌한 경험을 떠올리거나 일어나지도 않은 일을 걱정한다. 이와 같은 부정적인 생각은 스트레스가 되어 몸과 마음을 병들게 한다.

길버트 교수팀은 마음 방황과 행복의 상관관계도 조사했다. 인간이 가장 행복하다고 느낄 때는 언제일까? 일반적으로 생각하면 '휴식을 취하는 시간'이 가장 행복할 것 같지만 결과는 정반대였다. 행복도가 높을 때는 성행위, 운동, 대화 등, 무언가 한 가지 일에 집중한 시간대였고, 반대로 행복도가 낮을 때는 마음 방황 상태일 때, 즉 휴식을 취하거나 무언가 단순 작업을 하거나 집에서 컴퓨터를 사용한 시간대였다.

길버트 교수팀은 '마음 방황이란 마음이 불행한 상태'라고 결론지었다. 이 마음 방황 상태를 일단 초기화해주는 것이 바로 마음 챙김 명상이다. 지금 이 순간에 집중함으로써 엉뚱한 생각을 하는 뇌를 쉬게 하면 스트레스를 낮추는 데 큰 도움이 된다.

336

'몸과 마음에 좋다'는 과학적 근거

마음 챙김이 신체, 인지, 감정에 긍정적인 영향을 미친다는 사실을 과학적으로 조사한 연구는 수없이 많다. 회사원을 대상으로 한 대표적 연구는 위스콘신대학 메디슨교의 리처드 데이빗슨 Richard Davidson 교수팀이 생명 공학 계열 기업에 근무하는 남녀 41명에게 한 실험[9]이다. 먼저 피실험자를 다음의 두 그룹으로 나눈다.

- 마음 챙김 명상을 하는 그룹
- 마음 챙김 명상을 하지 않는 그룹

명상을 하는 그룹은 일주일에 한 번 2시간에서 3시간 정도 마음 챙김을 바탕으로 한 스트레스 저감법[MBSR] 프로그램에 참여한다. 그리고 자택에서도 음성 안내에 따라 하루에 1시간씩 주 6회 명상을 한다. 반면 명상하지 않는 그룹은 평소대로 생활한다.

그 후 두 그룹의 불안감, 뇌파, 면역 기능 변화 등을 측정하여 비교해보았더니, 매우 놀라운 결과가 나왔다. 명상하지 않은 그룹은 불안감이 상승했지만, 명상을 한 그룹은 불안감이 크게 하

락했다. 또 뇌의 전기적 활동을 측정해보니 명상을 한 그룹의 뇌
는 긍정적인 감정 관련된 부위가 활발하게 활동했다.

게다가 실험이 끝난 후 모든 참가자에게 인플루엔자 예방 접
종을 하고 4주 후와 8주 후에 채혈하여 항체 역가를 검사한 결
과, 명상한 그룹은 명상하지 않은 그룹보다 항체가 더 많았다.

이 연구로 마음 챙김 명상은 직원의 불안감을 줄이고 긍정적
감정을 조장하며 면역 기능 또한 높인다는 사실이 입증되었다.

몇 살이 되어도 뇌는 단련할 수 있다

마음 챙김 명상은 두뇌 용적을 변화시킨다는 연구 결과도 다수
발표되었다. 사라 라자르 교수의 연구가 대표적이다.

예를 들면 요가 강사처럼 일상적으로 명상을 하는 사람과 일
반인의 뇌를 비교한 연구[10]로, 명상 전문가의 뇌가 일반인의 뇌
보다 도피질, 전두전야, 체성감각야, 시각야의 피질 용적이 크다
는 사실이 드러났다. 즉 오랜 명상 습관은 인간의 뇌를 바꿔 감
각을 날카롭게 하고 기억력, 결단력을 높일 가능성이 큰 것이다.

또 40~50대 명상 전문가와 20~30대 일반인의 뇌에서 전두
전야란 특정 부분의 용적을 비교해본 결과, 두 그룹의 용적이 거

의 비슷했다고 한다. 지금까지는 나이를 먹을수록 대뇌피질이 축소하여 기억력이 떨어진다는 것이 정설이었다. 하지만 라자르 교수팀은 실험을 통해, 훈련을 하면 나이에 상관없이 누구나 전두전야의 용적이 증가하므로 기억력을 높일 수 있다는 사실까지 밝혀냈다.

라자르 교수팀은 마음 챙김 명상으로 일반인의 뇌가 얼마나 변화하는지도 실험했다.[11] 실험 대상자에게 '마음 챙김을 바탕으로 한 스트레스 저감법'을 8주간 실천하게 한 결과, 다음 5개 부위의 밀도가 증가했다고 한다.

- 좌측 해마(학습, 인지, 기억, 감정 제어 등에 관여)
- 후측대상피질(마음 방황 등에 관여)
- 측두두정접합부(공감이나 연민 등에 관여)
- 소뇌(균형 감각, 감정 제어, 인지 등에 관여)
- 뇌줄기(자율기능, 우울증, 수면장애 등에 관여)

다른 조사에서는 편도체(공포감, 불안, 슬픔에 관여)의 용적이 축소된다는 결과가 나왔다. 즉 마음 챙김 명상은 기억, 감각, 공감 등의 기능을 높이고 불안과 공포감을 완화할 수도 있다는 사실을 시사한다.

불안, 고통, 우울, 공감에 관한 효과는 심리학 실험에서도 입증

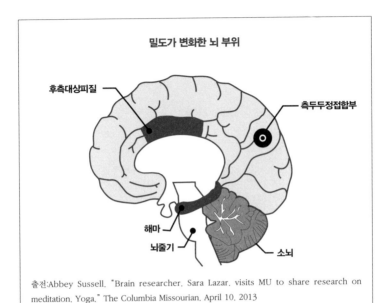

밀도가 변화한 뇌 부위

후측대상피질

측두두정접합부

해마
뇌줄기
소뇌

출전:Abbey Sussell. "Brain researcher. Sara Lazar. visits MU to share research on meditation. Yoga." The Columbia Missourian. April 10. 2013

되었다. 산타클라라대학 샤우나 샤피로Shauna Shapiro 교수팀의 실험[12]에 따르면 마음 챙김을 바탕으로 한 스트레스 저감법을 8주간 실천한 사람과 그렇지 않은 사람 사이에 뚜렷한 차이가 나타났다고 한다. 8주간 실천한 사람은 불안감, 우울함, 정신적 고통이 많이 감소한 반면, 공감 능력은 높아졌다.

이처럼 의학, 심리학 등의 분야에서 차례차례 마음 챙김 명상의 효과가 연구됨으로써 그 과학적 근거가 점차 드러나고 있다.

[연민 실험]
명상으로 자신에게 너그러워진다

마음 챙김이 활발하게 연구되면서 불교 사상 중 하나인 '연민(자비)'이 새로운 연구 분야로 떠오르고 있다. 2008년 스탠퍼드대학이 '연민과 이타심 연구 및 교육 센터CCARE'를 설립함으로써 단숨에 주목을 받았다.

마음 챙김 명상의 대표적 프로그램은 마음 챙김을 바탕으로 한 스트레스 저감법이지만 스탠퍼드대학의 연구자들은 이를 더욱 발전시켜 연민 양성 훈련CCT; Compassion Cultivation Training이라는 프로그램을 개발했다.

이는 스탠퍼드대학에서 매주 1회 2시간씩 '연민 명상'을 하고 자택에서도 안내에 따라 매일 15분에서 30분씩 명상을 하는 8주 완성 프로그램이다.

연민 명상은 마음 챙김 명상과 초점을 맞추는 곳이 다르다. 마음 챙김 명상은 호흡과 감각에 의식을 집중하지만 연민 명상에서는 강사의 안내에 따라 사랑하는 사람, 지구의 모든 생명체, 고통스러웠던 상황, 자신의 몸 등을 의식한다. '당신에게 친절을 베풀어준 사람을 떠올리세요' '당신이 괴롭다고 느낀 상황을 떠올리세요'라는 식이다.

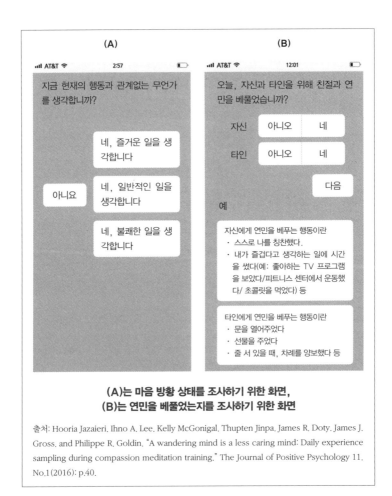

(A) 지금 현재의 행동과 관계없는 무언가를 생각합니까?

네, 즐거운 일을 생각합니다

아니요

네, 일반적인 일을 생각합니다

네, 불쾌한 일을 생각합니다

(B) 오늘, 자신과 타인을 위해 친절과 연민을 베풀었습니까?

자신   아니오   네

타인   아니오   네

다음

예

자신에게 연민을 베푸는 행동이란
- 스스로 나를 칭찬했다.
- 내가 즐겁다고 생각하는 일에 시간을 썼다(예: 좋아하는 TV 프로그램을 보았다/피트니스 센터에서 운동했다/ 초콜릿을 먹었다) 등

타인에게 연민을 베푸는 행동이란
- 문을 열어주었다
- 선물을 주었다
- 줄 서 있을 때, 차례를 양보했다 등

**(A)는 마음 방황 상태를 조사하기 위한 화면,
(B)는 연민을 베풀었는지를 조사하기 위한 화면**

출처: Hooria Jazaieri, Ihno A. Lee, Kelly McGonigal, Thupten Jinpa, James R. Doty, James J. Gross, and Philippe R. Goldin. "A wandering mind is a less caring mind: Daily experience sampling during compassion meditation training." The Journal of Positive Psychology 11. No.1(2016): p.40.

연민 명상에는 어떤 효과가 있을까? 연민 명상의 일부 효과는 이미 스탠퍼드대학의 제임스 도티James R. Doty 교수팀이 연구[13]로 입증했다. 도티 교수팀은 51명의 피실험자에게 연민 명상을 하게 한 다음, 다음의 2가지 사항을 조사했다.

(A) 마음 방황(주의 산만)상태가 어느 정도 개선되었는가

(B) 자신과 타인을 배려하는 행동을 했는가

먼저 피실험자는 8주간 CCT를 수강한다. 수강 기간에는 자택에서도 15분에서 30분 정도 연민 명상을 한다. 교수팀은 피실험자의 스마트폰에 앞 페이지의 그림과 같은 설문조사를 하루에 두 번(아침 7시~9시, 밤 7시~9시) 보내, 변화를 기록해나갔다. 조사는 CCT를 수강하기 이틀 전부터 시작되어 종료일에서 10일 후까지 계속되었다.

설문 조사를 분석한 결과, 연민 명상은 마음 방황 상태를 개선할뿐더러, 자신과 타인에게 연민을 베푸는 행동을 하게 해주는 것으로 드러났다. 그리고 연민 명상을 할수록 부정적인 일보다 긍정적인 일을 생각하게 된다는 사실도 밝혀졌다.

고치고 싶은 습관은 뇌에서 없앤다

스탠퍼드대학 경영대학원 학생은 레아 와이스 박사의 수업에서 무엇을 배울까?

수업은 매번 4가지 요소로 구성된다. 첫 번째는 과학적 연구 결과다. 학생은 마음 챙김을 실천하고 연민 능력을 갈고닦는 행위가 어째서 리더에게 도움이 되는지를 과학적 근거를 토대로 공부한다. 두 번째는 명상, 세 번째는 훈련이다. 학생이 졸업 후 직장에서 바로 실천할 수 있게끔 훈련한다. 마지막 네 번째는 토론이다. 매주 같은 그룹에서 그 주의 주제를 토론한다.

와이스 박사의 수업에서는 '마음 챙김'과 '연민'이라는 2가지 심오한 개념을 공부한다.

첫 번째 주제는 '마음 챙김'이다. 비즈니스 리더가 마음 챙김을 실천하면 대체 어떤 효과를 볼 수 있을까?

와이스 박사에 따르면 마음 챙김은 집중력, 감정 억제력, 기억력, 학습 능력, 결단력, 창조성을 높일 뿐 아니라 나쁜 습관을 개선하고 리더십을 발휘하는 데도 효과적이라는 사실이 과학적으로 밝혀졌다고 한다.[14] 즉 마음 챙김을 실천하면 자신을 바꿀 수 있다는 말이다.

와이스 박사의 수업은 자신을 알고 자신을 바꾸는 일에 주안점을 둔다. 학생들은 자신을 알기 위해서 일주일간 행동 일기를 쓰고, 무슨 일에 시간을 썼는지, 어떤 때 마음 챙김을 실천했는지를 기록하여 수업 시간에 발표한다. 와이스 박사는 말한다.

"자기 삶의 목적이나 열정을 확인하고 싶을 때 실천한 사람이 있는가 하면, 하고 싶지 않은 일, 부끄러운 일을 하기 전에 실천한 사람도 있었습니다. 많은 학생이 무언가를 결정할 때 사용했지요. 마음 챙김은 나라는 인간을 있는 그대로 파악하게 해주며, 다음에 나아가야 할 지침 또한 제시해줍니다."

마음 챙김을 실천하면 자신을 바꿀 수 있다는 말은 구체적으로 어떤 의미일까. 와이스 박사는 계속 설명한다.

"금연하고 싶은 사람은 금연하는 방향으로, 살을 빼고 싶은 사람은 살을 빼는 방향으로, 더욱 의미 있게 인생을 보내고 싶은 사람은 유익한 인생을 보내는 방향으로 나아갈 수 있습니다. 자신이 무엇을 달성하고 싶은지를 인식하고 이에 의식을 집중해서 목표 달성에 도움이 될 만한 태도를 계속 유지하면, 이 노력이 결과에 반영되는 것이죠."

금연에 관한 유명한 연구 중 하나는 매사추세츠 의과대학의 저드슨 브루어Judson Brewer 부교수팀의 실험이다.[15] 브루어 교수팀은 중증 흡연자 88명을 두 개의 그룹으로 나눠 한 그룹에는 마음 챙김 명상을 바탕으로 한 프로그램을, 다른 그룹에는 미국 폐협회가 권장하는 금연 프로그램을 4주간 실천하게 했다.

실험이 끝난 직후 7일간의 금연율을 비교한 결과 마음 챙김 프로그램을 실천한 그룹의 금연 성공률이 더 높았다(전자는 36%, 후자는 15%였다).

마음 챙김 프로그램을 실천한 피실험자는 흡연을 '마음껏' 즐겼다. 담배 냄새와 맛을 있는 그대로 느꼈을 때, 어떤 기분이 드

느지를 알고 자신을 객관적으로 관찰함으로써, 사실 담배는 맛이 없다는 사실을 깨달았다. 이처럼 '담배 = 맛있는 것'이라는 생각이 사라져 결과적으로 금연에 도움이 되었다고 한다. 브루어 교수는 이렇게 말한다.

"나쁜 습관이라고 깨달았다면 그 습관을 통해 실제 자신이 무엇을 얻었는지를 객관적으로 관찰하고 마음 깊은 곳에서부터 환멸을 느낍니다. 그리하여 스스로 악습관에서 벗어나는 것이 바로 마음 챙김의 진수입니다."[16]

와이스 박사가 수업에서 가르치는 내용은 다름 아니라 확고한 목표를 세우고 마음 챙김을 실천하면 그 목표를 실현할 가능성이 높아진다는 사실이다.

자신에게 너무 엄격하면
성과를 낼 수 없다

수업 시간에 다루는 또 하나의 큰 주제는 '연민'이다. 연민에는 타인을 향한 연민과 자신을 향한 연민이 있다. 이 중에서 와이스 박사는 자신에게 연민을 베푸는 힘(자기 연민) 양성에 힘을 쏟는다. 자기 연민은 결과적으로 리더십 강화에 도움이 되는 까닭

346

이다.

"자신에게 연민을 베풀라고 말하면 대개 '자신에게 조금 더 관대해도 된다' '내 책임이 아니라고 생각해도 괜찮다' '완벽을 추구하지 않아도 된다'는 뜻으로 받아들여 능력이 부족한 리더가 된다고 생각하지만, 실제로는 그 반대입니다. 자기 연민을 실천하면 리더십을 훨씬 효과적으로 발휘할 수 있습니다. 자기를 소중히 여기는 사람이 타인도 소중히 여길 줄 아는 법이니까요.

자기 연민을 실천하는 사람은 주변 사람에게 받은 부정적인 피드백조차 있는 그대로 듣게 되고, 타인의 실패를 받아들이며, 함께 문제를 해결해 나가려는 마음이 생긴다. 심지어 이 모든 일이 자연스럽게 이루어진다고 와이스 박사는 말한다.

"자신에게 연민을 베풀어도 의지력은 약해지지 않습니다. 오히려 강해지지요. 의지력이 거듭 쌓이면 개인의 목표는 물론 팀의 목표도 훨씬 효율적으로 실현할 수 있습니다."

학생들은 어떤 식으로 자신에게 연민을 베푸는 힘을 익힐까? 자기 연민을 공부하는 수업 때, 와이스 박사는 먼저 학생에게 "실패했거나 창피한 일을 당한 적은 없습니까? 그때 어떻게 행동했나요?" 하고 질문을 던지고 이를 토론한다. 그리고 과학적 조사 결과를 토대로 '인간은 자신에게 부정적인 일이 일어났을 때 습관적으로 어떤 행동을 하는지'를 설명한다.

그다음에는 와이스 박사의 지도에 따라 실제로 '자기연민 명상'을 한다. 명상이 끝나면 이제부터 본격적인 훈련이 시작된다. 학생은 화이트보드에 업무에서 실패했거나 창피한 일을 당했을 때 어떻게 행동했는지 등을 써나간다.

마지막은 토론이다. 소그룹으로 나뉘어 화이트보드에 쓴 행동을 보며 서로 질문한다. '왜 이런 행동을 했다고 생각하나?' '다음에 똑같은 일이 일어나면 수업 시간에 배운 기술을 사용해 어떤 식으로 개선하겠는가?' '다른 사람이 리더십을 더 많이 발휘하게 하려면 어떻게 해야 하나?' '당신이 리더라면 팀 동료가 실패에서 깨달음을 얻고 자기 비판적으로 되지 않도록 무엇을 하겠는가?'와 같은 질문에 대답한다. 이런 과정을 통해 자신과 타인 모두에게 연민을 베푸는 법을 배운다.

와이스 박사는 엘리트야말로 자기 연민의 중요성을 배워야 한다고 이야기한다.

"학생들은 '마음 챙김' 훈련에 매우 만족스러워하지만 저는 '자기 연민' 훈련 또한 상당히 중요하다고 느낍니다. 스탠퍼드의 학생은 일반적으로 자신에게 너무 엄격하거든요. 우수하다는 평가를 받는 사람은 자기 비판적 경향이 강해서 성과를 내지 못했을 때 자신을 쉽게 책망합니다. 하지만 '반대로 내가 나에게 연민을 베풀 때, 더 좋은 결과로 이어진다'는 사실을 알았으면 합니다."

공감과 연민은 이익을 가져다준다

자기 연민을 배웠다면, 이번에는 주위 사람에게 연민을 베푸는 힘을 기른다. 와이스 박사는 '연민을 바탕으로 한 리더십'이란, '함께 일하는 사람의 인간성을 존중하고 그들의 행동에 주의를 기울이며, 주위 사람도 나와 똑같은 인간이라는 사실을 잊지 않는 리더십'이라고 정의한다.

"단지 도덕적으로 올바르고 윤리적인 리더가 되기 위해 공감과 연민을 소중히 여기라는 말이 아닙니다. 공감과 연민은 비즈니스를 키워나가는데 필수적입니다. 주위 사람을 소중히 여길수록 훨씬 견고한 협력 관계가 구축되어 목표를 달성하는 힘도 높아지는데, 장기적인 관점에서 이 힘은 회사가 성장하는 원동력이 되지요. 무언가를 결정할 때 비록 그 일이 옳고 그름을 판단하기 힘든 어려운 결정일지라도 항상 최상의 나를 유지하고, 부하 직원과 이야기할 때도 상대의 인간성을 잊지 않으며, 다양한 사람에게 최대치의 능력을 끌어내는 것이 바로 연민을 바탕으로 한 리더십입니다."

와이스 박사는 2005년 8월 허리케인 카트리나가 미시시피주를 강타했을 때 핵콕은행(미시시피주를 대표하는 금융 기관 중 하나)이 지역 주민에게 보인 리더십을 대표적인 예로 꼽는다.

미국 역사상 가장 위력적인 허리케인 카트리나는 루이지애나주와 미시시피주를 중심으로 약 23만*km²*(한반도 면적은 22만*km²*)에 이르는 지역에 엄청난 피해를 주었다. 약 1,800명의 사망자가 발생했고, 100만 채나 되는 가옥이 손상되는 등 총 피해액은 총 1,080억 달러에 달했다.

미시시피주에 있는 핸콕은행 역시 꽤 피해가 심각했다. 유리창이 깨지고 사무실과 ATM이 물에 잠겨 영업 불능 상태에 빠졌다. 하지만 이러한 상황 속에서도 핸콕은행 직원은 '은행이 지금, 지역 주민을 위해 무엇을 할 수 있는지'를 생각하고 곧장 행동에 나섰다. 진흙탕에 잠긴 ATM에서 현금을 찾아 세탁기로 깨끗이 한 다음, 다리미질까지 해서 지역 주민에게 빌려줄 현금다발을 만들었다.

그리고 피해가 발생한 지 24시간이 채 지나기도 전에 트레일러와 간이 책상뿐인 '임시 지점'을 열었고, 고객인지에 상관없이 현금이 필요한 모든 사람에게 그 자리에서 현금을 빌려주었다. 차용증은 손으로 쓴 포스트잇이었다. 와이스 박사는 말한다.

"물론 최종적으로는 경영진이 승인했겠지만 '현금을 빌려주자'고 제안한 사람은 창구 담당자를 비롯한 현장 직원들이었다고 합니다. 그들은 매일 고객과 만나며 지역 공동체의 일원이라는 인식이 강했기 때문에 스스로 할 수 있는 일을 하고자 나선 거죠.

이 결정은 연민으로 가득 차 있을뿐더러 사업적으로도 올바른 선택이었습니다. 당시 나누어 준 현금을 거의 돌려받은 데다가 지역 고객에게 절대적인 신뢰까지 얻었으니까요. 정말이지 훌륭한 사례가 아닐 수 없습니다."

미국 CNN의 보도에 따르면, 4개월 후 핸콕은행의 예금액은 카트리나가 강타하기 전보다 40%나 증가했다고 한다.

리더라면 어떤 상황에서도 타인을 향한 연민의 마음을 기본 축으로 결정해야만 한다. 와이스 박사는 수업을 통해 바로 이런 리더가 되게끔 학생들을 훈련하는 것이다.

구글에서 능력 개발 프로그램 '서치 인사이드 유어셀프'를 만든 차드-맹 탄은 '연민은 2가지 이익을 창출한다'고 설명한다.

첫째, 유능한 비즈니스 리더를 배출한다. 흔히 최고의 리더는 겸허함과 야심을 겸비한 사람이라고 하는데 공감 능력을 키우는 일은 겸허함을 익히는 데 도움이 된다.

둘째, 직원이 서로 존경하는 공동체가 만들어진다. 직원의 공감 능력이 향상되면 서로에게 자극을 주고 서로를 높이며 함께 협력하게 되므로 회사 전체가 지극히 효율적으로 성장한다. 차드-맹 탄은 공감 능력을 갈고닦는 연수를 통해 이 2가지를 실현하는 기업이 바로 구글이라고 한다.

현재 유럽과 미국에서는 기업을 평가하는 한 가지 지표로 '연민'을 도입하는 곳이 점점 증가하는 추세다. 영국의 한 조사회사가 발표한 공감 지수가 높은 기업 순위*를 보면, 1위 페이스북, 2위 알파벳(구글), 3위 링크드인, 4위 넷플릭스, 그리고 5위는 유니리버가 차지했다.[17] 모두 한창 성장 중인 우량 기업이라는 사실에서 '연민은 이익을 창출해낸다'는 인식이 점차 퍼지고 있다.

마음 챙김은 1조 원 비즈니스 사업

마음 챙김의 효과가 과학적으로 입증되면서 관련 비즈니스의 규모 역시 비약적으로 커지고 있다. 2015년에 발표된 조사 결과에 따르면, 그 시장 규모는 10억 달러(1조 1,300억 원) 이상이라고 한다. 현재 강습, 연수, 합숙, 강사 양성을 비롯해 애플리케이션과 명상 헤드폰에 이르기까지 온갖 파생 비즈니스가 난립하는 상황으로, 마음 챙김을 실천하기 위한 애플리케이션은 무려 1,000개가 넘는다.

대표적 애플리케이션은 영국에서 개발한 헤드스페이스Headspace다. 2010년에 손쉽게 실천할 수 있는 마음 챙김 명상 프로그램을 온라인으로 제공하여 큰 인기를 끌었다. 현재 300만 명 이상이 사용하며 그 매출액은 5,000만 달러(570억 원)를 웃돈다.

2015년, 피델리티 인베스트먼트가 129개 기업을 대상으로 조사한 결과를 보면, 54%가 직원의 스트레스를 줄이는 프로그램을, 27%가 리질리언스(회복력, 실패에서 다시 일어서는 힘)를 양성하는 프로그램을 도입하고 있으며, 현재 이 두 프로그램 모두 도입하는 기업이 증가하는 추세라고 한다.[18] 이처럼 직원의 건강 증진은 물론 업무 생산성까지 높여주는 마음 챙김은 점점 더 주목받을 전망이다.

한편 마음 챙김 비즈니스가 커지면서 그 폐해도 드러나고 있다. 한 가지는 부작용이다. 앞에서 설명한 대로 마음 챙김 명상은 일종의 두뇌 단련 훈련이다. 훈련으로 뇌 구조가 변할 정도이므로, 근육을 단련하면 근육통이 생기듯 당연히 실천 과정에서 어떤 증상이 나타나기도 한다.

캘리포니아대학 어바인 캠퍼스의 딘 샤피로Deane H. Shapiro 명예교수가 조사한 결과에 따르면, 명상 합숙에 참여한 피실험자 중, 7%가 공황발작, 우울증, 통증, 불안장애 등의 심각한 부작용을 경험했다고 한다.[19] 하지만 마음 챙김의 긍정적 효과만이 계속 연구될 뿐이어서 이와 같은 부작용에 관한 연구는 많이 부족하다. 마음 챙김이 이윤을 내는 비즈니스라는 사실 또한 좀처럼 부정적 정보를 듣기 힘든 요인이다.

그리하여 부작용이 생겨도 어떻게 대처해야 할지 모르겠다는 사람이 속출하고 있다. 원래대로라면 강사에게 상담해야겠지만 강사 중에는 적절하게 조언해줄 능력이 부족한 사람도 많다. 의사나 임상 심리사와는 달리, 마음 챙김 강사가 되는 데는 특정한 자격이 필요하지 않은 탓이다.

스탠퍼드대학에서는 공식 웹사이트에 신뢰할 수 있는 프로그램과 강사를 소개하고 있다.[20] 만일 다른 나라에서 마음 챙김 체험 레슨을 받는다면 잘 맞지 않는 사람도 있을 수 있고 부작용이 있다는 사실을 염두에 두고 가능한 한 전문가의 지도에 따라 실천해야 한다.

key point of chapter 9

• 마음 챙김 명상
  1. 발바닥을 바닥이 대고 의자에 앉는다
  2. 등을 곧게 펴 자세를 바로잡는다
  3. 눈을 감고 조용히 호흡한다
  4. 호흡에 의식을 집중한다
  5. 잡념이 떠오르면 잡념이 떠올랐음을 느끼고 그것을 떨쳐낸다
  6. 다시 호흡에 의식을 집중한다

• 연민 명상
  1. 발바닥을 바닥이 대고 의자에 앉는다
  2. 등을 곧게 펴 자세를 바로잡는다
  3. 눈을 감고 조용히 호흡한다
  4. 음성 안내에 따라 자기 자신, 좋아하는 사람, 싫어하는 사람 등에 의식을 집중한다
  5. 생명이 있는 모든 만물을 연민한다

일상생활 속 마음챙김

눈을 뜬 채로도 실천할 수 있다

일상생활 속에서는 어떤 식으로 마음 챙김을 실천해야 할까? 일반적으로 이른 아침이나 점심시간에 직장에서 조용한 장소를 찾아 명상한다, 마음 챙김 연수나 합숙에 참여한다, 집에서 음성 안내에 따라 명상한다는 등의 방법을 떠올리리라.

하지만 와이스 박사는 '눈을 뜬 채로도 마음 챙김을 실천할 수 있다'고 말한다. '마인드풀니스 인 액션'이란 방법으로 어떤 행동을 한창 하고 있을 때 오감 또는 눈앞에 있는 일에 집중하는 실천법이다.

마인드풀니스 인 액션의 효과 역시 점차 과학으로 입증되고 있다. 플로리다 주립대학 박사 과정에 재학 중인 애덤 한리[Adam Hanley] 연구팀은 대학생 51명을 대상으로 '마음 챙김을 실천하면서 설거지를 하면 어떤 효과가 있는지'를 실험했다.

한 그룹에는 그릇을 씻는 행위 그 자체에 집중하라고 지시했고(예를 들면, 물, 비누, 식기 등의 사물 자체나 '차갑다'는 감각에 의식을 집중한다), 다른 그룹에는 원래 설거지하는 순서대로 하라고 지시했다. 그리고 각각 6분간 설거지를 하게 했다.

실험 후, 마음 챙김의 효과를 측정하기 위해 모든 피실험자에게 6종류의 설문 조사를 했다. 피실험자는 심리 상태(SPWB 지표), 마음 챙김 상태(FFMQ 지표, TMS 지표), 감정 상태(PANAS 지표)를 측정하는 4가지 설문과 설거지를 즐겼는지를 묻는 설문, 기억력 및 시간 감각을 묻는 설문(그릇을 몇 개나 씻었나, 몇 분간 설거지했다고 생각하나 등)에 대답했다.

설문 결과 마음 챙김을 실천한 그룹은 그렇지 않은 그룹보다 불안감은 훨씬 감소했지만, 호기심은 증가했음이 밝혀졌다. 또 그릇을 씻는 행위에 집중하게 되어 시간이 훨씬 빨리 흐른 것처럼 느꼈다고 한다.[21]

와이스 박사는 마인드풀니스 인 액션을 직장에서도 실천할 수 있다고 한다. 이를테면 커뮤니케이션이다.

"직장에서 대화할 때도 마음 챙김은 실천 가능합니다. 대화를 타인의 이야기를 경청할 기회라 여겨 '다음에 어떻게 되받아칠까?' '어떻게 요약할까?'를 생각하지 말고 오로지 '이야기하는 사람의 말에 집중'하는 겁니다. 상대의 말은 물론 몸짓에까지 주목하여 상대의 감정까지도 이해하려 노력해보세요. 이 또한 매우 중요한 마음 챙김 실천법입니다. 대화를 나눌 때 마음 챙김 상태(지금, 이 순간에 집중한 상태)가 될수록 훨씬 건설적인 대화를 나눌 수 있습니다."

직장에서 언짢은 일로 스트레스를 받았을 때, 눈을 뜬 채로 다음의 4단계를 실천하면 좋다고 한다.[22]

1. 심호흡을 한 번 한다
2. 부정적인 감정을 객관적으로 받아들인다
3. 듣기 싫은 말을 하는 사람도 나와 똑같이 몸과 마음을 가진 인간이라 생각하며, 상대의 마음을 헤아린다
4. 소소한 기쁨을 크게 음미한다

핵심은 부정적 감정에 사로잡힌 자신을 인식하고 요령껏 기분을 전환하는 일이다. 와이스 박사는 컴퓨터의 로그인 비밀번호를 '심호흡'으로 바꾸는 등 분노와 같은 거북한 감정을 객관적으로 보는 계기를 마련하는 방법도 효과적이라고 말한다.

다도, 화도, 무도는 최고의 마음 챙김

다도, 화도, 무도는 지금 이 순간에 집중하는 활동이다. 다도를 예로 들어보자. 찻물을 끓이는 솥에서 물이 끓는 소리나 차를 탈 때 나는 소리에 귀를 기울이고 다과와 녹차의 빛깔, 향기, 맛을 즐기며, 찻잔의 색과 감촉을 확인한다. 다도의 행위 하나하나는 오감을 전부 예민하게 함으로써, 눈앞의 사물에 집중하고 지금이라는 순간을 있는 그대로 받아들이게 해준다.

지금 미국에서는 그 어느 때보다 마시는 차의 인기가 뜨겁다. 커피가 아닌 홍차나 허브 차를 전면에 내세운 스타벅스 매장도 많다. 차의 인기는 다도에 대한 관심으로 이어져 뉴욕과 같은 대도시에서는 차 강습회가 잇달아 개설되기도 했다. 본격적인 차는 물론 미국식으로 변형된 차에 이르기까지 다양한 코스가 있지만 공통점은 대부분 '마음 챙김 효과'를 강조한다는 사실이다. 다도 정신은 선종의 가르침을 토대로 만들어졌지만, 다도 자체에는 종교성이 없으므로 민족에 상관없이 즐길 수 있다는 점 또한 인기를 끄는 요인이다.

뿐만 아니라 마음 챙김에 관심이 많은 사람들 사이에는 현재 다도茶道는 물론이거니와, 화도華道, 서도書道, 무도武道 등 '도道' 자가 붙는 문화도 주목받고 있다. 일부러 명상하지 않아도 마음 챙김과 똑같은 효과를 얻을 수 있다고 생각하기 때문이다. 서구 사회에서는 자주 '동양인이 장수하는 이유는 매일 몸과 마음에 좋은 일을 하는 습관 덕분'이라고 보도된다. 동양권에서 다도, 화도, 서도, 무도가 몇 백 년 동안 이어져 내려오며 사람들에게 커다란 영향을 끼쳤다.

마음 챙김에 관한 조사 및 연구는 계속해서 증가하는 추세이므로 머지않아 다도를 비롯한 동양의 문화가 몸과 마음에 얼마나 긍정적인 영향을 미치는지도 연구될 것이다.

맺음말

최근 몇 년간 최정상에 오른 사람은 무엇이 어떻게 다른가, 세계 최고의 인재를 배출하는 교육은 무엇을 가르치는가 깊이 탐구해 왔습니다. 본격적으로 연구하기 전부터 십수 명의 스탠퍼드 교수와 강사를 인터뷰하고, 교수들의 인터뷰를 곱씹고, 100편이 넘는 논문과 자료를 읽고, 실험내용과 정보를 보충하는 방대한 작업을 거친 끝에 스탠퍼드의 본질에 가닿을 수 있었습니다. 그리하여 수년간의 연구 끝에 이 책이 탄생했습니다. 때로는 지적 호기심에 사로잡혀 그만 지나치게 깊이 파고드는 바람에 책을 위해 글을 쓰는 시간이 늦어지기도 했습니다.

스토리, 혁신, 협상술에서 마음 챙김에 이르기까지 9가지 다른 수업을 집필하면서 저는 크게 3가지를 깨달았습니다.

우선 첫 번째 인간은 아무리 나이를 먹어도 자신을 바꿀 수 있다는 점입니다. 인간에게는 '절대 바꿀 수 없는 인간의 습성'이 있지만 바꿀 수 있는 부분도 많습니다. 한 예로 두뇌는 몇 살이 되어도 단련할 수 있고, 자신의 커뮤니케이션 방식 또한 적은 노력으로 바꿀 수 있지요. 나이에 상관없이 자신의 노력 여하로 얼마든지 나를 바꿀 수 있다는 사실을 실감했습니다. 저는 이 책의 2부에서 설명한 커뮤니케이션, 협상술, 마음 챙김 명상 등을 직접 실천해보면서 놀라운 효과를 몸소 체험하고 깨달을 수 있었습니다.

두 번째는 IT와 기술이 발전하면서 인간을 탐구하는 방식도 극적으로 진화하고 있다는 점입니다. 특히 이 책에서도 소개한 뇌과학과 심리학 분야의 진보는 눈이 부실 정도입니다. fMRI 기술이 발전함에 따라 여태껏 베일에 싸였던 뇌의 기능과 구조 변화가 잇달아 밝혀짐으로써 현재 음료와 식품 등이 뇌 구조와 발달 등에 끼치는 영향이 뉴스를 통해 보도되고 있습니다. 심리학 실험에서는 스마트폰을 활용하여 수천 명을 대상으로 한 대규모 실험까지도 이루어지는 만큼 앞으로 행동 과학 분야는 더 인기를 끌 것으로 보입니다.

세 번째는 지금 스탠퍼드에서 활발히 연구되는 '연민(공감 및 배려)'이 앞으로 비즈니스 업계의 화두가 되리라는 점입니다. '우울증으로 고통받는 분들께 도움이 되기를 바란다'며, 고통스러웠던 과거를 들려준 J. D. 슈람 교수, '다른 사람을 배려하는 대화'가 무엇인가를 가르쳐준 어빙 그로스벡 교수, 일본 회사원이 보낸 구체적인 질문에도 정성스럽게 답변해 준 조엘 피터슨 교수, 마음 챙김을 기본부터 설명해 준 레아 와이스 박사 등 스탠퍼드의 수업 내용과 연구 결과를 아낌 없이 공개한 이 분들이야말로 연민을 베푸는 진정한 일류입니다.

이 책에서 소개한 스탠퍼드의 수업과 연구 내용이 '나를 알고 나를 바꾸는 일'에 조금이나마 도움이 된다면 기쁠 것 같습니다.

이 책을 취재하는 데 협력해주신 스탠퍼드대학 경영대학원의 교원 여러분(Jennifer Aaker, Elizabeth Blankespoor, David F. Demarest, H. Irving Grousbeck, Robert L. Joss, Jonathan Levav, Margaret Ann Neale, Charles A. O'Reilly, Joel C. Peterson, Jeffrey Pfeffer, J. D. Schramm, Leah Weiss(이하 알파벳순))께는 마음속 깊이 감사할 따름입니다.

또 스탠퍼드대학 경영대학원 취재에 협력해주신 스탠퍼드대학 경영대학원의 커뮤니케이션 부문 부책임자 헬렌 창Helen Chang 씨에게도 고마운 마음을 전합니다.

일본인 유학생인 시마즈 노리코 씨, 나카노 에이코 씨, 졸업생인 이사야마 겐 씨, 가지와라 나미코 씨는 스탠퍼드대학의 본질을 이해하는 데 유익한 조언을 해주었습니다. 진심으로 감사합니다.

마지막으로 기획 단계부터 오랜 기간 동안 끈기 있게 함께 해
주었으며 독자의 시선에서 아낌없이 많은 조언을 해준 겐토샤
출판사의 마에다 가오리 씨에게도 마음속 깊이 고맙다는 말을
전합니다.

주석

서장

1 "The Best Business Schools 2015." Forbes, September 9, 2015. https:// www.forbes.com/business-schools/list/

2 Stanford Graduate School of Business. "Entering Class Profile." https:// www.gsb.stanford.edu/programs/mba/admission/evaluation-criteria/ class-profile

3 Harvard Business School. "Admissions: Class Profile." http://www.hbs. edu/mba/admissions/class-profile/Pages/default.aspx

제1장

1 Frank Pallota, "More than 111 million people watched Super Bowl LI." CNN.com, February 7, 2017. http://money.cnn.com/2017/02/06/media/ super-bowl-ratings-patriots-falcons/

2 Sapna Maheshwari, "$5 Million for a Super Bowl Ad. Another Million or More to Market the Ad." The New York Times, January 29, 2017. https:// www.nytimes.com/2017/01/29/business/5-million-for-a-super-bowl- ad-another-million-or-more-to-market-the-ad.html

3 "The World's Most Admired Companies for 2017." Fortune, February 16, 2017. http://beta.fortune.com/worlds-most-admired-companies/

4 Nordstrom, Inc. "Annual Report 2015." http://investor.nordstrom.com/

5 Paul Frichtl, "Yes THAT Nordstrom tire story." Alaska Airlines Magazine, October 5, 2015. https://blog.alaskaair.com/alaska-airlines/people/ nordstrom-tire-story/

6 David Aaker, and Jennifer L. Aaker, "What Are Your Signature Stories?" California Management Review 58, No. 3 (2016): 49-65.

7 TV아사히 '스마스테이션-3' 2004년 9월 4일 방송 http://www.tv-asahi.co.jp/ ss/131/japan/top.html

8 다음 두 가지 인용문헌에서 발췌하여 번역: Hermès Official Website "Hermès

Birkin Bag." http://usa.hermes.com/birkin/us , Leitch, Luke. "How Jane's Birkin bag idea took off." The Telegraph, March 2012. http://www. telegraph.co.uk/fashion/people/how-jane-birkins-hermes-bag-idea-took-off/

9 Ahiza Garcia, "Audi Super Bowl LI ad touts equal pay." CNN. com, February 7, 2017. http://money.cnn.com/2017/02/05/news/companies/audi-equal-pay-commercial/ , http://www.youtube.com/watch?v=EB19So6SNe0

10 Airbnb, Inc. "New Chapter: Breaking bread together...again." Airbnb Stories. https://www.airbnb.com/stories/new-york/new-chapter

11 Airbnb, Inc. "The family that travels together, thrives together." Airbnb Stories. https://www.airbnb.com/stories/new-york/family-travel

12 Future of Story Telling. "Persuasion and the Power of Story: Jennifer Aaker." YouTube video, 05:08. Posted September 14, 2013. https://www.youtube.com/watch?v=AL-PAzrpqUQ

13 "What Next? - An Interview with Philip Kotler on the Future of Marketing." Marketingjournal.org, January 15, 2016. http://www.marketingjournal.org/future-of-marketing-an-interview-with-philip-kotler/

14 Starbucks Corporation. "Company Information." https://www.starbucks.com/about-us/company-information

15 아베 데루오, 『신칸센 버라이어티 쇼』, 방유성 옮김, 한언출판사, 2014.

16 '엔젤 리포트 142호', JR 동일본 테크노하트 TESSEI 엔젤 사무국, 2014년 4월 30일

17 Heath, Chip and Dan Heath. Made to Stick: Why Some Ideas Survive and Others die. Random House, 2007.

18 Deborah A. Small, George Loewenstein, and Paul Slovic. "Sympathy and callousness: The impact of deliberative thought on donations to identifiable and statistical victims." Organizational Behavior and Human Decision Processes 102(2007):143-153.

19 Uri Hasson, Asif A. Ghazanfar, Bruno Galantucci, Simon Garrod, and Christian Keysers, "Brain-to-Brain coupling: A mechanism for creating and sharing a social world." Trends in Cognitive Sciences 16 (2012): 114-121.

제2장

1 361pi Corporation. "How Many Products Does Amazon Actually Carry? And in What Categories?" June 14, 2016. http://insights.360pi.com/blog/pr-how-many-products-amazon-actually-carry-categories/

2 '단순하게 생각하고 행동하라. 『Think Simple』의 저자가 말하는 애플만이 가진 마법의 철학' WIRED. JP, 2012년 6월 8일. http://wired.jp/2012/06/08/think-simple/

3 George A. Miller, "The Magical Number Seven, Plus or Minus Two: Some Limits on Our Capacity for Processing Information." The Psychological Review 63 (1956): 81-97.

4 Irwin Pollack, "The Information of Elementary Auditory Displays." The Journal of the Acoustical Society of America 24 (1952): 745-749.

5 J.R.M. Hayes, "Memory Span for Several Vocabularies as a Function of Vocabulary Size." Quarterly Progress Report(1952), Cambridge MA: Acoustics Laboratory, MIT.

6 Sheena S. Iyengar and Mark R. Lepper, "When choice is Demotivating: Can One Desire Too Much of a Good Thing?" Journal of Personality and Social Psychology 79, No. 6(2000): 995-1006.

7 Sheena Iyengar, The Art of Choosing. Twelve, 2011.

8 John Tierney, "Do You Suffer From Decision Fatigue?" The New York Times, August 17, 2011. http://www.nytimes.com/2011/08/21/magazine/do-you-suffer-from-decision-fatigue.html

9 Jonathan Levav, Mark Heitmann, Andreas Herrmann, and Sheena S. Iyengar, "Order in Product Customization Decisions: Evidence from Field Experiments." Journal of Political Economy 118, No. 2(2010): 274-299.

10 Shai Danziger, Jonathan Levav, and Liora Avnaim-Pesso, "Extraneous factors in judicial decisions" Proceedings of the National Academy of Sciences 108, No.17(2011): 6889 - 6892.

11 Kathleen D. Vohs, Roy F. Baumeister, Brandon J. Schmeichel, Jean M. Twenge, Noelle M. Nelson, Dianne M. Tice. "Making Choices Impairs Subsequent Self-Control: A Limited-Resource Account of Decision Making, Self-Regulation, and Active Initiative." Journal of Personality and Social Psychology 94, No.5(2008):883-898.

12 Michael Lewis, "Obama's Way." Vanity Fair, September 11, 2012. http://www.vanityfair.com/news/2012/10/michael-lewis-profile-barack-obama

13 Ryan Lizza, "The Obama Memos." The New Yorker, January 30, 2012. http://www.newyorker.com/magazine/2012/01/30/the-obama-memos

제3장

1 Charles A. O'Reilly and Michael L. Tushman. Lead and Disrupt: How to Solve the Innovator's Dilemma. Stanford Business Books, 2016.

2 Laura J. Nelson, "Uber and Lyft have devastated L.A.'s taxi industry, city records show." Los Angeles Times, April 14, 2016. http://www.latimes.com/local/lanow/la-me-ln-uber-lyft-taxis-la-20160413-story.html

3 Clayton M. Christensen, Michael E. Raynor, and Rory McDonald, "What is Disruptive Innovation?" Havard Business Review, December 2015 https://hbr.org/2015/12/what-is-disruptive-innovation

4 Clayton M. Christensen, and Michael Overdorf. "Meeting the Challenge of Disruptive Change." Harvard Business Review, March–April 2000 Issue. https://hbr.org/2000/03/meeting-the-challenge-of-disruptive-change/

5 Stephen Heyman, "In Europe, Slower Growth for e-Books." The New York Times, November 12, 2014. https://www.nytimes.com/2014/11/13/arts/international/in-europe-slower-growth-for-e-books.html

6 Ryan Chittum, "Newspapaer Industry Ad Revenue at 1965 Levels." Columbia Journalism Review, August 19, 2009. http://archives.cjr.org/the_audit/newspaper_industry_ad_revenue.php

7 News Media Alliance. https://www.newsmediaalliance.org

8 Jagdish N. Sheth, "Psychology of Innovation Resistance: The Less Developed Concept(LDC) in Diffusion Research." Research in Marketing 4 (1981): 273-282.

9 William Samuelson and Richard Zeckhauser, "Status Quo Bias in Decision Making." Journal of Risk and Uncertainty 1(1988): 7-59.

10 Daniel Kahneman and Amos Tversky. "Choices, Values, and Frames." American Psychologist 39, No. 4(1984) :341-350.

11 케빈 프라이버그 · 재키 프라이버그, 『너츠: 사우스웨스트 효과를 기억하라』, 이종인 옮김, 동아일보사, 2008.

12 동일 저서에 기재

13 찰스 A. 오레일리 · 제프리 페퍼, 『숨겨진 힘: 사람』, 김병두 옮김, 김영사,

2002. Charles A. O'Reilly and Jeffrey Pfeffer, Hidden Value: How Great Companies Achieve Extraordinary Results with Ordinary People, Harvard Business School Press, 2000.

제4장

1 Thinkers 50. "Jeffrey Pfeffer." http://thinkers50.com/biographies/jeffrey-pfeffer/

2 Jeffrey Pfeffer, Leadership BS: Fixing Workplaces and Careers One Truth at a Time, Harper Business, 2015 (국내 미출간)

3 Kristen Bellstrom, "Carly Fiorina Is Already Hustling For Speaking Gigs." Fortune, February 11, 2016. http://fortune.com/2016/02/11/carly-fiorina-speaking-gig/

4 제프리 페퍼, 『권력의 기술: 조직에서 권력을 거머쥐기 위한 13가지 전략』, 이경남 옮김, 청림출판, 2011.

5 Graham Winfrey, "10 Most Admired CEOs in America." Inc., September 26, 2015. http://www.inc.com/graham-winfrey/ss/10-most-admired-ceos-america.html

6 Association for Talent Development. "$156 Billion Spent on Training and Development." December 6, 2012. https://www.td.org/Publications/Blogs/ATD-Blog/2012/12/156-Billion-Spent-on-Training-and-Dvelopment

7 Karen O'Leonard and Laci(Barb)Loew, Leadership Development Factbook 2012: Benchmarks and Trends in U.S. Leadership Development. Bersin by Deloitte, July 16, 2012.

8 Stanford Graduate School of Business. "Advanced Leadership Program for Asian-American Executives." https://www.gsb.stanford.edu/exec-ed/programs/advanced-leadership-program-asian-american-executives

9 Richard L. Zweigenhaft, "Diversity Among CEOs and Corporate Directors: Has the Heyday Come and Gone?" University of California, Santa Cruz, December 2013. http://www2.ucsc.edu/whorulesamerica/power/diversity_among_ceos.html

10 Stanford University. "Undergraduate Student Profile, Fall 2016." http://facts.stanford.edu/academics/undergraduate-profile

11 Harvard College. "A Brief Profile of the Admitted Class of 2020." https://

college.harvard.edu/admissions/admissions-statistics

12 Tomas Chamorro-Premuzic, "The Underlying Psychology of Office Politics." Harvard Business Review, December 25, 2014. https://hbr. org/2014/12/the-underlying-psychology-of-office-politics

13 Rebecca Greenfield, "Zappos CEO Tony Hsieh: Adopt Holacracy Or Leave." Fast Company, March 30, 2015. https://www.fastcompany. com/3044417/zappos-ceo-tony-hsieh-adopt-holacracy-or-leave

제5장

1 애플, 마이크로소프트, GE 등 미국 증권거래소에 상장된 대표적인 500 종목 http://us.spindices.com/indices/equity/sp-500

2 Kim Gittleson, "Can a company live forever?" BBC.com, January 19, 2012 http://www.bbc.com/news/business-16611040

3 Erika Brown Ekiel, "Chip Conley: The Power of 'Noble Experiments'." Stanford Graduate School of Business, September 14, 2012 https://www. gsb.stanford.edu/insights/chip-conley-power-noble-experiments

4 Chip Conley, "Measuring what makes life worthwhile." Filmed February 2010. TED video, 17:39. https://www.ted.com/talks/chip_conley_ measuring_what_makes_life_worthwhile/

5 Bob Nelson, 1001 Ways To Reward Employees. Workman Publishing Company, 2005.

6 Joie Du Vivre Hotels. "Heart-Shaped Everything." http://www.jdvhotels. com/heart-shaped-everything/

7 Arturo Cuenllas, "Joie de Vivre hospitality: Case Study and Management analysis." Hospitalitynet.org, April 29, 2013. http://www.hospitalitynet. org/news/4060459.html

8 DaVita Inc. "2016 Annual Report." http://investors.davita.com/phoenix. zhtml?c=76556&p=irol-reports

9 DaVita University Channel. "On DaVita Lyrics." Vimeo video, 00:32. https://vimeopro.com/user13916073/dvu-channel/video/65402041

10 William W. George and Natalie Kindred, "Kent Thiry: "Mayor" of DaVita." Harvard Business School Case 410-065, May 2010. (Revised May 2011.)

11 J.D. Power. "2016 North America Airline Satisfaction Study." May 11,

2016. http://www.jdpower.com/press-releases/2016-north-america-airline-satisfaction-study

12 Joel Peterson, "Winning Customers Without Trying." Forbes, February 19, 2013. https://www.forbes.com/sites/joelpeterson/2013/02/19/winning-customers-without-trying/

13 Shawna Wingert, "A Letter to JetBlue From the Mom of a Child With Autism." Themighty.com, September 2, 2014. https://themighty.com/2014/09/letter-to-jetblue-from-mom-of-a-child-with-autism/

14 TODAY, NBC, February 20, 2007.

15 JetBlue Airways Corporation. "JetBlue's 2015 Annual Report on Form 10-K." http://blueir.investproductions.com/investor-relations/financial-information/reports/annual-reports

16 Joel Peterson, The 10 Laws of Trust: Building the Bonds That Make a Business Great. Amacom Books, 2016.

17 DESK.com. "The Bonobos Ninjas Handbook to Customer Service." May 7, 2013. https://www.slideshare.net/Desk/the-bonobos-ninjas-handbook-to-customer-service

18 John Tierney, "Good News Beats Bad on Social Networks." The New York Times, March 18, 2013. http://www.nytimes.com/2013/03/19/science/good-news-spreads-faster-on-twitter-and-facebook.html

19 Whole Foods Market, Inc. "2016 Annual Report." http://investor.wholefoodsmarket.com/investors/financial-information/annual-reports-and-proxy/default.aspx

20 George Gombossy, "Whole Foods Shows You Can Get Something For Nothing." Hartford Courant, December 21, 2007. http://articles.courant.com/2007-12-21/news/0712200494_1_wild-oats-foods-supermarket-food-bank

21 John Kotter, "Does corporate culture drive financial performance?" Forbes, February 10, 2011. https://www.forbes.com/sites/johnkotter/2011/02/10/does-corporate-culture-drive-financial-performance/

22 Fabio Sala, "Laughing All the Way to the Bank." Harvard Business Review, September 2003. https://hbr.org/2003/09/laughing-all-the-way-to-the-bank

23 Daniel Goleman and Richard E.Boyatzis, "Social Intelligence and the

Biology of Leadership.", Harvard Business Review, September 2008. https://hbr.org/2008/09/social-intelligence-and-the-biology-of-leadership

제6장

1 H. Irving Grousbeck, Bethany Coates, and Sara Rosenthal. "Richardson County Community Association Vignettes." Stanford Graduate School of Business Case No.E568, 2016.

2 Ibid.

3 U.S. Department of Health & Human Services. National Practitioner Data Bank. https://www.npdb.hrsa.gov/resources/npdbstats/npdbStatistics.jsp

4 Illinois State Medical Society. "Illinois Physician Survey Shows Huge Impact of Lawsuit Fears." August 3, 2010. https://www.ismie.com/News-and-Publications/News-and-Announcements/IL-Physician-Survey-Shows-Huge-Impact-of-Lawsuit-Fears/

제7장

1 Roger Fisher, William Ury, and Bruce Patton. Getting to Yes: Negotiating Agreement Without Giving In. Penguin Books; Revised edition, 1991.

2 윌리엄 유리 · 브루스 패튼 · 로저 피셔, 『YES를 이끌어내는 협상법-재개정판』, 박영환 · 이성대 옮김, 장락, 2014(초판: Roger Fisher and William L. Ury, Getting to Yes: Negotiating Agreement Without Giving in, Penguin Group, 1981).

3 Margaret A. Neale and Thomas Z. Lys. Getting (More of) What You Want: How the Secrets of Economics and Psychology Can Help You Negotiate Anything, in Business and in Life. Basic Books, 2015.

4 Horacio Falcão, "Can Computers Negotiate? Win-Win Negotiations In A Virtual World." INSEAD, November 13, 2013. http://knowledge.insead.edu/leadership-management/can-computers-negotiate-win-win-negotiations-in-a-virtual-world-2976

5 Raz Lin and Sarit Kraus. "Can Automated Agents Proficiently Negotiate

With Humans?" Communications of the ACM 53, No. 1(2010):78-88

제8장

1 Lynn Russell and Mary Munter. Guide to Presentations (4th Edition). Pearson Guide to Series in Business Communication, 2013.

2 Katherine Conrad, "2016 Teaching Awards Celebrate Three Professors Excited to Help Their Students Learn." Stanford Graduate School of Business, June 21, 2016. https://www.gsb.stanford.edu/newsroom/ school-news/2016-teaching-awards-celebrate-three-professors- excited-help-their-students

3 Frankki Bevins and Aaron De Smet. "Making time management the organization's priority." McKinsey Quaterly, January 2013. http://www. mckinsey.com/business-functions/organization/our-insights/making- time-management-the-organizations-priority

4 로버트 스티븐 캐플런, 『나와 마주서는 용기: 하버드대 10년 연속 명강의』, 이은경 옮김, 비즈니스북스, 2015.

5 피터 F. 드러커, 『피터 드러커 미래경영』, 이재규 옮김, 청림출판, 2002.

6 Scott Brown, "List of TED 2017 speakers includes tennis legend Serena Williams, tech giant Elon Musk." Vancouver Sun, March 27, 2017. http:// vancouversun.com/news/local-news/list-of-ted-2017-speakers- includes-tennis-legend-serena-williams-tech-giant-elon-musk

7 JD Schramm, "Break the silence for suicide attempt survivors." Filmed March 2011. TED video, 04:14. Posted June 2011. https://www. ted.com/talks/jd_schramm (영어판) https://www.ted.com/talks/jd_ schramm?language=ja (일본어판)

제9장

1 The University of Massachusetts Medical School Department of Psychiatry. "Mindfulness." http://www.umassmed.edu/psychiatry/ resources/mindfulness/

2 Jon Kabat-Zinn, "An outpatient program in behavioral medicine for

chronic pain patients based on the practice of mindfulness meditation: theoretical considerations and preliminary results." General Hospital Psychiatry 4(1982):33-47.

3 John D. Teasdale, Zindel V. Segal, J. Mark G. Williams, Valerie A. Ridgeway, Judith M. Soulsby, and Mark A. Lau. "Prevention of relapse/recurrence in major depression by mindfulness-based cognitive therapy." Journal of Consulting and Clinical Psychology 68, No.4 (2000): 615-623.

4 Tenzin Gyatso, The Dalai Lama. "Science at the Crossroads." Mind and Life Institute, 2005. http://www.dalailama.com/messages/buddhism/science-at-the-crossroads

5 Jon Kabat-Zinn, Full Catastrophe Living: Using the Wisdom of Your Body and Mind to Face Stress, Pain, and Illness. A Delta Book, 1990.

6 Sara Lazar, "How Meditation Can Reshape Our Brains: Sara Lazar at TEDxCambridge 2011." Filmed November 19, 2011. YouTube video, 08:33. Posted January 23, 2012. https://www.youtube.com/watch?v=m8rRzTtP7Tc

7 Matthew A. Killingsworth, and Daniel T. Gilbert. "A wandering mind is an unhappy mind." Science 330, No. 6006(2010): 932.

8 Clifton B. Parker, "Compassion meditation reduces 'mind-wandering,' Stanford research shows." Stanford University, April 22, 2015. http://news.stanford.edu/2015/04/22/mindful-meditation-benefits-042215/

9 Richard Davidson, Jon Kabat-Zinn, Jessica Schumacher, Melissa Rosenkranz, Daniel Muller, Saki F. Santorelli, Ferris Urbanowski, Anne Harrington, Katherine Bonus, John F. Sheridan. "Alterations in brain and immune function produced by mindfulness meditation." Psychosomatic Medicine 65, No.4 (2003):564-570

10 Sara W. Lazar, Catherine E. Kerr, Rachel H. Wasserman, Jeremy R. Gray, Douglas N. Greve, Michael T. Treadway, Metta McGarvey, Brian T. Quinn, Jeffery A. Dusek, Herbert Benson, Scott L. Rauch, Christopher I. Moore, and Bruce Fischl. "Meditation experience is associated with increased cortical thickness." Neuroreport 16 (2005):1893-1897.

11 Britta K. Hölzel, James Carmody, Mark Vangel, Christina Congleton, Sita M. Yerramsetti, Tim Gard, and Sara W. Lazar. "Mindfulness practice leads to increases in regional brain gray matter density." Psychiatry Research 191,

No.1 (2011):36-43.

12 Shauna L. Shapiro, Gary E. Schwartz, and Ginny Bonner, "Effects of Mindfulness-Based Stress Reduction on Medical and Premedical Students." Journal of Behavioral Medicine 21, No. 6(1998):581-599.

13 Hooria Jazaieri, Ihno A.Lee, Kelly McGonigal, Thupten Jinpa, James R. Doty, James J. Gross, and Philippe R. Goldin. "A wandering mind is a less caring mind: Daily experience sampling during compassion meditation training." The Journal of Positive Psychology 11, No.1 (2016):37-50

14 Leah Weiss, "Can We Be Mindful at Work Without Meditating?" Greater good Science Center, January 21, 2016. http://greatergood.berkeley.edu/article/item/can_we_be_mindful_at_work_without_meditating

15 Judson A. Brewer, Sarah Mallik, Theresa A. Babuscio, Charla Nich, Hayley E. Johnson, Cameron M. Deleone, Candace A. Minnix-Cotton, Shannon A. Byrne, Hedy Kober, Andrea J. Weinstein, Kathleen M. Carroll, and Bruce J. Rounsaville. "Mindfulness training for smoking cessation: results from a randomized controlled trial." Drug Alcohol Depend 119, No.1-2 (2011):72-80.

16 Judson Brewer, "A simple way to break a bad habit." Filmed November 2015. TED video, 09:24. https://www.ted.com/talks/judson_brewer_a_simple_way_to_break_a_bad_habit

17 Belinda Parmar, "The Most Empathic Companies, 2016." Harvard Business Review, December 1, 2016. https://hbr.org/2016/12/the-most-and-least-empathetic-companies-2016

18 Fidelity Investments. "Companies Expand Wellness Programs to Focus on Improving Employees' Emotional and Financial Well-being." April 1, 2016. https://www.fidelity.com/about-fidelity/employer-services/companies-expand-wellness-programs

19 Deane H. Shapiro, "Adverse effects of meditation: a preliminary investigation of long-term meditators." International Journal of Psychosomatics 39, No. 1-4(1992):62-67.

20 The Center for Compassion And Altruism Research And Education. "Global Directory of CCT Teachers." http://ccare.stanford.edu/education/directory-of-certified-teachers/
Stanford School of Medicine. "Mindfulness/Compassion." https://wellmd.stanford.edu/healthy/mindfulness.html

Stanford School of Medicine. "Mindfulness Resources." October 2015. http://wellmd.stanford.edu/content/dam/sm/wellmd/documents/ Mindfulness-resources-10-2015.pdf

21 Adam W. Hanley, Alia R. Warner, Vincent M. Dehili, Angela I. Canto, and Eric L. Garland. "Washing Dishes to Wash the Dishes: Brief Instruction in an Informal Mindfulness Practice." Mindfulness 6 (2015): 1095-1103.

22 Leah Weiss, "A Simple Way to Stay Grounded in Stressful Moments." Harvard Business Review, November 18, 2016. https://hbr.org/2016/11/ a-simple-way-to-stay-grounded-in-stressful-moments

참고문헌

1. 서적

- 쉬나 아이엔가, 『선택의 심리학: 어떻게 선택할 것인가』, 오혜경 옮김, 21세기북스, 2012.
- 쉬나 아이엔가 외 6인, 『지[知]의 최첨단』, 오노 가즈모토 편집, PHP신쇼, 2013. (국내 미출간)
- 제니퍼 아커 · 앤디 스미스, 『드래곤플라이 이펙트: 내 생각이 곧 콘텐츠다!』, 김재연 옮김, 랜덤하우스코리아, 2011.
- 이와이 다쿠마 · 마키구치 쇼지, 『이야기 전략』, 닛케이BP사, 2016. (국내 미출간)
- NHK 스페셜 취재반, 『킬러 스트레스』, NHK출판신서, 2016. (국내 미출간)
- 찰스 A. 오레일리 · 제프리 페퍼, 『숨겨진 힘: 사람』, 김병두 옮김, 김영사, 2002.
- 로버트 스티븐 캐플런, 『나와 마주서는 용기: 하버드대 10년 연속 명강의』, 이은경 옮김, 비즈니스북스, 2015.
- 달라이 라마, 『과학과 불교: 한 원자 속의 우주』, 삼묵 옮김, 하늘북, 2007.
- 구가야 아키라, 『최고의 휴식』, 홍성민 옮김, 알에이치코리아, 2017.
- 클레이튼 크리스텐슨, 『혁신기업의 딜레마: 미래를 준비하는 기업들의 파괴적 혁신 전략』, 이진원 옮김, 세종서적, 2009.
- 필립 코틀러 · 다카오카 고조, 『마케팅 추천』, 츄오코론신샤, 2016. (국내 미출간) (コトラー, フィリップ, 高岡浩三, 『マーケティングのすゝめ』, 中央公論新社, 2016).
- 필립 코틀러, 『마켓 3.0: 모든 것을 바꾸어놓을 새로운 시장의 도래』, 안진환 옮김, 타임비즈, 2010.
- 칩 콘리, 『매슬로에게 경영을 묻다: 욕구 5단계설의 창시자』, 손백희 · 양용희 옮김, 비즈니스맵, 2009.
- 사토 지에, 『세계 최고의 MBA는 무엇을 가르치는가』, 황선종 옮김, 싱긋, 2014.
- 사토 지에, 『세계 최고의 인재들은 실패에서 무엇을 배울까: 세계 최고 기업과 대학의 인재 수업』, 김정환 옮김, 21세기북스, 2014.
- 토니 셰이, 『딜리버링 해피니스: 재포스 CEO의 행복경영 노하우』, 송연수 옮김, 북하우스, 2010.
- 차드-멩 탄, 『너의 내면을 검색하라』, 권오열 옮김, 이시형 감수, 알키, 2012.
- 제임스 R. 도티, 『닥터 도티의 삶을 바꾸는 마술가게』, 주민아 옮김, 판미동, 2016.
- 피터 F. 드러커, 『피터 드러커 미래경영』, 이재규 옮김, 청림출판, 2002.

- 로이 F. 바우마이스터 · 존 티어니, 『의지력의 재발견: 자기 절제와 인내심을 키우는 가장 확실한 방법』, 이덕임 옮김, 에코리브르, 2012. [Fisher, Roger and William L. Ury, Getting to Yes: Negotiating Agreement Without Giving in, Penguin Groups, 1981. (국내에는 재개정판이 출간되었음)]
- 제프리 페퍼, 『권력의 기술: 조직에서 권력을 거머쥐기 위한 13가지 전략』, 이경남 옮김, 청림출판, 2011
- Pfeffer, Jeffrey, Power: Why Some People Have It and Others Don't, Harper Business, 2010.
- Pfeffer, Jeffrey, Leadership BS: Fixing Workplaces and Careers One Truth at a Time, Harper Business, 2015.
  케빈 프라이버그 · 재키 프라이버그, 『너츠: 사우스웨스트 효과를 기억하라』, 이종인 옮김. 동아일보사, 2008.
- 머피 시게마쓰, 스티븐, 『스탠퍼드대학 마음 챙김 교실』, 사카이 준코 옮김, 고단샤, 2016. (국내 미출간)(マーフィ·重松, スティーヴン, 『スタンフォード大学マインドフルネス教室』, 坂井純子訳, 講談社, 2016.)
- 켈리 맥고니걸, 『왜 나는 항상 결심만 할까: 게으름과 딴짓을 다스리는 의지력의 모든 것』, 신예경 옮김, 알키, 2012.
- 존 매키 · 라젠드라 시소디어, 『돈, 착하게 벌 수는 없는가: 깨어있는 자본주의에서 답을 찾다』, 유지연 옮김, 흐름출판, 2014.
- 야베 데루오, 『신칸센 버라이어티 쇼』, 방유성 옮김, 한언출판사, 2014.
- Fisher, Roger, William Ury, and Bruce Patton. Getting to Yes: Negotiating Agreement Without Giving In. Penguin Books; Revised edition, 1991.
- Heath, Chip and Dan Heath. Made to Stick: Why Some Ideas Survive and Others die. Random House, 2007.
- Iyengar, Sheena. The Art of Choosing. Twelve, 2011.
- Kabat-Zinn, Jon. Full Catastrophe Living: Using the Wisdom of Your Body and Mind to Face Stress, Pain, and Illness. A Delta Book, 1990.
- Kotler, Philip, Hermawan Kartajaya, and Iwan Setiawan. Marketing 4.0: Moving from Traditional to Digital. Wiley, 2016.
- Neale, Margaret A. and Thomas Z. Lys. Getting (More of) What You Want: How the Secrets of Economics and Psychology Can Help You Negotiate Anything, in Business and in Life. Basic Books, 2015.
- Nelson, Bob. 1001 Ways To Reward Employees. Workman Publishing Company, 2005.
- O'Leonard, Karen, and Laci(Barb)Loew. Leadership Development Factbook

2012: Benchmarks and Trends in U.S. Leadership Development. Bersin by Deloitte, July 16, 2012.

- O'Reilly, Charles A., and Michael L. Tushman. Lead and Disrupt: How to Solve the Innovator's Dilemma. Stanford Business Books, 2016.
- Peterson, Joel. The 10 Laws of Trust: Building the Bonds That Make a Business Great. Amacom Books, 2016.
- Lynn and Mary Munter. Guide to Presentations (4th Edition). Pearson Guide to Series in Business Communication, 2013.

2. 기사

- 이사야마 겐 '꿈과 희망의 대학 만들기 스탠퍼드 부부의 이야기(전편)', 실리콘밸리의 바람(2) 니혼게이자이신문 전자판, 2012년 6월 4일. http://www.nikkei.com/article/DGXBZO42004540Q2A530C1000000/
- '단순하게 생각하고 행동하라. 『Think Simple』의 저자가 들려주는 애플만이 가진 마법의 철학' WIRED.jp, 2012년 6월 8일. http://wired.jp/2012/06/08/think-simple/
- '스타벅스 커피 회사 CEO 하워드 슐츠' WEB GOETHE, 2012년 6월 28일. http://goethe.nikkei.co.jp/human/120628/
- Abrams, Rachel. "Nordstrom Drops Ivanka Trump Brand From Its Stores." The New York Times, February 2, 2017. https://www.nytimes.com/2017/02/02/business/nordstrom-ivanka-trump.html
- Baer, Drake. "Always Wear The Same Suit: Obama's Presidential Productivity Secrets." Fast Company, February 12, 2014. https://www.fastcompany.com/3026265/work-smart/always-wear-the-same-suit-obamas-presidential-productivity-secrets
- Barsade, Sigal. "Faster than a Speeding Text: 'Emotional Contagion' At Work." Psychology Today, October 15, 2014. https://www.psychologytoday.com/blog/the-science-work/201410/faster-speeding-text-emotional-contagion-work
- Bellstrom, Kristen. "Carly Fiorina Is Already Hustling For Speaking Gigs." Fortune, February 11, 2016. http://fortune.com/2016/02/11/carly-fiorina-speaking-gig/
- Belson, Ken. "After Hurricane Katrina, a Bank Turns to Money Laundering." The New York Times, September 29, 2005. http://www.nytimes.com/2005/09/29/business/after-hurricane-katrina-a-bank-turns-to-

- Bevins, Frankki and Aaron De Smet. "Making time management the organization's priority." McKinsey Quaterly, January 2013. http://www.mckinsey.com/business-functions/organization/our-insights/making-time-management-the-organizations-priority
- "Bonobos Sales Staff Called 'Ninjas' for Skilled CRM." eMarketer.com, December 7, 2012. https://www.emarketer.com/Article/Bonobos-Sales-Staff-Called-Ninjas-Skilled-CRM/1009527
- Bradt, Steve. "Wandering mind not a happy mind." Harvard Gazette, November 11, 2010. http://news.harvard.edu/gazette/story/2010/11/wandering-mind-not-a-happy-mind/
- Brown, Scott. "List of TED 2017 speakers includes tennis legend Serena Williams, tech giant Elon Musk." Vancouver Sun, March 27, 2017. http://vancouversun.com/news/local-news/list-of-ted-2017-speakers-includes-tennis-legend-serena-williams-tech-giant-elon-musk
- Chamorro-Premuzic, Tomas. "The Underlying Psychology of Office Politics." Harvard Business Review, December 25, 2014. https://hbr.org/2014/12/the-underlying-psychology-of-office-politics
- Chen, Liyan. "How Asian Americans Can Break Through The Bamboo Ceiling." Forbes, January 20, 2016. https://www.forbes.com/sites/liyanchen/2016/01/20/how-asian-americans-can-break-through-the-bamboo-ceiling/
- Chittum, Ryan. "Newspaper Industry Ad Revenue at 1965 Levels." Columbia Journalism Review, August 19, 2009. http://archives.cjr.org/the_audit/newspaper_industry_ad_revenue.php
- Christensen, Clayton M. "Christensen: We are living the capitalist's dilemma." CNN.com, January 21, 2013. http://edition.cnn.com/2013/01/21/business/opinion-clayton-christensen/
- Christensen, Clayton M., Michael E. Raynor, and Rory McDonald. "What is Disruptive Innovation?" Harvard Business Review, December 2015. https://hbr.org/2015/12/what-is-disruptive-innovation
- Christensen, Clayton M., and Michael Overdorf. "Meeting the Challenge of Disruptive Change." Harvard Business Review, March-April 2000 Issue. https://hbr.org/2000/03/meeting-the-challenge-of-disruptive-change/
- Clancy, Heather. "Why Bonobos lets its customer service 'ninjas' improvise

379

solutions to complaints." ZDNET.com, August 2, 2012. http://www.zdnet.com/article/why-bonobos-lets-its-customer-service-ninjas-improvise-solutions-to-complaints/

- Conrad, Katherine. "2016 Teaching Awards Celebrate Three Professors Excited to Help Their Students Learn." Stanford Graduate School of Business, June 21, 2016. https://www.gsb.stanford.edu/newsroom/school-news/2016-teaching-awards-celebrate-three-professors-excited-help-their-students
- Cuenllas, Arturo. "Joie de Vivre hospitality: Case Study and Management analysis." Hospitalitynet.org, April 29, 2013. http://www.hospitalitynet.org/news/4060459.html
- Edwards, Jim. "Meet the CEO Who Makes His Staff Sing the Company Song." CBSNews.com, June 13, 2011. http://www.cbsnews.com/news/meet-the-ceo-who-makes-his-staff-sing-the-company-song/
- Ekiel, Erika Brown. "Andy Dunn: 'Passion is a Prerequisite.'" Stanford Graduate School of Business, December 11, 2013. https://www.gsb.stanford.edu/insights/andy-dunn-passion-prerequisite
- Ekiel, Erika Brown. "Chip Conley: The Power of "Noble Experiments"." Stanford Graduate School of Business, September 14, 2012. https://www.gsb.stanford.edu/insights/chip-conley-power-noble-experiments
- Falcão, Horacio. "Can Computers Negotiate? Win-Win Negotiations In A Virtual World." INSEAD, November 13, 2013. http://knowledge.insead.edu/leadership-management/can-computers-negotiate-win-win-negotiations-in-a-virtual-world-2976
- Foster, Dawn. "Is mindfulness making us ill?" The Guardian, January 23, 2016. https://www.theguardian.com/lifeandstyle/2016/jan/23/is-mindfulness-making-us-ill
- Frichtl, Paul. "Yes THAT Nordstrom tire story." Alaska Airlines Magazine, October 5, 2015. https://blog.alaskaair.com/alaska-airlines/people/nordstrom-tire-story/
- Garcia, Ahiza. "Audi Super Bowl LI ad touts equal pay." CNN.com, February 7, 2017. http://money.cnn.com/2017/02/05/news/companies/audi-equal-pay-commercial/
- Garcia, Ahiza. "Pro-Trump boycott calls follow Super Bowl ads." CNN.com, February 7, 2017. http://money.cnn.com/2017/02/06/news/companies/trump-super-bowl-boycott/

- Gittleson, Kim. "Can a company live forever?" BBC.com, January 19, 2012. http://www.bbc.com/news/business-16611040
- Goleman, Daniel, and Richard E.Boyatzis. "Social Intelligence and the Biology of Leadership.", Harvard Business Review, September 2008. https://hbr.org/2008/09/social-intelligence-and-the-biology-of-leadership
- Gombossy, George. "Whole Foods Shows You Can Get Something For Nothing." Hartford Courant, December 21, 2007. http://articles.courant.com/2007-12-21/news/0712200494_1_wild-oats-foods-supermarket-food-bank
- Greenfield, Rebecca. "Zappos CEO Tony Hsieh: Adopt Holacracy Or Leave." Fast Company, March 30, 2015. https://www.fastcompany.com/3044417/zappos-ceo-tony-hsieh-adopt-holacracy-or-leave
- Gurdjian, Pierre, Thomas Halbeisen, and Kevin Lane. "Why leadership-development programs fail." McKinsey Quarterly, January 2014. http://www.mckinsey.com/global-themes/leadership/why-leadership-development-programs-fail
- Heyman, Stephen. "In Europe, Slower Growth for e-Books." The New York Times, November 12, 2014. https://www.nytimes.com/2014/11/13/arts/international/in-europe-slower-growth-for-e-books.html
- Hill, Tim. "Super Bowl commercials: best and worst of 2017." The Guardian, February 5, 2017. https://www.theguardian.com/sport/2017/feb/05/super-bowl-commercials-best-worst-2017
- Jamrisko, Michelle, and Wei Lu. "These Are the World's Most Innovative Economies." Bloomberg.com, January 17, 2017. https://www.bloomberg.com/news/articles/2017-01-17/sweden-gains-south-korea-reigns-as-world-s-most-innovative-economies
- Kauflin, Jeff. "Why Audi's Super Bowl Ad Failed." Forbes, February 6, 2017. https://www.forbes.com/sites/jeffkauflin/2017/02/06/why-audis-super-bowl-ad-failed/
- Kotter, John. "Does corporate culture drive financial performance?" Forbes, February 10, 2011. https://www.forbes.com/sites/johnkotter/2011/02/10/does-corporate-culture-drive-financial-performance/
- Leitch, Luke. "How Jane's Birkin bag idea took off." The Telegraph, March 2012. http://www.telegraph.co.uk/fashion/people/how-jane-birkins-hermes-bag-idea-took-off/

- Levy, Gabrielle. "JetBlue flies letters to be buried with Noah Pozner" UPI. com, December 17, 2012. http://www.upi.com/blog/2012/12/17/JetBlue-flies-letters-to-be-buried-with-Noah-Pozner/6781355780568/
- Lewis, Michael. "Obama's Way." Vanity Fair, September 11, 2012. http://www.vanityfair.com/news/2012/10/michael-lewis-profile-barack-obama
- Lizza, Ryan. "The Obama Memos." The New Yorker, January 30, 2012. http://www.newyorker.com/magazine/2012/01/30/the-obama-memos
- Maheshwari, Sapna. "$5 Million for a Super Bowl Ad. Another Million or More to Market the Ad." The New York Times, January 29, 2017. https://www.nytimes.com/2017/01/29/business/5-million-for-a-super-bowl-ad-another-million-or-more-to-market-the-ad.html
- Mangalindan, JP. "Meet Airbnb's hospitality guru." Fortune, November 20, 2014. http://fortune.com/2014/11/20/meet-airbnb-hospitality-guru/
- Nelson, Laura J. "Uber and Lyft have devastated L.A.'s taxi industry, city records show." Los Angeles Times, April 14, 2016. http://www.latimes.com/local/lanow/la-me-ln-uber-lyft-taxis-la-20160413-story.html
- Pallota, Frank. "More than 111 million people watched Super Bowl LI." CNN.com, February 7, 2017. http://money.cnn.com/2017/02/06/media/super-bowl-ratings-patriots-falcons/
- Parker, Clifton B. "Compassion meditation reduces 'mind-wandering.' Stanford research shows." Stanford University, April 22, 2015. http://news.stanford.edu/2015/04/22/mindful-meditation-benefits-042215/
- Parmar, Belinda. "The Most Empathic Companies, 2016." Harvard Business Review, December 1, 2016. https://hbr.org/2016/12/the-most-and-least-empathetic-companies-2016
- Pattison, Kermit. "Chip Conley Took the Maslow Pyramid, Made It an Employee Pyramid and Saved His Company." Fast Company, August 26, 2010. https://www.fastcompany.com/1685009/chip-conley-took-maslow-pyramid-made-it-employee-pyramid-and-saved-his-company
- Pazzanese, Christina. "A fresh bite of the Apple." Harvard Gazette, March 24, 2014. http://news.harvard.edu/gazette/story/2014/03/a-fresh-bite-of-the-apple/
- Peterson, Joel. "Winning Customers Without Trying." Forbes, February 19, 2013. https://www.forbes.com/sites/joelpeterson/2013/02/19/winning-customers-without-trying/

- Richards, Carl. "Overcoming an Aversion to Loss." The New York Times, December 9, 2013. http://www.nytimes.com/2013/12/09/your-money/overcoming-an-aversion-to-loss.html
- Sala, Fabio. "Laughing All the Way to the Bank." Harvard Business Review, September 2003. https://hbr.org/2003/09/laughing-all-the-way-to-the-bank
- Schulte, Brigid. "Harvard neuroscientist: Meditation not only reduces stress, here's how it changes your brain." The Washington Post, May 26, 2015. https://www.washingtonpost.com/news/inspired-life/wp/2015/05/26/harvard-neuroscientist-meditation-not-only-reduces-stress-it-literally-changes-your-brain/
- Springer, John. "JetBlue paying millions to stranded flyers" TODAY.com, February 20, 2007. http://www.today.com/news/jetblue-paying-millions-stranded-flyers-wbna17237390
- Sussell, Abbey. "Brain researcher, Sara Lazar, visits MU to share research on meditation, yoga." The Clumbia Missourian, April 10, 2013. http://www.columbiamissourian.com/news/local/brain-researcher-sara-lazar-visits-mu-to-share-research-on/article_74fa1129-1634-531c-acd7-b5995dbc7b49.html
- "The Best Business Schools 2015." Forbes, September 9, 2015. https://www.forbes.com/business-schools/list/
- "The World's Most Admired Companies for 2017." Fortune, February 16, 2017. http://beta.fortune.com/worlds-most-admired-companies/
- Tierney, John. "Do You Suffer From Decision Fatigue?" The New York Times, August 17, 2011. http://www.nytimes.com/2011/08/21/magazine/do-you-suffer-from-decision-fatigue.html
- Tierney, John. "Good News Beats Bad on Social Networks." The New York Times, March 18, 2013. http://www.nytimes.com/2013/03/19/science/good-news-spreads-faster-on-twitter-and-facebook.html
- "To Increase Charitable Donations, Appeal to the Heart-Not the Head." The Wharton School, June 27, 2007. http://knowledge.wharton.upenn.edu/article/to-increase-charitable-donations-appeal-to-the-heart-not-the-head/
- Valinsky, Jordan. "JetBlue flies a child's goodbye letter to Newtown, Conn." Dailydot.com, December 18, 2012. https://www.dailydot.com/society/jetblue-newtown-note-twitter-noah-pozner/
- Weintraub, Karen. "Meditation can bring health benefits: Can aid function

in aging brains, research suggests." The Boston Globe, April 14, 2013. https://www.bostonglobe.com/business/2013/04/13/meditation-can-bring-health-benefits-and-aid-function-aging-brains-research-suggests/FmMX72sGx4mIRDzxArkUaO/story.html
- Weiss, Leah. "A Simple Way to Stay Grounded in Stressful Moments." Harvard Business Review, November 17, 2016. https://hbr.org/2016/11/a-simple-way-to-stay-grounded-in-stressful-moments
- Weiss, Leah. "Can We Be Mindful at Work Without Meditating?" Greater Good Science Center, January 21, 2016. http://greatergood.berkeley.edu/article/item/can_we_be_mindful_at_work_without_meditating
- "What Next? - An Interview with Philip Kotler on the Future of Marketing." Marketingjournal.org, January 15, 2016. http://www.marketingjournal.org/future-of-marketing-an-interview-with-philip-kotler/
- Wieczner, Jen. "Meditation Has Become A Billion-Dollar Business." Fortune, March 12, 2016. http://fortune.com/2016/03/12/meditation-mindfulness-apps/
- Winfrey, Graham. "10 Most Admired CEOs in America." Inc., September 26, 2015. http://www.inc.com/graham-winfrey/ss/10-most-admired-ceos-america.html
- Wingert, Shawna. "A Letter to JetBlue From the Mom of a Child With Autism." Themighty.com, September 2, 2014. https://themighty.com/2014/09/letter-to-jetblue-from-mom-of-a-child-with-autism/
- Zweigenhaft, Richard L. "Diversity Among CEOs and Corporate Directors: Has the Heyday Come and Gone?" University of California, Santa Cruz, December 2013. http://www2.ucsc.edu/whorulesamerica/power/diversity_among_ceos.html
- 361pi Corporation. "How Many Products Does Amazon Actually Carry? And in What Categories?" June 14, 2016. http://insights.360pi.com/blog/pr-how-many-products-amazon-actually-carry-categories/

3. 논문

- Aaker, David, and Jennifer L. Aaker. "What Are Your Signature Stories?" California Management Review 58, No. 3 (2016): 49-65.
- Barsade, Sigal. G. "The ripple effect: emotional contagion and its influence on group behavior." Administrative Science Quarterly 47(2002):644-675.

- Brewer, A., Sarah Mallik, Theresa A. Babuscio, Charla Nich, Hayley E. Johnson, Cameron M. Deleone, Candace A. Minnix-Cotton, Shannon A. Byrne, Hedy Kober, Andrea J. Weinstein, Kathleen M. Carroll, and Bruce J. Rounsaville. "Mindfulness training for smoking cessation: results from a randomized controlled trial." Drug Alcohol Depend 119, No.1-2 (2011):72-80.
- Danziger, Shai, Jonathan Levav, and Liora Avnaim-Pesso. "Extraneous factors in judicial decisions." Proceedings of the National Academy of Sciences 108, No.17(2011): 6889–6892.
- Davidson, Richard, Jon Kabat-Zinn, Jessica Schumacher, Melissa Rosenkranz, Daniel Muller, Saki F. Santorelli, Ferris Urbanowski, Anne Harrington, Katherine Bonus, John F. Sheridan, "Alterations in brain and immune function produced by mindfulness meditation." Psychosomatic Medicine 65, No.4(2003):564-570.
- Hanley, Adam W., Alia R. Warner, Vincent M. Dehili, Angela I. Canto, and Eric L. Garland. "Washing Dishes to Wash the Dishes: Brief Instruction in an Informal Mindfulness Practice." Mindfulness 6 (2015): 1095-1103.
- Hasson, Uri, Asif A. Ghazanfar, Bruno Galantucci, Simon Garrod, and Christian Keysers. "Brain-to-Brain coupling: A mechanism for creating and sharing a social world." Trends in Cognitive Sciences 16 (2012): 114-121.
- Hayes, J.R.M. "Memory Span for Several Vocabularies as a Function of Vocabulary Size." Quarterly Progress Report (1952), Cambridge MA: Acoustics Laboratory, MIT.
- Hölzel, Britta K., James Carmody, Mark Vangel, Christina Congleton, Sita M. Yerramsetti, Tim Gard, amd Sara W. Lazar. "Mindfulness practice leads to increases in regional brain gray matter density." Psychiatry Research 191, No.1 (2011):36-43.
- Iyengar, Sheena S. and Mark R. Lepper. "When choice is Demotivating: Can One Desire Too Much of a Good Thing?" Journal of Personality and Social Psychology 79, No. 6(2000): 995-1006.
- Jazaieri, Hooria, Ihno A.Lee, Kelly McGonigal, Thupten Jinpa, James R. Doty, James J. Gross, and Philippe R. Goldin. "A wandering mind is a less caring mind: Daily experience sampling during compassion meditation training." The Journal of Positive Psychology 11, No.1 (2016):37-50
- Kabat-Zinn, Jon. "An outpatient program in behavioral medicine for

chronic pain patients based on the practice of mindfulness meditation: theoretical considerations and preliminary results." General Hospital Psychiatry 4(1982):33-47.

- Kahneman, Daniel, and Amos Tversky. "Choices, Values, and Frames." American Psychologist 39, No. 4(1984) :341-350.

- Kahneman, Daniel, Jack L. Knetsch, and Richard H. Thaler. "Anomalies: The Endowment Effect, Loss Aversion, and Status Quo Bias." The Journal of Economic Perspectives 5, No.1 (1991): 193-206.

- Killingsworth, Matthew A. and Daniel T. Gilbert. "A wandering mind is an unhappy mind" Science 330, No. 6006(2010): 932.

- Lazar, Sara W., Catherine E. Kerr, Rachel H. Wasserman, Jeremy R. Gray, Douglas N. Greve, Michael T. Treadway, Metta McGarvey, Brian T. Quinn, Jeffery A. Dusek, Herbert Benson, Scott L. Rauch, Christopher I. Moore, and Bruce Fischl. "Meditation experience is associated with increased cortical thickness." Neuroreport 16 (2005):1893-1897.

- Levav, Jonathan, Mark Heitmann, Andreas Herrmann, and Sheena S. Iyengar. "Order in Product Customization Decisions: Evidence from Field Experiments." Journal of Political Economy 118, No. 2(2010): 274-299.

- Lin, Raz and Sarit Kraus. "Can Automated Agents Proficiently Negotiate With Humans?" Communications of the ACM 53, No. 1(2010):78-88.

- Masicampo, E.J., and Roy F. Baumeister. "Toward a Physiology of Dual-Process Reasoning and Judgment: Lemonade, Willpower, and Expensive Rule-Based Analysis." Psychological Science 19, No.3(2008): 255-260.

- Maslow, Abraham H. "A Theory of Human Motivation." Psychological Review 50(1943): 370-396.

- Miller, George A. "The Magical Number Seven, Plus or Minus Two: Some Limits on Our Capacity for Processing Information." The Psychological Review 63 (1956): 81-97.

- Pollack, Irwin. "The Information of Elementary Auditory Displays." The Journal of the Acoustical Society of America 24 (1952): 745-749.

- Samuelson, William, and Richard Zeckhauser. "Status Quo Bias in Decision Making." Journal of Risk and Uncertainty 1(1988): 7-59.

- Shapiro, Deane H. "Adverse effects of meditation: a preliminary investigation of long-term meditators." International Journal of Psychosomatics 39, No. 1-4(1992):62-67.

- Shapiro, Shauna L., Gary E. Schwartz, and Ginny Bonner. "Effects of Mindfulness-Based Stress Reduction on Medical and Premedical Students." Journal of Behavioral Medicine 21, No. 6(1998):581-599.
- Sheth, Jagdish N. "Psychology of Innovation Resistance: The Less Developed Concept(LDC) in Diffusion Research." Research in Marketing 4 (1981): 273-282.
- Small, Deborah A., George Loewenstein, and Paul Slovic. "Sympathy and callousness: The impact of deliberative thought on donations to identifiable and statistical victims." Organizational Behavior and Human Decision Processes 102(2007):143-153.
- Stephens, Greg J., Lauren J. Silbert, and Uri Hasson. "Speaker‑listener neural coupling underlies successful communication." Proceedings of National Academy of Sciences of the United States of America 107, No.32 (2010): 14425‑14430.
- Teasdale, John D, Zindel V. Segal, J. Mark G. Williams, Valerie A. Ridgeway, Judith M. Soulsby, and Mark A. Lau. "Prevention of relapse/recurrence in major depression by mindfulness-based cognitive therapy." Journal of Consulting and Clinical Psychology 68, No.4 (2000): 615-623.
- Vohs, Kathleen D., Roy F. Baumeister, Brandon J. Schmeichel, Jean M. Twenge, Noelle M. Nelson, Dianne M. Tice. "Making Choices Impairs Subsequent Self-Control: A Limited-Resource Account of Decision Making, Self-Regulation, and Active Initiative." Journal of Personality and Social Psychology 94, No.5(2008):883-898.

4. 사례 연구

- George, William W., and Natalie Kindred. "Kent Thiry: "Mayor" of DaVita." Harvard Business School Case 410-065, May 2010. (Revised May 2011.)
- Gittell, Jody H., and Charles A. O'Reilly III. "JetBlue Airways: Starting from Scratch." Harvard Business School Case 801-354, February 2001. (Revised October 2001.)
- Grousbeck, H. Irving, Bethany Coates, and Sara Rosenthal. "Richardson County Community Association Vignettes." Stanford Graduate School of Business Case No.E568, 2016.
- Huckman, Robert S., Gary P. Pisano, and Virginia Fuller. "JetBlue Airways: Valentine's Day 2007 (A)." Harvard Business School Case 608-001, August

2007. (Revised June 2010.)

- O'Reilly, Charles A., Jeffrey Pfeffer, David Hoyt, and Davina Drabkin. "DaVita: A Community First, A Company Second." Stanford Graduate School of Business Case No.OB89, September 3, 2014.
- Shih, Willy C., Stephen P. Kaufman, and David Spinola. "Netflix." Harvard Business School Case 607-138, May 2007. (Revised April 2009.)
- Wasserman, Noam, and Thomas Alexander. "Apple's Core (Graphic Novel Version)." Harvard Business School Case 814-059, December 2013.

5. 영상자료

- 영화 "시계추" 채널 '텟켄 〈시계추〉, 플립 북 만화/furiko' YouTube video, 05:48. 2015년 2월 17일 공개. https://www.youtuve.com/watch?v=EB19So6SNe0
- NHK 'NHK 스페셜 킬러 스트레스 제2회' 2016년 6월 19일 방송
- NHK '샐러리맨 NEO' 2009년 4월 9일 방송
- NHK ETV '사이언스 ZERO 신 · 명상법 '마음 챙김'으로 두뇌를 개선' 2016년 8월 21일 방송
- NHK ETV '슈퍼 프레젠테이션' 2012년 5월 28일 방송. http://www.nhk.or.jp/superpresentation/pastprogram/120528_2.html
- TV아사히 '스마스테이션3' 2004년 9월 4일 방송. http://www.tv-asahi.co.jp/ss//131/result/index2.html
- Brewer, Judson. "A simple way to break a bad habit." Filmed November 2015. TED video, 09:24. https://www.ted.com/talks/judson_brewer_a_simple_way_to_break_a_bad_habit
- CNN Money. "Katrina IOUs save city." CNN Video, 01:52. Posted August 25, 2010. http://money.cnn.com/video/news/2010/08/25/n_bank_iou.cnnmoney/
- Conley, Chip. "Measuring what makes life worthwhile." Filmed February 2010. TED video, 17:39. https://www.ted.com/talks/chip_conley_measuring_what_makes_life_worthwhile
- DaVita University Channel. "On DaVita Lyrics." Vimeo video, 00:32. https://vimeopro.com/user13916073/dvu-channel/video/65402041
- Future of Story Telling. "Persuasion and the Power of Story: Jennifer Aaker." YouTube Video, 05:08. Posted September 14, 2013. https://www.youtube.com/watch?v=AL-PAzrpqUQ
- Hasson, Uri. "This is your brain on communication." Filmed February 18,

388

2016. TED video, 14:51. https://www.ted.com/talks/uri_hasson_this_is_your_brain_on_communication

- Lazar, Sara. "How Meditation Can Reshape Our Brains: Sara Lazar at TEDxCambridge 2011." Filmed November 19, 2011. YouTube video, 08:33. Posted January 23, 2012. https://www.youtube.com/watch?v=m8rRzTtP7Tc
- Schramm, JD. "Break the silence for suicide attempt survivors." Filmed March 2011. TED video, 04:14. Posted June 2011. https://www.ted.com/talks/jd_schramm
- Tan, Chade-Meng. "Everyday compassion at Google" Filmed November 2010. TED video, 14:08. https://www.ted.com/talks/chade_meng_tan_everyday_compassion_at_google
- DESK.com. "The Bonobos Ninjas Handbook to Customer Service." May 7, 2013. https://www.slideshare.net/Desk/the-bonobos-ninjas-handbook-to-customer-service
- TODAY, NBC, February 20, 2007.

6. 공식 웹사이트
- 아지노모토 공식 웹사이트 '숨겨진 맛 타로가 간다'https://www.ajinomoto.co.jp/foodservice/useful/ajitaro/index_login.html
- 교세라 공식 웹사이트 '꿈은 반드시 이루어진다, 교세라 창업주 이나모리 가즈오 이야기'http://www.kyocera.co.jp/kyocera-land/comic/
- 경찰청 공식 웹사이트. https://www.npa.go.jp/safetylife/seianki/jisatsu/H28_tukibetujisatushasuu_zanteichi.pdf
- 법원 공식 웹사이트. http://www.courts.go.jp/saikosai/vcms_lf/2016053101ijikankei.pdf
- JR 동일본 테크노하트 TESSEI 공식 웹사이트. http://www.tessei.co.jp
- 정부 홍보 온라인 '〈단편 만화〉위험 약물이 진짜로 무서운 이유를 아시나요?' http://www.gov-online.go.jp/tokusyu/drug/manga/
- 타니타 공식 웹사이트. http://www.tanita.co.jp
- 도라노야 그룹 공식 웹사이트. https://www.toraya-group.co.jp/toraya/small_stories/detail/?id=8
- 고슈 니시야마온천 게이운칸 공식 웹사이트. http://www.keiunkan.co.jp/07_history/
- 일본전산 공식 웹사이트 '태양보다도 뜨거운 남자'http://www.nidec.com/ja-JP/corporate/about/message/comics/
- Airbnb, Inc. "New Chapter: Breaking bread together...again." Airbnb Stories. https://www.airbnb.com/stories/new-york/new-chapter

389

- Airbnb, Inc. "The family that travels together, thrives together." Airbnb Stories. https://www.airbnb.com/stories/new-york/family-travel
- Association for Talent Development. "$156 Billion Spent on Training and Development." December 6, 2012. https://www.td.org/Publications/Blogs/ATD-Blog/2012/12/156-Billion-Spent-on-Training-and-Development
- DaVita Inc. "2016 Annual Report." http://investors.davita.com/phoenix.zhtml?c=76556&p=irol-reports
- Fidelity Investments. "Companies Expand Wellness Programs to Focus on Improving Employees' Emotional and Financial Well-being." April 1, 2016. https://www.fidelity.com/about-fidelity/employer-services/companies-expand-wellness-programs
- General Electric Company. "GE Global Innovation Barometer 2016." January 2016. http://www.gereports.com/innovation-barometer-2016/
- Harvard Business School. "Admissions: Class Profile." http://www.hbs.edu/mba/admissions/class-profile/Pages/default.aspx
- Harvard College. "A Brief Profile of the Admitted Class of 2020" https://college.harvard.edu/admissions/admissions-statistics
- Hermès Official Website. "Hermès Birkin Bag." http://usa.hermes.com/birkin/us
- Illinois State Medical Society. "Illinois Physician Survey Shows Huge Impact of Lawsuit Fears." August 3, 2010. https://www.ismie.com/News-and-Publications/News-and-Announcements/IL-Physician-Survey-Shows-Huge-Impact-of-Lawsuit-Fears/
- J.D. Power. "2016 North America Airline Satisfaction Study." May 11, 2016. http://www.jdpower.com/press-releases/2016-north-america-airline-satisfaction-study
- JetBlue Airways Corporation. "JetBlue's 2015 Annual Report on Form 10-K." http://blueir.investproductions.com/investor-relations/financial-information/reports/annual-reports
- Joie Du Vivre Hotels. "Heart-Shaped Everything." http://www.jdvhotels.com/heart-shaped-everything/
- News Media Alliance. https://www.newsmediaalliance.org
- Nordstrom, Inc. "Annual Report 2015." http://investor.nordstrom.com
- Stanford Graduate School of Business. "Advanced Leadership Program for Asian-American Executives." https://www.gsb.stanford.edu/exec-ed/

programs/advanced-leadership-program-asian-american-executives

- Stanford Graduate School of Business. "Entering Class Profile." https://www.gsb.stanford.edu/programs/mba/admission/evaluation-criteria/class-profile
- Stanford School of Medicine. "Mindfulness/Compassion." https://wellmd.stanford.edu/healthy/mindfulness.html
- Stanford School of Medicine. "Mindfulness Resources." October 2015. http://wellmd.stanford.edu/content/dam/sm/wellmd/documents/Mindfulness-resources-10-2015.pdf
- Starbucks Corporation. "Company Information." https://www.starbucks.com/about-us/company-information
- S&P 500 - S&P Dow Jones Indices. http://us.spindices.com/indices/equity/sp-500
- Gyatso, Tenzin, The Dalai Lama. "Science at the Crossroads." Mind and Life Institute, 2005. http://www.dalailama.com/messages/buddhism/science-at-the-crossroads
- The Boston Consulting Group. "The Most Innovative Companies." January 12, 2017. https://www.media-publications.bcg.com/MIC/BCG-The-Most-Innovative-Companies-2016-Jan-2017.pdf/
- The Center for Compassion And Altruism Research And Education. "Global Directory of CCT Teachers." http://ccare.stanford.edu/education/directory-of-certified-teachers/
- The University of Massachusetts Medical School Department of Psychiatry. "Mindfulness." http://www.umassmed.edu/psychiatry/resources/mindfulness/
- Thinkers 50. "Jeffrey Pfeffer." http://thinkers50.com/biographies/jeffrey-pfeffer/
- U.S. Department of Health & Human Services. National Practitioner Data Bank. https://www.npdb.hrsa.gov/resources/npdbstats/npdbStatistics.jsp
- Whole Foods Market, Inc. "2016 Annual Report." http://investor.wholefoodsmarket.com/investors/financial-information/annual-reports-and-proxy/default.aspx
- World Economic Forum. "The Global Competitiveness Report 2016–2017." https://www.weforum.org/reports/the-global-competitiveness-report-2016-2017-1

옮긴이 송은애

국립 오차노미즈여자대학교에서 글로벌 문화학과 비교 역사학을 공부했다. 현재 바른번역 소속 번역가로, 번역, 통역, 레슨 등 일본어와 관련된 다양한 분야에서 활동 중이다. 원문의 향기를 고스란히 간직하면서도 자연스러운 번역, 더 나아가 저자의 부족한 부분까지 채워줄 수 있는 번역을 지향한다. 옮긴 책으로는 『인사이드 아웃, 오늘은 울어도 돼』, 『시간의 본질을 찾아가는 물리여행』, 『정관정요 강의』, 『과학잡학사전』, 『병은 재능이다』(공역) 등이 있다.

스탠퍼드 9가지 위대한 법칙
인간을 탐구하는 수업

초판 1쇄 발행 2019년 2월 13일
초판 5쇄 발행 2020년 3월 9일

지은이 사토 지에
옮긴이 송은애
펴낸이 김선식

경영총괄 김은영
기획편집 봉선미 **디자인** 김누 **책임마케터** 최혜령, 박태준
콘텐츠개발5팀장 박현미 **콘텐츠개발5팀** 봉선미, 김누, 김다혜
마케팅본부장 이주화
채널마케팅팀 최혜령, 권장규, 이고은, 박태준, 박지수, 기명리
미디어홍보팀 정명찬, 최두영, 허지호, 김은지, 박재연, 배시영
저작권팀 한승빈, 이시은
경영관리본부 허대우, 하미선, 박상민, 윤이경, 권송이, 김재경, 최완규, 이우철
외부스태프 본문디자인 이인희

펴낸곳 다산북스 **출판등록** 2005년 12월 23일 제313-2005-00277호
주소 경기도 파주시 회동길 357, 3층
전화 02-704-1724
팩스 02-703-2219 **이메일** dasanbooks@dasanbooks.com
홈페이지 www.dasanbooks.com **블로그** blog.naver.com/dasan_books
종이 (주)한솔피앤에스 **출력·인쇄** (주)민언프린텍

ISBN 979-11-306-2071-8 (03320)

다산북스(DASANBOOKS)는 독자 여러분의 책에 관한 아이디어와 원고 투고를 기쁜 마음으로 기다리고 있습니다. 책 출간을 원하는 아이디어가 있으신 분은 이메일 dasanbooks@dasanbooks.com 또는 다산북스 홈페이지 '투고원고'란으로 간단한 개요와 취지, 연락처 등을 보내주세요. 머뭇거리지 말고 문을 두드리세요.